高职高专经济管理系列教材
"互联网+"创新型教材

现代公共关系实务

主　编　黄玉萍　谭　科
副主编　徐湘玉

XIANDAI
GONGGONG
GUANXI
SHIWU

中国传媒大学 出版社
·北京·

图书在版编目（CIP）数据

现代公共关系实务 / 黄玉萍，谭科主编 . --北京：中国传媒大学出版社，2016.1
ISBN 978-7-5657-1609-6

Ⅰ . ①现… Ⅱ . ①黄…②谭… Ⅲ . ①公共关系学 Ⅳ . ①C912.3

中国版本图书馆 CIP 数据核字（2016）第 028385 号

现代公共关系实务
XIANDAI GONGGONG GUANXI SHIWU

主　　编	黄玉萍　谭　科
策划编辑	穆会荣
责任编辑	李　莉
特约编辑	穆会荣
封面设计	孙　宇
责任印制	阳金洲
出版发行	中国传媒大学出版社
社　　址	北京市朝阳区定福庄东街 1 号　　邮编：100024
电　　话	86-10-65450528　65450532　　传真：65779405
网　　址	http：//cucp. cuc. edu. cn
经　　销	全国新华书店
印　　刷	北京宝莲鸿图科技有限公司
开　　本	787 mm×1092 mm　1/16
印　　张	14.5
字　　数	353 千字
版　　次	2020 年 7 月第 1 版
印　　次	2020 年 7 月第 1 次印刷
书　　号	ISBN 978-7-5657-1609-6/C·1609　　定价　45.00 元

版权所有　　翻印必究　　印装错误　　负责调换

前言

通过"现代公共关系实务"课程的学习，学生们可以快速地接受和领会公共关系学基本理论与基本方法，提高认识问题、分析问题和解决问题的能力。为了适应高职学生的学习需要，培养与经济发展要求相适应的人才，也为了满足实践性教学的需要，我们根据高职高专的教育特点和人才培养模式要求，结合编者多年的教学经验编写了本书。

本书力求突出高职高专教育的特点和要求，按照高职高专教育为生产、建设、管理、服务第一线培养应用型专门人才的要求，以强化基础、突出应用、加强公共关系实际操作能力的培养为原则，紧密联系公共关系工作实际，便于教师教学和学生动手实践，以达到培养学生素质和提高公共关系实践技能之目的。本教材的总体设计思路和做法是：按照"工学结合"人才培养模式的要求，采用"基于工作过程导向"的设计方法，努力从方法和形式上有所突破和创新，力求探索一种"讲、读、研、用、练"一体化的教材模式，以尽可能适应精讲多练、强调能力和能动性的新型教学方式的需要。与同类型的其他教科书相比，本书力求突出以下几个特点。

1. **定位明确**

按照"工学结合"人才培养模式的要求，采用"基于工作过程导向"的设计方法，以工作过程为导向，以项目和工作任务为载体，进行课程设计，真正体现了"工学结合"、融"教、学、做为一体"及"以学生为主体"的高职教育理念。根据高职高专教育的特点，以理论"必需、够用"为原则，以培养学生应用能力为目的。

2. **内容新颖**

采用任务驱动模式的教材编写体例，在每个项目中都以完成一个任务为核心，插入相关链接，让学生在学习过程中不断思考。设计若干工具性栏目，如引导案例、相关链接、案例研究、增值阅读、项目小结、关键概念、思考与练习、课堂讨论、案例分析、实践与操作等，充分体现本教材的特色：将需要掌握的知识点进行最大限度精练，利用各种工具性栏目加强对公共关系学理论精髓的理解和把握。在教材内容上，力图反映当代公共关系学的最新进展，吸收和反映本学科新的研究成果，力求做到内容新颖，重点突出，概念准确，简明扼要。

3. 通俗实用

本书将理论体系的严密性同教学上的简明通俗、由浅入深有机地结合起来，在内容编排、概念阐释、图表配备、案例选择等方面尽量与现实生活贴近。全书语言通俗易懂，层次清晰，内容选择尽可能从岗位的实际出发，最大限度地减少现有岗位不直接应用的理论知识，尽可能地增加应用知识和技能内容。

本书由黄玉萍、谭科担任主编，徐湘玉担任副主编。参加本书编写的有（以姓氏笔画为序）：张彩霞、孟黎、徐湘玉、黄玉萍、谭科。全书由黄玉萍设计框架、拟定编写提纲、审稿、总纂和定稿。

本书融入了我们多年的教学经验和成果，并参考了我国公共关系学界学者们的专著、教材等，特附参考文献于后，谨对作者表示感谢！本书在编写过程中得到中国传媒大学出版社的大力支持，在此致谢。由于时间紧、任务重，加之研究能力和写作水平有限，书中难免有不足和疏漏之处，恳请广大读者提出宝贵意见和建议，以便再版时进一步修改和完善。

编　者

目录

▶ **项目一　全面认识公共关系** ……1

　学习目标 / 1
　引导案例 / 1
　任务一　公共关系的基本含义 / 2
　任务二　公共关系的基本特征 / 5
　任务三　公共关系的构成要素 / 6
　任务四　公共关系的职能 / 7
　任务五　公共关系的基本原则 / 12
　任务六　公共关系的萌芽、发展与普及 / 14
　任务七　公共关系在中国的发展历程 / 20
　任务八　中国未来公共关系的发展与瞻望 / 20
　项目小结 / 22
　教、学、做一体化训练 / 23

▶ **项目二　了解公共关系主体** ……28

　学习目标 / 28
　引导案例 / 29
　任务一　社会组织 / 30
　任务二　公共关系组织机构设置 / 32
　任务三　公共关系人员 / 41
　项目小结 / 48
　教、学、做一体化训练 / 49

项目三　把握公共关系的客体　　52

学习目标 / 52
引导案例 / 52
任务一　公众的含义、特性与分类 / 53
任务二　公众的心理定势与从众行为 / 58
项目小结 / 66
教、学、做一体化训练 / 67

项目四　把握公共关系媒介　　70

学习目标 / 70
引导案例 / 70
任务一　公共关系信息的传递 / 71
任务二　公共关系舆论的构建 / 84
项目小结 / 91
教、学、做一体化训练 / 92

项目五　掌握公共关系工作程序　　95

学习目标 / 95
引导案例 / 95
任务一　公共关系调查 / 97
任务二　公共关系策划 / 108
任务三　公共关系实施 / 118
任务四　公共关系效果评估 / 120
项目小结 / 129
教、学、做一体化训练 / 130

项目六　策划实施公共关系专题活动　　135

学习目标 / 135
引导案例 / 135
任务一　公共关系专题活动概述 / 136
任务二　常见的公共关系专题活动 / 139
项目小结 / 161
教、学、做一体化训练 / 162

项目七　管理公共关系危机　165

学习目标 / 165
引导案例 / 165
任务一　识别公共关系危机 / 167
任务二　预防公共关系危机 / 175
任务三　处理公共关系危机 / 179
项目小结 / 190
教、学、做一体化训练 / 191

项目八　塑造组织形象　196

学习目标 / 196
引导案例 / 196
任务一　组织形象分析 / 198
任务二　现代企业组织形象设计 / 203
项目小结 / 217
教、学、做一体化训练 / 218

参考文献　223

项目一

全面认识公共关系

学习目标

知识目标

为了完成本项目,需要的理论知识:
1. 公共关系的定义(难点)。
2. 公共关系的基本特征。
3. 公共关系的三个构成要素(重点)。
4. 公共关系的职能。
5. 公共关系的基本原则。
6. 公共关系的萌芽、发展与普及(重点)。
7. 公共关系在中国的发展历程。
8. 中国未来公共关系的发展与瞻望(难点)。

技能目标

通过完成本项目,应该能够:
1. 树立公关意识和现代公关理念,能联系实际辨别公共关系事件。
2. 结合所学公关知识进行案例分析和指导公共关系实践。
3. 了解公共关系的历史沿革,并以古鉴今。
4. 与时俱进,熟练把握中国公共关系的发展史及未来走向。

引导案例

乔治五世饭店的公共关系

1992年圣诞节,在法国首都巴黎,出于一个要求为穷人提供更多住房组织的安排,约有200名无家可归者占据了豪华的乔治五世饭店的门厅。这无疑会给饭店的正常经营造成妨碍。如果仅仅依法办事,饭店可以与警方联系,或与政府福利部门联系。但是,一旦动用了强硬措施，便会造成巨大的影响，而这样的影响是极不利于饭店形象的。况且，那个组织正愁无法向政府施加压力呢！精于公关艺术的乔治五世饭店不仅没有强硬地驱赶这些无家可归者，而且力图向相反的方向努力，利用这个机会为自己的形象添上光彩的一笔。饭店经理亲自出面，向门厅内的人们问候，并发放巧克力给他们，同时向他们的子女赠送圣诞礼物，迅速地使这些人消除了敌对感。这种赠礼的家庭式气氛，增进了店方与这些无家可归者之间的感情。于是，这些不速之客就像一般来访的客人一样，90分钟后便离店而去了。他们来的时候满怀一腔不平，走的时候则带着一丝愧疚，并且感觉到一种被友善对待的温暖。

新闻界把这则圣诞花絮当作消息报道了。人们的一般印象是：鼓动者无可厚非，饭店通情达理，受鼓动者也值得同情。人们因事情温和友好地被解决而感到庆幸，这种解决办法对饭店的宾客也是一种安慰，他们感谢店方既解决了让他们不得安宁的危机，也让他们的良心不因强烈的居处对比反差而感到不安。

在我们的经营管理工作中，经常会遇到类似的情景。乔治五世饭店为什么不依法办事，而要采取这种温情脉脉的方式对待那些"不速之客"？这是因为该饭店要考虑其"公共关系"，因此选择了用"公共关系"的方式来解决这一突发事件。那么，什么是公共关系？公共关系工作的目的是什么？公共关系具体做什么？这些正是本次任务试图解答的问题。

在现代社会里，公共关系无处不有、无处不在。任何社会组织，都需要通过有效的公共关系工作塑造良好形象、创造有利于生存发展的社会环境。要有效地开展公共关系工作，必须先正确地认识公共关系。本任务的作用就是帮助我们认识公共关系的基本理论，正确认识公共关系这一现代社会文明的产物，以达到学习入门的目的。

任务一　公共关系的基本含义

公共关系一词源自英文的 Public Relations（英文缩写为 PR）。Public 意为"公共的""公开的""公众的"，Relations 即"关系"之谓，两词合起来用中文表述便是"公共关系"，有时候又称"公众关系"。

自公共关系诞生以来，由于人们对公共关系的认识角度不同，且公共关系与其他学科的联系比较紧密，再加上公共关系活动内容很多，形式丰富。因此人们对公共关系内涵的诠释向来是众说纷纭，于是就形成了许许多多的公共关系的定义。目前，国内外已正式发表过的公共关系定义已有上千种之多。尽管公共关系定义如此之多，但目前仍没有一个世界公认的定义。在各种定义中，我们可以将其归纳为以下几类：

一、管理职能说

此种观点强调的是公共关系的管理职能。国际公共关系协会曾给公共关系定义为：公共关系是一种管理职能，它具有持续性和计划性，通过公共关系活动，使公立和私人的组织、机构试图赢得同他们有关的个人和群体的理解、同情和支持，借助于舆论的评价，以尽可能地协调他们自己的政策和做法，依靠有计划的、广泛的信息传播，赢得公众的支持，更好地实现他们的共同利益。卡特李普和森特认为：公共关系是一种管理职能，它用于认定、建立和维持某个组织与各类公众之间的互利关系，而各类公众则是决定其成败的关键。著名的公共关系学者雷克斯·哈洛博士也将公共关系的定义概括为"一种特殊的管理职能"。

二、传播沟通说

此种观点更多的是从公共关系的运作方式去分析，强调公共关系的手段是传播沟通。《韦伯斯特大辞典》（第三版）将公共关系定义为：公共关系是通过传播大量具有说服力的材料，促进社会上人与人之间或公司与公司之间亲密友好的关系。《不列颠百科全书》（1981年版）将公共关系定义为"旨在传递有关个人、公司、政府机构或其他组织的信息，并改善公众对其态度的种种政策或行动"，英国学者弗兰克·杰夫金斯和美国学者约翰·马斯顿都持这种观点。

三、社会关系说

此种观点是从公共关系的社会属性入手，强调公共关系是社会关系的一种，是组织与公众的关系。英国公共关系学会将公共关系定义为：公共关系的实施是一种积极的、有计划的以及持久的努力，以建立和维护一个机构与其公众之间的相互了解。美国普林斯顿大学的希尔兹认为：公共关系是我们所从事的各种活动、所发生的各种关系的通称，这些活动与关系都是公众性的，并且都有社会意义。日本公关专家田中宽次郎认为：公共关系就是良好的公共关系状态，亦即与社会保持良好关系的技术。

四、现象描述说

此种观点倾向于公共关系实务，强调如何开展公共关系活动方面的定义。美国公共关系协会征询了2000多名公共关系专家的意见，从中选出四种带有很浓的现象描述色彩的定义：

（1）公共关系是企业管理机构经过自我检讨与改进后，将其态度公诸社会，借此获得顾客、员工及社会的好感和了解的经常不断的工作。

（2）公共关系是一个人或一个组织为获取大众之信任与好感，借以迎合大众兴趣而调整其政策与服务方针的一种经常不断的工作。

（3）公共关系是一门技术，此种技术在于激发大众对于任何一个人或一个组织的了解并产生信任。

（4）公共关系是工商管理机构用于检测大众态度，检查企业的政策与服务方针是否得到大众了解与欢迎的一种职能。

以上四种定义生动形象，除此之外还有一些更为直观的描述，如：

"公共关系就是讨公众喜欢"；

"公共关系就是博取好感的技术"；

"公共关系是说服和左右社会大众的技术"；

"公共关系就是通过良好的人际关系来辅助事业成功"；

"公共关系就是90%的做加上10%的说（90%Do+10%Tell）"；

"PR（公共关系）＝P（自己行动）＋R（被人认识）"；
"公共关系就是自己做好再加上适当告诉（Do Good+Tell Them）"。

五、表征综合说

此种观点是对上述观点加以综合，强调公共关系的决策功能。1978年8月，在墨西哥城召开的世界公共关系协会大会上，代表们对公共关系的含义达成了共识：公共关系是一门艺术和社会科学，公共关系的实施是分析趋势、预测后果，向机构领导人提供意见，履行有计划的行动，服务于本机构和公众利益。

六、经验表述说

一些从事具体公关工作的人，从自身工作经验和体会出发，还对公共关系做了许多通俗的表述。例如：

公共关系是"人和"的学问；
公共关系是争取对你有用的朋友；
公共关系就是努力干好，让人知晓；
公共关系就是要先自己做好，然后才能因此而得到好处；
公共关系是一门研究如何建立信誉，从而使事业获得成功的学问。

北欧联合公司公关经理有一个更通俗更形象的比喻：好比一名青年追求伴侣，可以用许多办法：大献殷勤是一种，这不算公共关系，而是推销；努力修饰自己的外貌和风度，讲究言谈举止，也是吸引人的办法，这也不是公共关系，是广告；如果这位青年经过周密的思考，制订出一个计划，而且埋头苦干，以成绩来获得他人的称赞，然后通过他人的口将对自己的优良评价传递出来，这就是公共关系了。

综上所述，"管理职能说"倾向于公共关系目标，"传播沟通说"侧重于公共关系手段，"社会关系说"偏重于理论、抽象的社会关系，"现象描述说""经验表述说"偏重于形象、浅显的公共关系实务操作，"表征综合说"则从综合角度进行描述而"经验表述说"通俗地说明公共关系的特点、目的。各种不同的公共关系定义从不同的角度去揭示公共关系的本质属性，都有其合理性，在不同的历史时期和不同的场合，人们对公共关系会有不同的理解，要形成统一认识还需要一个过程。

综合以上各种定义，本书将公共关系定义为：公共关系是社会组织为了生存和发展，运用传播手段，与公众进行双向沟通，塑造组织形象，协调关系，平衡利益，以达到和谐关系的一种专门实践活动。

这个定义至少包含五层意思：第一，公共关系是社会组织与公众之间的关系；第二，公共关系的目的是生存和发展；第三，公共关系的核心工作是塑造组织形象，协调关系，平衡利益；第四，公共关系的手段是传播，与公众进行双向的信息交流；第五，公共关系的最终工作是要实现主客体之间良好的关系，实现社会的和谐。

任务二　公共关系的基本特征

一、形象至上

在公众中塑造、建立和维护组织的良好形象是公共关系活动的根本目的，而这种形象既与组织的总体有关，也与公众的状态和变化趋势直接相连。这就要求组织必须有合理的经营决策机制、正确的经营理念和创新精神，并根据公众、社会的需要及其变化，及时调整和修正自己的行为，不断地改进产品和服务，以便在公众面前树立良好的形象。

组织在决策和行动中应高度重视自身的形象和声誉，自觉地进行形象投资、形象塑造、形象管理，把树立和维护良好的组织形象作为重要的战略目标，创造最优异的成绩，提供最优质的产品和服务，保持最旺盛的创新能力，不断提高组织信誉和形象这种无形资产的价值。可以这么说，良好的形象是组织最大的财富，是组织生存和发展的出发点和归宿。公共关系从业人员必须像保护眼珠一样保护自己的形象，并且要事无巨细，每时每刻地珍惜、维护自己的良好形象，千方百计、想方设法来改善自己的不良形象。

二、沟通为本

在现代社会，社会组织与公众打交道，实际上是通过信息的双向交流和沟通来实现的。正是通过这种双向交流和信息共享过程，才形成了组织与公众之间的共同利益和互动关系。这是公共关系区别于法律、道德和制度等意识形态的地方。

组织应该高度重视与公众的信息交流和沟通，一方面要及时地把组织信息传递给公众，使组织与公众之间能实现信息的真正共享；另一方面要及时地了解公众对组织的态度和意见、公众想知道的组织信息和公众需求，建立畅通的沟通机制，不断提高协调、沟通的效果。

三、互惠互利

对于一个社会组织而言，当然应该追求自身利益的最大化，但很多组织在这一过程中却迷失方向。有的为求得一时之利，却失去更多；有的甚至什么也没得到。造成这种现象的根本原因就在于：利益从来都是相互的，从来没有一厢情愿的利益。人际交往中人们常说：与人方便就是与己方便；而对社会组织而言，只有在互惠互利的情况下，才能真正达到自身利益的最大化。为此，社会组织应把公众当作其生存和发展的基础，把公众需求作为决策和行动的依据，搞好同公众的关系，争取公众的支持和帮助。

组织应该尊重公众、了解公众、善待公众，尽可能地满足公众的需求，同时还要积极引导和影响公众，使公众的认识和行为不断地向文明、健康和有利于组织的方向发展，从而使公众与组织在长远利益上趋于一致。

四、真实、真诚

追求真实是现代公共关系的基本原则。自从"现代公关之父"美国人艾维·李提出讲真话的原则以来，告诉公众真相便一直是公关工作的不二信条。尤其是现代社会，信息及传媒手段空前发达，这使得任何组织都无法长期封锁消息、控制消息，以隐瞒真相、欺骗公众。正如美国前总统林肯所说，"你可以在某一时刻欺骗所有人，也可以在所有时刻欺骗某些人，但你绝对不能在所有时刻欺骗所有人"。真相总会被人知道。

公共关系强调真实原则，真诚地为公众服务，实事求是地向公众提供真实信息，以取得公众的信任和理解，尤其是企业面对危机的时刻，能让企业最终转危为安的唯一途径就是告知公众真相，以取得公众的谅解和理解。许多企业已用其并成功度过危机的事实，充分证明了这一点。

五、立足长远

由于公关工作是通过协调沟通、树立组织形象建立互惠互利关系的过程，因此这个过程既包括向公众传递信息的过程，也包括影响并改变公众态度的过程，甚至还包括组织转型，如改变现有形象、塑造新的形象的过程。所有这一切，都不是一朝一夕就能完成的，必须经过长期艰苦的努力。它是一种长期性的工作，如果组织平时就注重公关工作的话，那么，在组织遇到危机时，就会看到其强大的作用；反之，如果组织平时不注重公关工作，那么，当需要公关的帮助时，则不会那么容易在短时期内见效。

因此，在公共关系工作中，公共关系组织和公关人员不应计较一城一池之得失，而要着眼于长远利益，只要持续不断地努力，付出总有回报。

任务三　公共关系的构成要素

公共关系的定义告诉我们，公共关系由三个基本要素构成，即社会组织、公众和传播，依次为公共关系的主体、客体和媒介。这三个要素构成了公共关系的基本范畴，公共关系的理论研究、实际操作和运行发展都围绕这三者的关系层层展开。

一、公共关系的主体是社会组织

社会组织是指按照一定的目的、任务和形式建立起来的社会机构。它有清楚的界限、明确的目标，内部实行明确的分工并确立了旨在协调成员活动的正式关系结构，比如政党、政府、各个社团、企业、学校、医院等。社会组织是公共关系的主体，是公共关系的核心，是公共关系活动的实施者。本书中所提及的社会组织，主要是指企业组织。

公共关系是组织的活动，而不是个人的活动。如公关部的经理接待来访者，表面看起来是个人的活动，但实质上他是作为组织的代表出现在公众的面前，是组织的公共关系活动。

二、公共关系的客体是公众

公众是指在公共关系活动中，与社会组织存在某种利益关系的个人、群体或组织。公众对社会组织有着重要的影响，因而也是社会组织传播交流信息对象的总称。公众是公共关系的客体，它对社会组织产生制约和影响，是社会组织作用的对象。本书中所提及的公众，主要是指企业组织的公众。

公众既包括内部公众，又包括外部公众。公共关系就是社会组织与其内部、外部各类公众之间的关系。公众构成社会组织生存和发展的社会环境，组织内部员工、顾客、社区居民、政府、媒体、社会名流等都是重要的公众。

三、公共关系的媒介是传播与沟通

公共关系的媒介是传播与沟通，公共关系通过传播与沟通来实现公共关系的目标。在现代社会，报纸杂志、广播电视、计算机网络等已成为非常重要的公共关系媒介。

社会组织通过媒体作用于各类相关公众，其手段是传播沟通，其目的是塑造形象、协调关系，从而形成较高的知名度、美誉度和认可度。

公共关系的构成要素如图 1-1 所示。

图 1-1 公共关系的构成要素

任务四 公共关系的职能

公共关系的职能，是指公共关系在组织与活动中所承担的主要职责和所发挥的主要功能。从根本上讲，公共关系的职能就是调动一切可以调动的力量，运用一切可以运用的手段，塑造良好的组织形象，赢得良好的生存环境，促进组织的生存发展，使组织在激烈的竞争中取胜。公关的职能可以概括为：采集信息，监测环境；咨询建议，辅助决策；协调关系，平衡利益；传播沟通，塑造形象；教育引导，培育市场；科学预警，处理危机。

一、采集信息，监测环境

采集信息、进行调研是公关工作的必要前提。在信息社会中，信息的种类极其广泛，即使仅对组织有用的信息而言，涉及的内容也是无穷无尽的。从公共关系工作的角度来看，在它的职能范围内有三类信息应注意优先采集，这就是产品形象信息、组织形象信息和组织运行状况及发展趋势的情报信息。只有通过公共关系，及时不断地搜集各种内外部信息，才能使组织和公众之间更好地沟通、协调，才能使组织的决策者在决策之前充分了解和掌握各方面的情况和变化，使组织的各项决策更加具有科学性。

所谓监测环境，是指观察和预测影响组织目标实现的公众情况和各种社会环境的情况，使组织对环境的发展变化保持清醒的头脑、敏锐的感觉以及灵敏的反应，从而保证科学地塑造组织形象，实现组织目标。公共关系可以着重从三大环境入手进行监测，即政府决策趋势、社会环境变化趋势和竞争对手的发展动态。

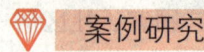 案例研究

一张照片背后的巨额利润——公共关系的信息管理职能

1964年,《中国画报》的封面刊出这样一张照片：大庆油田的"铁人"王进喜头戴大狗皮帽，身穿厚棉袄，顶着鹅毛大雪，手握钻机刹把，眺望远方，在他背景远处，错落地耸立着星星点点的高大井架。

当时，由于种种原因，大庆油田的具体情况是保密的，然而上述由官方对外公开播发的极其普通的旨在宣传中国工人阶级伟大精神的照片，在日本三菱重工财团信息专家的眼里，变成了极为重要的经济信息，揭开了大庆油田的秘密。其一，根据对照片的分析，可以断定大庆油田的大致位置在中国东北的北部。其依据是：唯有中国东北的北边寒冷地区，采油工人才必须戴大狗皮帽和穿厚棉袄。又根据有关"铁人"的事迹介绍，王进喜和工人们用肩膀将百吨设备运到油田，表明油田离铁路线不远，据此，他们便轻而易举地标出大庆油田的大致方位。其二，根据对照片的分析，可以推断出大庆油田的大致储量和产量。其依据是：从照片中王进喜所站立的钻台上手柄的架势，推算出油井的直径是多少，从王进喜所站立的钻台油井，和他背后隐藏的油井之间的距离和密度，可基本推算出油田的大致储量和产量，又根据新闻报道王进喜出席了第三届全国人民代表大会，可以肯定油田已出油。其三，根据中国当时的技术水准和能力及中国对石油的需求，可以推断中国必定要大量引进采油设备。于是，日本三菱重工财团迅速集中有关专家和人员，在对所获信息进行剖析和处理之后，全面设计出适合中国大庆油田的采油设备，做好充分的夺标准备。果然，中国政府不久向世界市场寻求石油开采设备，三菱重工财团以最快的速度和最符合中国要求的设备获得中国大量订货，赚了一笔巨额利润。此时，西方石油工业大国都目瞪口呆，还未回过神儿来呢。

二、咨询建议，辅助决策

这是公共关系最有价值的职能，因此公共关系也称"咨询业""智业"。公共关系的咨询建议就是指组织公共关系人员向决策层和各管理部门提供公共关系方面的意见和建议，使决策更加科学化、系统化，并照顾到社会公众的利益。公共关系的咨询建议与采集信息是密切相连的，获取信息是咨询建议的前提，没有足够的信息，一切咨询和建议只能是空谈。采集的信息只有通过向组织提供咨询和建议，才能充分发挥其功能，实现其价值。

公共关系部门是一个智囊机构，它在组织管理中起着"参谋"的作用。公共关系人员不仅要向组织提出一般的咨询建议，而且要尽可能为领导决策提供必要的信息建议，直接影响决策过程，这才是公共关系咨询建议的最高形式。具体表现为：第一，为确立决策目标提供咨询建议；第二，为决策提供信息服务；第三，协助拟订和选择决策方案；第四，从公众关系角度评价决策效果。

三、协调关系，平衡利益

协调关系，就是协调组织和公众的关系，以达到和谐、合作与发展。公共关系是一种广

结人缘的工作，内求团结，外求和谐发展，形成一种组织与公众友好合作的气氛，创造一个有利于组织生存发展的内外环境。协调关系既包括组织内部的协调，如组织内部上下级之间的协调，组织内部同一层次中的各部门、各单位之间的协调，又包括组织对外的协调，如组织与政府、社区、消费者、媒介、顾客等的协调。

（一）协调关系的内容

（1）协调内部关系。协调内部关系包括：第一，协调内部人际关系，这包括领导层之间的关系和员工关系；第二，协调组织内部各管理部门之间的关系。

案例研究

松下电器公司的员工关系协调

每天上午8时，松下公司遍布各地的87000多名职工都在背诵企业的信条，放声高唱《松下之歌》，松下电器公司是日本第一家有精神价值观和公司之歌的企业。

松下先生十分强调"人情味"的管理，学会合理的感情投资和感情激励，即拍肩膀、送红包和请吃饭。

为了消除内耗，减轻员工的压力，松下公司公共关系部还专门开辟一间"出气室"。里面摆着公司大大小小行政人员与管理人员的橡皮塑像，旁边还放上几根木棒、铁棍，假如哪位职工对自己某位主管不满，心里有怨气，就可以随时到这里，对着他的塑像拳脚相加棒打一顿，以解心中积郁的闷气。过后，有关人员还会找他谈心聊天，沟通思想，给他解惑指引。

松下电器公司不仅鼓励员工随时向公司提供建议，而且由职工选举，成立了一个旨在推动提供合理化建议的委员会，在职工中广为号召，收到了良好效果。1975年1月10日，公司的技术部有职工1500名，提案就多达7.5万件，平均每人50多件；1976年，全公司60000多员工共提出663475条建议，其中被采用的达61299条。

公司对每一个提案都认真对待，及时、公正地评审，视其价值大小给予奖励，即使没采用，公司也给予适当奖励。仅1976年，公司用于奖励合理化建议就支出30万美元，而职工合理化建议所产生的经济效益则远远不止30万美元，松下公司劳工关系处处长阿苏津说："即使我们不公开提倡，各种提案仍会源源而来，我们的职工随时随地——在家里，在火车上，甚至在厕所里，都在思索提案。"公司创始人松下幸之助希望每个员工都参与管理，每个员工都视自己为其工作领域的"总裁"。

并非每个员工都会主动地发表自己的意见，参与到组织的经营管理中来，这就要求企业公共关系部门做好以下工作：第一，编发合理化建议手册，并告诉员工如何向企业提出合理化建议；第二，将合理化建议制度化、规范化；第三，设立合理化建议评审委员会和奖励基金；第四，定期组织员工在这方面进行业务交流，促使他们不断提高。

松下电器公司和谐的员工关系可以培养员工积极向上的精神价值观，可以增强职工的责任感和自信心，从而调动职工的主动进取精神。

（2）协调外部关系。协调外部关系包括：第一，处理好各类直接的业务来往关系；第二，妥善处理好组织与各种权力制约部门之间的关系；第三，主动建立和发展各种非业务性的社会关系；第四，与消费者保持良好关系，妥善处理组织与消费者的纠纷。

◆ **相关链接**

2003年，美国微软公司的董事长比尔·盖茨匆匆访问了中国，向中国政府和企业公布了微软视窗系统的设计原代码。谁都知道，一套电脑操作系统的原代码是其核心机密，公布了原代码，也就可以使他人在自己软件系统的基础上发挥创造，生成新的操作系统。因此很长一段时间以来，微软公司一直对其视窗系统的原代码严格保密。但是为什么这次比尔·盖茨突然改变了保密的初衷呢？一个重要的原因就是微软在几次中国政府的招标采购中，败给了中国的金山公司，中国政府宁愿采购金山公司的办公操作系统，也不买微软公司的视窗系统。有一个重要的原因，就是担心在视窗操作系统中留有"后门"，将来可能会泄露中国政府的机密。这次盖茨公布视窗的原代码，就是为了向中国政府表示视窗没有秘密可言，中国可以放心采购。所以社会各界将比尔·盖茨的这次访华，看成微软公司一次重要的"政府公关"，意在营造中国市场的发展环境。

（二）协调关系的意义

协调关系的意义包括以下内容：
（1）协调内部关系可以增强组织的凝聚力；
（2）协调外部关系可以建立和谐的外部环境；
（3）协调内外关系，能够为建立和维持良好的组织形象提供条件。

四、传播沟通，塑造形象

公共关系的传播沟通职能主要体现在两个方面：一是组织运用传播沟通的手段同公众进行双向交流，与公众交心，赢得公众的信任和支持；二是顺时造势，实现舆论导向，通过策划新闻、公共关系广告、专题活动等手段，制造声势，提高组织的知名度与美誉度，为组织创造良好的舆论环境。

公共关系中的组织形象就是公众对社会组织的整体印象和评价，是社会组织的表现和特征在公众心目中的反映。它包含知名度和美誉度，构成要素主要有产品形象、经营形象、员工形象、领导形象、文化形象、标识形象、组织形象等。一个组织的知名度高，美誉度不一定高；知名度低，美誉度不一定低。因此，组织要塑造良好的组织形象，就必须同时提高知名度和美誉度。

五、教育引导，培育市场

一个组织在社会中的良好形象并非自发产生的。首先，公共关系人员要在组织内部普及公共关系知识，使广大员工懂得公共关系与组织的生存和发展密切相关，形象和声誉的好坏直接影响到组织的生死存亡，而良好的组织形象必须通过全体员工的共同努力，因此要培养员工的集体主义精神和对组织的归属感，教育引导全体员工树立公共关系意识。其次，作为社会组织，要对公众进行教育引导，人们常说"公众永远是对的"，这是从服务的角度将"正确"让给对方，但客观地讲，公众不可能永远正确，而是需要加以引导。

另外，随着科技的突飞猛进、产品的极大丰富，需要公共关系来培育市场。公众不可能了解那么多的新产品，因此就需要不断对其进行商品知识、消费知识、安全保障知识等方面的教育和引导，使消费群体的认识与组织趋同。

 案例研究

学生荣誉裙——公共关系的教育引导职能

20世纪60年代中期，我国台湾人出国常带回尼龙、特多龙的衬衫及女用衣裙馈赠亲友，纺织厂商从中发现了商机，于是与日本东洋尼龙厂合作，进口其特多龙原料，加工制成衬衫衣裙等销售，果然很受成年人欢迎。为了扩大市场，他们瞄准了学生这一潜在的消费群体。但是，人们对新产品所持的守旧态度构成了他们进取目标市场的障碍。因为当时我国台湾各学校都把尼龙制品看成近乎奢侈品的一种特殊产品，认为穿上这种质料的衣服，会助长学生讲究"漂亮"和"浪费"的心理，有违学校教育中所崇尚的朴实风气，所以，他们禁止学生穿着尼龙料子的袜子和衣裙。

这种观念极大地妨碍着纺织商与原料商开拓市场。如何才能说服学校改变这种观念呢？厂商多次会同营销专家策划如何攻克堡垒，突破防线。最后决定先试着从优秀学生打破阻力，然后再全面铺开战线。

我国台湾著名广告专家颜伯勤先生参与了策划，他建议厂商给全台湾各级女子中学及女子大专班每一班成绩最优者赠送特多龙百褶裙一件，并命名为"学生荣誉裙"（该命名对这次公关活动的成功具有决定性意义，它使这次活动更容易为学校所接受，也更容易为全社会的公众所认同）。厂商声明，赠予的意义在于鼓励学生学习，使优秀者在群体中激发起一种成绩优良的荣誉感。学校收到厂商要求提供每一班成绩最佳者姓名和住址的公函后，大多数都采取了合作的行为。

厂商收到名单后，就与这些同学直接联系，她们每人收到一封信和一张兑换券。凭此券，她们可以向附近地区的经销商兑取学生裙一件，颜色与尺寸大小都由她们自己挑选。这种办法既可免去邮寄麻烦，又能确保这些学生穿着得体、漂亮、大方。信的内容则是祝贺她们得到校方的推荐，并向她们介绍这种特多龙质料的裙子具有容易洗涤、不用熨烫、整洁方便的诸多优点，穿这种质料的衣服是生活中的一大改进。

过了两个星期，这些穿上学生荣誉裙的女生，又收到第二封信，信封内还有10张优惠券。信上讲，最近听到好多同学都很羡慕她，要买这种学生荣誉裙，特地寄给她这些优惠券，请分赠同班中的同学，让她们凭券去购买，可以获赠精致的裙架一个。因为经她们介绍可以使同班同学得到优待，是一件有面子的事情，所以她们很乐意去做，而且做得很认真。因为同学中的"标兵"已得到校方许可穿这种"学生荣誉裙"，实际上等于解除了不让穿这种"奢侈品"的禁令，所以，一般的女同学也穿上了这种裙子。后来，女校的学生制服都改用了尼龙质料，逐渐地，男校的同学们也穿上了这种质料的制服，这种衣服变成了流行的、大众化的学生服。

六、科学预警，处理危机

由于社会组织是在极其复杂的环境中进行运作的，因此，在向既定目标前进的过程中，有时会出现一些意想不到的突发事件或问题，给组织的正常运行造成危机。科学预警，处理危机也就成为公共关系的一项重要职能。

公共关系中的危机事件主要包括两大类：一类是人为的纠纷危机，如组织内部的突发纠纷、公众投诉、组织与组织之间的突发性危机、新闻媒体的突然发难等；另一类是重大事故灾害危机，如重大工伤事故、交通事故、生产失误事故，以及水灾、地震、空难、台风、突发性环境污染等。所有这些危机事件对社会组织威胁极大，一旦发生，公关人员必须以高度认真的态度和十分清醒的头脑，把握处理的原则和对策，使损失和危害降到最低。

任务五　公共关系的基本原则

公共关系的基本原则是指组织开展公共关系活动中必须遵循的准则。组织所面对的公众是极其复杂的，不同的组织具有不同的公众，同一组织需要面对不同类型的公众，同一类公众有可能面临不同问题。因此，处理组织与公众之间的关系，没有普遍适用的模式，只有普遍适用，且必须遵照执行的原则。公共关系的基本原则有实事求是原则、平等互惠原则、双向沟通原则、全员公关原则。

一、实事求是原则

实事求是原则，是指组织在开展公共关系活动时，要尊重事实，实事求是。公关部门的大部分工作是信息传递工作，信息传递的首要原则是真实可信，报喜也报忧。要以事实为依据，如实向公众传递组织的信息，特别是当组织出现问题时，绝不掩盖和隐瞒。

首先，信息的传递要建立在真实性的基础上。任何虚假信息的出现，都会使组织受到怀疑，那么，公共关系工作就很难取得预期的效果，甚至会一败涂地。其次，当组织出现问题时，绝不能掩盖和隐瞒事实。任何组织，特别是企业组织，在经营过程中都可能出现问题、产生过失。在这种情况下，掩盖和隐瞒都不能解决问题，反而会导致组织遭受更大的损害。其实，发现问题，勇敢地承认，及时采取相应措施，不仅能得到公众的谅解，还会更有利于组织形象的建设。

◆ **相关链接**

1987年，苏联切尔诺贝利核电站爆炸，由于报道不及时，内容欠真实，引起了社会的种种猜测和非议。一时间，苏联政府在世界舆论面前陷入了困境。而美国在1979年发生的三里岛核爆炸事件，由于及时公布了事件真相，并动员了所有有关的研究单位、生产机构、厂家，摆事实、讲道理，播放了一系列核电站方面的电影，结果安定了人心，顺利度过了"核爆危机"。

江苏常州阔步鞋店"花钱亮丑记"的事例也是一个很好的说明。阔步鞋店的经理在一次例行检查时，发现柜台上混进了一批假冒伪劣皮鞋，经理马上下令营业员清理存货，确认已卖出8双。阔步鞋店没有按常规的处理办法，等客户上门退货，而是使用了一套全新的处理办法。第一，他们在商店门前贴出告示，请购买了假冒伪劣皮鞋的买主前来退货。第二，发动营业员回忆，看是否能找到买主。经过这两方面的努力，有7双鞋的买主前来退货。第三，花钱在当地广播电台播放启事：由于本店不慎，进货时混进了一批假冒伪劣皮鞋，现已有7双鞋的买主退了货，希望第8双鞋的买主听到消息后前来退货。消息播出后，鞋店的生意不仅没有受到影响，反而顾客盈门，营业额直线上升，新闻媒体还对该店进行采访报道。

二、平等互惠原则

平等互惠原则，是指公共关系应以公众利益为导向，使组织与公众的利益要求都得到满足，以谋求组织与公众的共同发展。

公共关系是为组织利益服务的，但公共关系并非仅考虑组织利益，组织与公众联系的过程，实际就是双方利益相互满足的过程。社会组织只有找准公众利益的基准点，保证公众利益的实现，才能获得自身的盈利与发展。平等互惠原则把公众利益作为首要因素来考虑，把能否充分满足公众利益作为衡量公关活动效果的重要尺度，把组织与公众的"双赢"作为目标。

三、双向沟通原则

公共关系的双向沟通原则，指的是社会组织在开展公关活动时，要使组织与公众双方互相沟通、了解和影响，从而达到相互理解和信任的目的。组织与公众之间建立良好的公共关系的过程，其实质就是信息的交流、反馈和修正，以及组织与公众之间相互理解和适应的过程。一方面，组织应通过各种渠道把有关信息告知公众，如借助大众传播、人际传播向社会公众发布信息，使公众了解、理解和支持组织；另一方面，组织也应通过各种渠道广泛收集有关公众的信息，及时把握公众的动态。双向沟通可通过以下活动来实现：

（1）社会对话活动。组织领导和专业人士，就公众关心的热点问题，利用公众活动的形式，直接征询公众意见，回答公众提问，解释有关政策，寻求共识。

（2）大型公众咨询活动。在重大决策出台前，发动广大公众参与讨论，群策群力，集思广益，使决策的制定更加合理，更能符合公众利益。

（3）举办开放日活动。可以定期向公众开放组织或者有计划地组织公众参观，让公众了解组织，认识组织并对组织产生好感。

（4）建立客户关系部门，接待各种咨询、来访和投诉，及时解决公众的有关问题。

贯彻双向沟通原则应注意以下几个问题：

（1）双向沟通应具有一定的"共识区域"；否则，双方就无法沟通。

（2）沟通双方应互为角色，即一方是传播者，另一方是接受者；反之也一样，使沟通成为一种良性循环活动。

（3）社会组织应根据反馈信息进行自我调节，不断完善自身形象。

四、全员公关原则

全员公关原则简称为"全员 PR"原则,即通过对全体员工的公共关系教育与培训,增强全员的公共关系意识,提高全员公共关系的自觉性,形成浓厚的公共关系氛围与公共关系文化。

组织的公关工作不仅仅是公关专业人员的职责,而且是组织内所有成员共同的责任。组织形象的建立、公共关系目标的达成,仅凭几个公关人员的努力、几次公关专题活动是远远不够的,需要组织内上至最高领导,下到普通员工共同努力。因为组织每一成员都处在对外公共关系的第一线,其一言一行都代表组织形象,如电话接线员甜美的声音、礼貌的语言,可以给公众留下美好的印象;同样,门卫衣衫不整、粗鲁无礼也会破坏组织的形象,所以,公共关系部门首先要培养员工的公关意识,使其在对外公关第一线发挥良好的作用。

 案例研究

"玻璃窗"佳话——柯达公司坚持建议制度 100 年

美国曾发生过一段"玻璃窗"的佳话。著名的发明家、柯达公司创始人乔治·伊士曼,收到一份普通工人写的建议书,其内容简单得令人吃惊:"将玻璃窗擦干净。"虽然这是件区区小事,伊士曼却认为这是员工积极性的表现,是一种难得的"参与意识",立即公开表彰,发给奖金,从此柯达公司建立起一个"玻璃窗制度",即"柯达建议制度"。

由"玻璃窗"引起的制度一直坚持到现在。100 年来,柯达公司员工提出的建议总数已超过 200 万项,其中被采纳的已达 60 多万项。

任何一个企业,要建立自身良好形象和声誉,不可能只是领导者一人"包打天下"、单打独斗;在企业的兴衰成败上,群体智慧、群体力量起决定性作用。时下,虽有不少企业搞所谓的"合理化建议""参与制度",但多是停留在口头上,"建议箱"常年空空如也。这是企业内部公关的严重失误,无论对企业还是对员工,都是巨大的损失。故此,"有野心"的企业家不妨像柯达公司一样,把一个"玻璃窗"的故事"讲"它一百年。

每一个企业员工,总是希望在自己的工作环境中建立个人对社会的认同关系,获得归属感,并且希望在这样一个工作环境中以自己的才能和个性赢得尊重。全员参与、全员公关是寻求社会认同,充分表现自我、赢得尊重的一种有效方式。通过这种方式,会使员工感到置身企业之中犹如置身家庭之中,安全、舒畅,会使企业增强凝聚力、向心力。

任务六 公共关系的萌芽、发展与普及

现代意义上的公共关系,至今已有 100 多年的历史。20 世纪初期,公共关系作为一种专

门职业出现；到 20 世纪 20 年代，公共关系便发展成为一门新学科。随着市场经济的发展成熟和大众传播技术的不断发展，公共关系已越来越成为现代组织不可缺少的管理手段和活动工具。

一、公共关系的萌芽

公共关系作为一门科学出现，是现代社会的产物，它带有明显的现代社会文明的印记。然而，公共关系作为一种现象，绝不是今天才有的。在古代，人们就很重视相互间的关系，并注意舆论的作用。这些思想和行为与现代的"公关"活动极为类似。

 相关链接

古希腊时代，政治家认为一个人的修辞能力是参与政治过程的基本条件之一。著名的哲学家、科学家、教育学家亚里士多德在他的经典著作《修辞学》中，就详细阐述了修辞的艺术，即如何运用语言来影响听众的思想和行为的艺术。这本书在西方公共关系界堪称最早问世的公共关系理论书籍。

古罗马统帅——儒略·恺撒，也是一位精通沟通技术的大师，他面对即将来临的战争，印发大量的传单来进行宣传鼓动，以争取民众的支持。他那本记载着他的赫赫战功的《高卢战记》，帮助他登上了独裁者的宝座。这本书后来被公共关系业工会主席亨利·比诺称为"第一流的公共关系著作"。

中国是历史悠久的文明古国，公共关系的影响在古代政治、经济生活中出现的例子不胜枚举，又以春秋战国时期尤为鼎盛。不同利益集团并存及复杂的战争环境，出现了一批不同凡响的谋士和食客，他们周游列国，四处游说，演出了无数精彩激烈的、具有极高公共关系艺术的历史剧。"与朋友交，言而有信"，"言而无信，不知其可也"，"天时不如地利，地利不如人和"，这些公共关系思想至今仍在采用。战国时期苏秦游说六国，合纵抗秦；张仪也游说六国，以拆散合纵关系，与秦连横，使秦得以并吞六国，一统天下。这两位纵横家可以说是我国公共关系的鼻祖。

无论在中国古代，还是在外国的历史上，都可以找到大量类似现代公共关系的思想和行为。但是这一切仅仅是"类似"而已，公共关系作为一种新的社会思想和活动，其源头并不在古代，而是在 19 世纪中叶风行的报刊宣传活动之中。

二、公共关系的发展

虽然公共关系的历史可以追溯到远古时代，但作为一种全新的思想、一种系统而科学的理论，其建立远远落后于实践。作为一种新型的、专业性很强的职业，它发端于 19 世纪末 20 世纪初的美国。此后，随着民主政治、市场经济、人性文化、大众传播技术、科技革命的飞速发展，公共关系也与时俱进，发生日新月异的变化。其发展大致经历了四个明显的阶段，并呈现出不同的特征。

（一）巴纳姆时期——"公众受愚弄"时代

有组织、有意识的公共关系活动，起源于 19 世纪中叶在美国风行一时的报刊宣传代理活动。1833年9月，本杰明·戴伊创办了第一张面向大众的通俗化报纸——《纽约太阳报》，从此开启了美国报刊史上以大众读者为对象、大量发行的、价格低廉的"便士报"时期。由于这种报纸发行量大，广告费用也迅速上涨，当时，一些大的公司和财团为了节省广告费，便雇佣专门人员炮制关于自己的煽动性新闻，以扩大影响。而报刊为迎合下层读者的需要，增加发行量，也乐于接受发表，这样一来，便出现了美国历史上有名的报刊宣传代理活动，其中最突出的代表便是一个马戏团的经理费尼斯·巴纳姆。巴纳姆可以说是新闻传播方面的行家里手，他具有很强的吸引公众注意的才能。他的工作信条是："凡宣传皆好事"，完全不把公众放在眼里。他运用他的才能和技巧，编造许多荒诞离奇的故事来吸引公众的注意和好奇，在制造新闻、愚弄公众方面达到了登峰造极的地步。

 案例研究

巴纳姆制造的女奴海斯神话

巴纳姆为追求知名度，增加马戏团的收益，曾制造了黑人女奴海斯的故事：马戏团有一位名叫海斯的黑人女奴，已经160多岁了，100多年前曾经抚养过美国第一任总统乔治·华盛顿将军。这一"新闻"激起了美国社会的巨大轰动，引起了公众巨大的兴趣。巴纳姆乘势又在报纸上使用不同的笔名制造"读者来信"，人为地引起一场巨大的争论，有的来信说巴纳姆的所谓"海斯"故事只是一个骗局，有的来信则说巴纳姆发现了海斯是一大功劳。而巴纳姆作为这一骗局的制造者则大获其利，他每周可以从希望一睹海斯风采的美国人那里获得1500美元的门票收入。但是，海斯死后，人们对她的尸体解剖后发现，海斯只不过80岁左右，并非巴纳姆说的161岁。事已至此，巴纳姆居然还厚颜无耻地"深表震惊"，声明他本人也是受骗者之一。

类似巴纳姆的一些报刊宣传员典型的"个人英雄主义"、忽视公众利益的做法，给现代公共关系的健康发展带来了巨大的负面影响。他们滥用公众信任的大众传播手段，一味地无中生有，制造"新闻"来欺骗公众，最终遭到了公众的唾弃，落得个"搬起石头砸自己的脚"的局面。因此，人们把整个巴纳姆时期称为"公众受愚弄"时代，还有人称这个时期为"反公共关系时期"和"公共关系的黑暗时期"。

（二）艾维·李时期——"说真话"时代

19世纪末20世纪初，美国经济得到高速发展，垄断代替了自由竞争，社会财富日益集中在少数大企业、大财团手里。他们一心追求最大利润，无视公众利益，采用种种不可告人的手段积累财富；同时，他们对于来自公众的呼声及来自政府、劳工、舆论的压力置之不理。他们竭力对新闻界封锁消息，掩盖企业内部丑行。他们采取的原则是：让公众知道得越少越好。

这一切引起了公众的强烈不满。一批受过正规教育的、追求社会公正和平等的年轻人开始揭露工商企业的丑闻和阴暗面。这一时期里，以一些青年记者为代表的新闻界专门搜集、报道工商业巨头们的丑闻，揭露他们的不法行径和不道德的商业行为，从而掀起了一场现代新闻史上著名的"揭丑运动"（又称"扒粪运动"）。仅仅1903—1912年这十年间，报刊揭露企业丑闻的文章达2000多篇，此外，还有一些宣传小册子和漫画作品，这就是美国近代史上著名的"揭丑运动"。

"揭丑运动"的冲击，使这些大企业声名狼藉，经营也陷入困境，他们再也无法对来自公众和新闻界的批评视而不见了。这时，一些具有远见的企业家也开始意识到取悦公众、与公众建立良好关系的重要性。许多企业开始聘请懂行的专家专门从事改变与新闻媒介关系的工作，并且邀请社会各界人士，特别是新闻界人士参观企业。这样，一种代表企业利益，在企业与公众之间沟通"对话"，并从中获取劳务费用的新职业便应运而生了。这一崭新职业的第一个开创者，就是被誉为"现代公共关系之父"的艾维·李。

艾维·李于1877年7月生于美国的佐治亚州，早年曾在纽约当过报刊记者和编辑，1903年开始在一些企业中担任新闻代理人。1905年他向新闻界发表了著名的《原则宣言》，主张一个企业要获取良好的声誉和发展，就必须把真情告诉公众，并保持企业与雇员之间经常性的沟通。后来他成为美国著名的洛克菲勒财团的公共关系高级顾问。他明确提出的"说真话"成为现代公共关系的基本原则。

◆ **相关链接**

对于许多人而言，艾维·李因其开设第一家宣传顾问事务所被人尊称为"公关之父"。事实上，艾维·李刚开始工作时曾在《纽约日报》《纽约时报》以及《纽约世界报》担任记者工作，但是，他很快就发现，记者这份工作并不能为他带来他所想要的地位与金钱。

1903年，艾维·李开办了世界上第一家公共关系机构，但是艾维·李最广为人知的成就，是他改变了美国公众对企业巨子约翰·洛克菲勒和他的儿子小洛克菲勒的印象。在那个时代，洛克菲勒父子一直被人称为"不讲道义的商人"或者是"没有心肝的企业家"。

1914年发生的鲁德洛大屠杀事件引发洛克菲勒家族的重大危机。1914年4月20日，在科罗拉多州一座由洛克菲勒家族所拥有的煤矿场中，矿场管理者动用自卫队和民兵部队攻击罢工矿工而引发严重的企业危机，社会舆论纷纷谴责。为了化解这桩屠杀事件造成的恶劣影响，尽快恢复洛克菲勒父子的名誉，艾维·李应聘为其提供公共关系服务。针对当时的舆论环境，他很快作出反应并成功地在报纸上刊登文章，为这一行为进行辩解。他辩论，这种针对罢工行动的反击，是在维护"工业自由"。由于其出色的表现，危机事件得到控制，舆论开始向有利于洛克菲勒家族的方向转变。

虽然艾维·李为洛克菲勒父子所做的事情，具有相当大的争议，用现代眼光来看，甚至有悖职业道德。但他为这两位工业巨子以及美国烟草公司等客户提供的专业服务方式还是为公共关系服务设立了一个标准，并以此提升了公共关系的职业形象：公共关系人员不再是早先叫卖小贩和媒体经纪的形象了。

艾维·李通过为客户提供公共关系服务开创了世界公共关系业的先河。另一个最明显的例证是：1906年，艾维·李发表的《原则声明》对公共关系职业的诞生产生了重要影响。《原则声明》阐述道"这不是一家隐秘的新闻机构，我们的一切工作都是公开的，我们旨在提供新闻"。《时代》杂志1939年赞扬艾维·李是公共关系学的"第一个阐述者"，艾维·李堪称公共关系学的"开山鼻祖"。

（三）爱德华·伯内斯时期——"投公众所好"时代

尽管艾维·李的工作获得了巨大的成功，但由于他只是凭经验、凭直觉工作，因而只能称之公关工作有艺术性而缺乏科学性，存在相对的局限性。真正促使公共关系工作走向系统化、科学化的重要人物，则是美国著名的公共关系理论家和实践者爱德华·伯内斯。

伯内斯1891年生于维也纳，是著名的心理学家弗洛伊德的外甥，他的思想深受舅舅的影响，他于1923年完成了一部经典著作《公众舆论的形成》，该书第一次提出"公共关系咨询"这一概念，并阐述了公共关系的原则、实务方法和职业道德守则，是世界上第一部公共关系学专著。

1952年，伯内斯又写了教科书《公共关系学》，对公共关系的原理和方法构建了较为完整的体系。伯内斯为公共关系职业化和科学化做出了极为突出的贡献，他使公共关系从一种社会现象和活动，上升为一门学科。因此，伯内斯也被列入公共关系的先驱者之一。

伯内斯认为，企业仅仅向公众说真话是不够的，他们不仅要为社会及公众所了解，更重要的是必须在决策前研究公众的喜好，研究公众对企业或组织的要求和期望，在确定公众价值观和态度的基础上，再进行有组织的宣传工作，以迎合公众的需要，即"投公众之所好"。这是伯内斯思想的重要部分。

相关链接

伯内斯于1912年从康乃狄格大学毕业后即从事新闻工作，1913年受聘为福特汽车公关部经理，被誉为"开企业承担社会责任之先河"。他为该公司策划并实施了一系列旨在发展公众福利及社会服务的计划，大大提高了公司在公众及社会中的影响。1919年，他和夫人多丽斯·弗莱希曼在纽约开办了公共关系公司。1923年，伯内斯在纽约大学首次开设了公共关系课程，并于同年和夫人弗莱希曼一起合作出版了第一本公共关系著作《公众舆论的形成》。书中阐明了公共关系的范围、功能、方法、技巧及社会职责。1928年，伯内斯完成了《舆论》一书。1952年，他又撰写了一本教科书《公共关系学》。伯内斯把公共关系的理论和基本方法结合起来，形成了一个比较完整的学科体系。

有关伯内斯技巧最有名的事例发生在1929年。为了庆祝爱迪生发明灯泡50周年，伯内斯策划了"灯光50周年"纪念活动。10月21日，世界上许多公共事业公司都在同一时刻停电一分钟，向爱迪生致敬，以示纪念。当任美国总统胡佛和许多名流要人还出席了宴会。由于这次活动声势浩大，美国邮政决定为此发行一枚2美分的纪念邮票。"灯光50周年"纪念活动被认为是伯内斯的重大成就之一，显示了有效的公共关系活动的潜在能量。

（四）斯科特·M·卡特里普时期——"双向对称"时代

第二次世界大战后的短短几年，公共关系事业迅速向国际化范围扩展。1955 年，国际公共关系协会（简称 IPRA）在英国伦敦宣告成立，后将其总部设在瑞士日内瓦，会员分布全球 60 多个国家，这标志着公共关系已经成长为一项全球性事业。

随着公关事业规模和范围的不断扩大、从业人员的不断增加，公共关系理论研究和学科建设也有了长足的发展，涌现出一批重要的学者和著作。1952 年，斯科特·M·卡特里普和艾伦·H·森特出版的《有效的公共关系》一书最具代表性。该书自出版以来在美国拥有 57 年"公关圣经"的著称，被视为公共关系的经典。至此，公共关系正式进入学科化阶段，标志着公共关系的成熟。

卡特里普、森特提出了著名的"双向对称"的公共关系模式，典型地概括了现代公共关系过程的本质特点。他们认为，公共关系应当是"把公众利益与组织利益置于同等重要地位，推行双向传播沟通战略"，也就是说，公众与组织之间存在着一种和谐而良好的关系：一方面，组织将其想法和信息向公众进行传播和解释；另一方面，公众将其想法和信息向组织进行传播和解释。而这种关系就要求组织明确公众范围、协调公众关系最终获得公众的认可。

三、公共关系的普及

公共关系作为一门独立学科，并且作为一种独立的社会职业，产生于 19 世纪末 20 世纪初的美国。1903 年，艾维·李使公共关系成为一门职业；1923 年，爱德华·伯内斯完成世界上第一部公共关系著作《公众舆论的形成》，同时，他在纽约大学开设公共关系课程，使公共关系逐渐发展成为一门新的学科。

20 世纪 30 年代以后，公共关系在美国获得了高速的发展。1937 年，美国《企业周刊》第一次编制公共关系的报告，统计出当时从事公共关系活动的专家有 5000 人，专门的公共关系公司有 250 家，有 20%的企业设立了公共关系部。而到了 1985 年，公共关系从业人员达到 15 万人，公关公司超过 2000 家，85%的企业设立了公共关系部或者长期外聘公共关系顾问。伴随着公共关系在美国的成熟和发展，大约从 20 世纪 30 年代开始，迅速向世界各地传播。首先是在发达的工业化国家生根，之后又在经济上欠发达的国家和地区落户。

20 世纪 20 年代，公共关系传入欧洲。公共关系的第一个输入国是英国。1955 年法国公共关系协会成立。法国一些管理专家指出：公共关系使企业的经营走出象牙塔，进入玻璃屋。大约在同时，德国、意大利、荷兰、挪威等欧洲国家的公共关系也积极地发展起来。1940 年，公共关系传入加拿大。1947 年，公共关系传入日本，1964 年成立了日本公共关系协会。

20 世纪 50 年代以后，公共关系的思想和实践也开始传入第三世界国家，在东南亚、拉美和非洲各国生根开花。20 世纪 50 年代初，港英当局设立公共关系部，一些企业也纷纷效法，使公共关系成为企业经营过程中的重要管理方式。20 世纪五六十年代，我国台湾地区开始全面推行公共关系管理。

1955 年，国际公共关系协会（IPRA）在伦敦成立，当时拥有会员 20 多个，出版有《国际公共关系协会通讯》和《国际公共关系评论》两本杂志。以后，其会员不断增加，成为世界上最大的公共关系协会。

任务七　公共关系在中国的发展历程

现代公共关系思想和公共关系实践进入中国，应以20世纪60年代公共关系登陆中国香港、台湾地区为发端，而中国内地则到20世纪80年代初才开始引进。纵观中国内地30多年的公关发展史，我们发现，公共关系作为一种新的经营管理思想和技术传入中国内地后，呈现出由南向北、由东向西、由服务行业向工业企业、由外资企业向国有企业、由企业组织向政府组织逐步发展的格局，而且发展过程也呈现出明显的阶段性。

当代中国公共关系的发展大致经历了以下三个时期：第一，20世纪80年代初期至中后期，公关在中国处于积极引进、迅速发展时期。从20世纪90年代初期到90年代中期，公共关系在中国的发展进入了一个相对稳定、成熟的时期。第二，20世纪90年代中后期，中国公关发展出现了不和谐音符。原因：①人们对公共关系的引进和运用，采用机械地模仿、一股脑拿来主义，结果是层次较低、良莠不齐、鱼龙混杂，引进的理论没有被消化、没有创新，有的也不符合中国的民族文化习惯。②人们对公共关系的理解存在诸多的误区。③中国改革开放进入了关键的体制转型时期，许多企业将其主要精力投放到适应市场经济的内部改革之中，在人、财、物上对公共关系重视不够，从而导致公共关系事业停滞不前。此阶段，公共关系在中国的发展受到阻碍，开始由高潮阶段步入低谷。第三，21世纪以后，公共关系在中国的发展呈现出勃勃生机。2001年，中国加入世界贸易组织（WTO），这不仅为中国的现代化建设带来机遇与挑战，同时也为公共关系在中国的发展带来了新的契机。公共关系学作为一门新型学问，公关活动作为一种新的经营管理理念，科学性与艺术性相统一，促使我国公共关系事业在打开新局面的同时迈向新的境界。

任务八　中国未来公共关系的发展与瞻望

一、公共关系市场国际化

中国公共关系市场的发展是一个从无到有、从分散发展到逐步规范、从纯国内化到国际化的过程。公共关系市场目前在中国终于成为一个被政府认可并拥有广阔服务领域的崭新职业，公共关系从业者的人数已达到百万人，这是一个巨大飞跃。中国加入世贸组织，这不仅对中国和世界经济的发展，而且对中国和世界公共关系业的发展都产生了重大影响。这种影响表现在中国公共关系市场的国际化趋势更加明显。公共关系公司的国际化和国内公共关系业务的国际化都将促进中国公共关系市场的国际化，并最终走向公共关系市场的不断成熟壮大。期间表现出来的国际化和本土化相融合的趋势愈加明显。

二、公共关系实务专业化

经过30多年的磨炼，随着中外公共关系市场的逐步接轨，市场运作游戏规则的健全规范，中国公共关系业将彻底摆脱20世纪80年代初以来公共关系业的阴影，真正走出公共关系就是所谓"笑脸相迎"的低层次的漩涡而大踏步迈入公共关系实务专业化的轨道。

三、公关手段高科技化

随着互联网（Internet）多媒体时代的到来，企业组织已越来越认识到信息网络、现代传媒新技术对公共关系传播的重要意义。这些新技术将完成对公共关系传播沟通管理的方法和手段的调整与更新。实际上，网络传播已经实实在在地成为一种主流媒体支持着公共关系传播的开展，如电子邮件（E-mail）、网上新闻发布、网上展览、网上市场调查、网上新品推广、网上社区、网络广告、博客等，使公共关系传播的平等性、双向性、反馈性得到更大程度的提升，信息传播双方已成为微信真正意义上平等交流的伙伴，实现了更深层次含义上的双向互动。随着高科技的发展，人类传播史上的革命还将继续，未来的公共关系手段将是一种更加数字化的手段，人们会在高科技服务的支撑下，实现真正意义的人际互动，这时的高科技不会成为人与人之间的障碍，它将是人类亲密无间的朋友。

四、公关地位战略化

全球一体化经济的蓬勃发展，组织的传播活动将日益多元化。一方面，组织的形象竞争呈白热化状态，公共关系作为一种重要的传播手段、传播战略，将为组织塑造一种"全球形象"而纳入组织的战略管理层面，其战略性地位日益加强。另一方面，全人类面临的一些全球性问题，如环保、人口膨胀、战争与和平等问题的存在与解决，已非一个国家和一个民族所能承受，它必须通过国际的沟通与对话，通过全球性的跨文化的传播沟通达成共识的基础上，制定国际化的标准，依靠全人类通力合作来加以解决。而公共关系在解决这样的问题的过程中，是最有发言权和成效的。公共关系在未来发展中的这种战略地位越来越明显，随着这种战略地位的确立，公共关系产业化也将随之形成。公共关系业将同信息业、咨询业等构筑起中国新兴知识产业的又一道风景。

五、公关人才竞争白热化，行业自律更完善

随着中国公共关系市场的成熟，公共关系教育的规范化，公共关系市场的国际化，公共关系人才的竞争将更为激烈。一方面，公共关系作为一项智力产业，专业化智力劳动的价值将得到前所未有的尊重；另一方面，由于市场经济体制的发展，各类组织均已改变了以往那种大而全的组织管理架构，并接受了资源稀缺的市场新观念，这势必促使组织在开展公共关系活动的时候，考虑吸纳最优秀的公共关系人才的加盟，让组织能够利用有限的传播资源取得最大的效益。同时公共关系市场的发展与不断成熟，会激活公共关系的人才市场。当然，发展中同样会存在行业不正当竞争的现象，但公平、公开、公正的基本规则同样会在激烈的竞争中得到确立和维护，公共关系从业人员恪守职业道德，加强行业自律，这是公共关系业自身形象和信誉的保证。

总之，随着改革开放的不断深入，我国的公共关系事业无论在实践活动方面、理论研究方面或者培训教育方面，都取得了重大进展，公共关系在我国社会生活中发挥着越来越大的作用，成为推动我国现代化发展的动力。

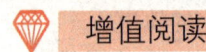 增值阅读

CIPRA 的相关内容

中国国际公共关系协会（CIPRA）于1991年4月成立，总部设在北京，由公共关系专业机构、新闻媒体、教育、科研机构、政府有关机构和企业界人士等自愿组成，是经国家民政部批准成立的全国性、学术性、广泛性的非营利性社会团体组织。协会由铁木尔·达瓦买提、蒋正华、经叔平、黄华、袁宝华、汪道涵、柴泽民担任名誉会长。现任会长为时任全国人大常委、我国前驻美国大使李道豫。

宗旨：让世界了解中国，让中国走向世界。协会宗旨是遵守中华人民共和国宪法、法律、法规、政策，遵守社会道德风尚，促进中国公共关系事业的发展，为完善社会主义市场经济，实现中华民族伟大复兴作出应有的贡献。是具有社团法人地位的全国性涉外专业组织。

工作方针：指导、协调、服务、监督。

主要任务：致力于公共关系的理论研究和实践探索，制定中国公共关系业发展战略；提高公共关系业及其从业人员的社会地位，维护公共关系从业人员的合法权益，规范公共关系业及从业人员的行为；提供多种形式、内容丰富的会员服务，密切中国公共关系组织同海内外相关组织的联系，推动中国公共关系业的职业化、规范化和国际化发展；开展民间外交，进行高层联络，通过多渠道、多形式的国际交流与合作，为国内外组织机构提供咨询，为我国的改革开放和经济建设服务。

协会下属的学术工作委员会、公关公司工作委员会和地方组织工作委员会，分别由国内公关领域的知名学者，著名公关公司的总裁和地方省市公关协会的领导组成，在协会的领导下开展工作。

协会常设机构：协会秘书处，下设会员管理部、国际合作部、研究发展部、信息咨询部、教育培训部、人事处和办公室。一批政府有关部门的高层领导，新闻媒体负责人、著名企业家、资深公关学者和专家以及社会各界知名人士担任协会理事，为协会工作提供支持。

项目小结

1. 中国公共关系发展过程中存在以下误区：公关=公关小姐；公关=简单的接待工作；公关=走后门拉关系；公关=广告；公关=宣传。

2. 公共关系是社会组织为了生存和发展，运用传播手段，与公众进行双向沟通，塑造组织形象，协调关系，平衡利益，以达到和谐关系的一种专门实践活动。这个定义至少包含五层意思：第一，公共关系是社会组织与公众之间的关系；第二，公共关系的目的是生存和发展；第三，公共关系的核心工作是塑造组织形象，协调关系，平衡利益；第四，公共关系的手段是传播，与公众进行双向的信息交流；第五，公共关系的最终工作要实现主客体之间良好的关系，实现社会的和谐。

3. 公共关系到底有几层含义，目前还未达成一个世界公认的看法，对其含义的理

解和定义的表述是多层次的。人们普遍认为它既可以是一种状态，又可以是一种活动、一种学说，或是一种观念和职业。

4. 公共关系的基本特征有形象至上、沟通为本、互惠互利、真实真诚、立足长远。

5. 公共关系由三个基本要素构成，即社会组织、公众和传播，依次为公共关系的主体、客体和手段。这三个要素构成了公共关系的基本范畴，公共关系的理论研究、实际操作和运行发展都围绕这三者的关系层层展开。

6. 公关的职能可以概括为：采集信息，监测环境；咨询建议，辅助决策；协调关系，平衡利益；传播沟通，塑造形象；教育引导，培育市场；科学预警，处理危机。

7. 公共关系的基本原则是指组织开展公共关系活动中必须遵循的准则。公共关系的基本原则有实事求是原则、平等互惠原则、双向沟通原则、全员公关原则。

8. 在古代，人们就很重视相互间的关系，并注意舆论的作用。这些思想和行为与现代的"公关"活动极为类似。公共关系的发展大致经历了四个明显的阶段，并呈现出不同的特征：巴纳姆时期——"公众受愚弄"时代；艾维·李时期——"说真话"时代；爱德华·伯内斯时期——"投公众所好"时代；斯科特·M·卡特里普时期——"双向对称"时代。公共关系作为一门独立学科，并且作为一种独立的社会职业，产生于19世纪末20世纪初的美国。大约从20世纪30年代开始，迅速向世界各地传播。首先是在发达的工业化国家生根，之后又在经济上欠发达的国家和地区落户。

9. 当代中国公共关系的发展大致经历了三个时期：积极引进、迅速发展、成熟稳定时期，公共关系在中国发展出现了不和谐音符，中国加入WTO为公共关系的发展带来新的契机。

10. 公共关系在中国大致经历了三个时期。中国未来公共关系的走势有五：一是公共关系市场国际化；二是公共关系实务专业化；三是公关手段高科技化；四是公关地位战略化；五是公关人才竞争白热化，行业自律更完善。

关键概念

公共关系　报刊宣传运动　揭丑运动　艾维·李　爱德华·伯内斯

教、学、做一体化训练

即测即评

请扫描二维码，在线测试本项目学习效果。

选择题　　　判断题

思考与练习

1. 公共关系发展过程中存在哪些误区？
2. 对公共关系的理解和把握，应从哪几个方面来考虑？
3. 简要介绍公共关系的三个构成要素。
4. 简述公共关系的基本特征。
5. 谈谈你对公共关系基本职能的认识。
6. 简要介绍公共关系的基本原则。
7. 公共关系的发展主要经历了哪几个阶段？
8. 试比较巴纳姆、艾维·李、伯内斯公关信条之异同，并以此来论证公关理念不断进步的过程。
9. 中国公共关系发展过程中遇到过哪些挫折？其未来走向是什么样的？

课堂讨论

1. 一场困惑的招聘

小李是市场营销专业的应届毕业生，具有扎实的市场营销知识，性格外向活泼。网上获知某企业公关部招聘公关接待人员，主要负责接待前来订货的客户、陪同客户参观娱乐。要求：女性，大专以上学历，五官端正，自信、性格开朗，具有较强的沟通协调能力，有良好服务意识。小李细细揣摩招聘要求后，心想，"不就接待客户吃饭、喝茶嘛，只要打扮得花枝招展，说话悦耳动听就可以了。"于是，细致准备后招聘当天来到了招聘现场。

招聘现场让小李叹为观止，接待室坐满了各种各样前来应聘的人员，有端庄的、开放的、保守的……终于轮到小李面试了，主考官提出的"公关礼仪""目标客户""客户需求"……之类的问题令小李很是困惑，公共关系不就是美女吗？难道仪表动人还不够？……带着疑问小李懵懵懂懂地完成了应聘……

招聘结果同样让小李摸不着头脑，成功应聘的人都是些端庄、"保守"的应聘者，而小李则被企业以实践知识不足、着装不得体为由拒之门外。

讨论：到底什么是公共关系？公共关系与"美女"有什么关系？怎样正确认识"公关小姐""公关先生"等社会现象？目前中国公关发展中存在什么误区？

2. 试运用公共关系理论分析评价"好酒不怕巷子深"和"王婆卖瓜自卖自夸"的说法。

3. 美国亨氏集团与我国合资在广州建立婴幼儿食品厂。在筹建食品厂的初期，亨氏集团碰到的第一个问题是：生产什么样的食品才能快速而有效地开拓广阔的中国市场呢？对此，亨氏集团展开了大量的调查：多次召开"母亲座谈会"，充分汲取公众的意见，广泛了解消费者的需求，征求母亲对婴儿产品的建议，摸清各类食品在婴儿哺养中的利弊。然后根据母亲们提出的意见信息进行综合比较、分析研究，试制了些样品，免费提供给一些托幼单位试用。同时，收集征求社会各界对产品的意见、要求，相应地调整原料配比，并针对中国儿童食物缺少微量元素、造成儿童营养不平衡及影响身体发育的现状，在食品中加进一定量的微量元素，如锌、钙和铁等，食品配方更趋合理，使产品具有极大的吸引力。

至此，亨氏集团才最终确定了"亨氏婴儿营养米粉"和"亨氏高蛋白营养粉"的配方，很快受到中国母亲的青睐，迅速走进千千万万中国家庭。

讨论：亨氏集团为什么能迅速打开中国市场？他们的公共关系活动里体现了公共关系的哪些职能与原则？

案例分析

一个企业的再生——管理之父亚柯卡的公关智慧

日货冲击，对手倾轧，石油危机，财政枯竭，25个副手各占山头，数万辆劣质车积压在库。1978年，美国第三大汽车公司克莱斯勒内外交困，危机四伏。就是在这样严峻的形势下，亚柯卡为克莱斯勒的一片诚意所感动，毅然放弃百万美元的退休金，出任克莱斯勒董事长兼总经理。他决心以自己的知识、经验、胆识挽救这艘摇摇欲坠、满目疮痍的企业界"万吨巨轮"。

有"野马之父"荣称的亚柯卡出生于美国宾夕法尼亚州的艾伦顿市，他以出色的管理才能闻名于世，是汽车经营业不可多得的"天才"。

亚柯卡深明打铁先得自身硬的道理，所以上台伊始，他的"三板斧"就首先砍向企业内部：

（1）撤裁冗员。23名副经理和大批管理人员被裁减，公司内的优秀分子得到提升。

（2）协调内部公众关系。向工会、员工解释自己的打算、计划，倾听他们的建议，让员工成为公司股东。为了建立"共渡难关"的意识，他还降低了自己的年薪。

（3）广招贤才。一些大公司包括福特、通用内的不得志的业务能手被招到克莱斯勒麾下。

在亚柯卡出任总经理的当天，克莱斯勒的股票就猛涨，升幅达35%。而新官上任的三把火，不仅使其内部团结一致，而且赢得了相关公众的赞许。经过一系列的调整，克莱斯勒当年就扭转了企业亏损的局面。

对企业自身的问题，亚柯卡可以快刀斩乱麻。但对于财政枯竭及全球性的萧条，亚柯卡也没有太多招数，于是他想到了政府担保贷款。

谁料此言一出，立即招来众多非议。不仅通用与福特百般挑剔，连实业界、金融界、新闻媒体也纷纷来凑热闹，说此举有违自由企业精神。看来，想让受舆论影响甚多的国会批准贷款，必须从舆论着手。

1979年，亚柯卡搞了一次大规模的宣传活动。他自己常常开着克莱斯勒车出没于闹市，还动手拍了46部广告片，以轻松幽默、妙趣横生的情境，营造出"克莱斯勒与以前不同了"的形象。然后在报纸上大登企业形象与公共关系广告：

失去了克莱斯勒，对美国有好处吗？

在自救方面，克莱斯勒是否已尽力为之？

克莱斯勒，问题多得解决不完吗？

……

回答了公众最想知道的上述问题之后，亚柯卡邀请供应商、销售商、记者参观考察克莱斯勒，增加其生产、经营的透明度。经过一系列的公关活动，社会舆论开始转向同情克莱斯勒，报纸也开始替它讲好话了。

克莱斯勒趁热打铁，开始了对同业、金融界、实业界进行一系列的公关游说工作，向他们指出克莱斯勒不过是沿用旧例罢了，如果以前政府能为4000亿美元贷款担保，也应该说，克莱斯勒要求12亿美元的政府担保贷款并不违背自由竞争精神。不让政府批准才是不公平的。同时，他向同业指出，由于经济萧条，也许在明天，会有其他人像克莱斯勒这样需要政府担保，如果不给克莱斯勒这个有能力还债的企业一个机会，将会堵死其他企业的退路。这样一来，反对他的人便偃旗息鼓了。

而在国会上，他通过演说指出：克莱斯勒的要求不仅是合理的，而且是在为国家担当重任。如果不给克莱斯勒以支持，它的倒闭将使失业率一夜之间上升0.5%，与它同生死的供应商、销售商的萎缩也将使国人丧失大量工作职位，同时给纳税人增加160亿美元的重担。此外，还有失业民众对所在地区的议员也将改支持为反对。而仅需12亿美元，克莱斯勒将会承担起这个重任。

亚柯卡的游说活动取得了极大成功。得到经济帮助的克莱斯勒开始出现盈余。即便在这时，亚柯卡也没有放松公关工作。"一家企业的再生"始终吸引着众人的目光。到1983年，克莱斯勒即已还清贷款。而到1986年，克莱斯勒的股票从1980年的5.3美元上升到35美元。这在全美企业中涨幅最大、涨速最快。

面临困境，亚柯卡的公关思路异常清晰，总的主题定为"一个企业的再生"，并通过有条不紊的步骤展开：内部公众—同业公众—媒介会众—相关公众，一步步稳扎稳打，最终实现了自己的目标。游说是一项难度较大的公关技巧，其目的在于说服对方，让受众接受自己的观点，亚柯卡的才华于此处表现出来：他的演说鞭辟入里，切中要害，通过利害剖析，达成主体意见向普通意见的转化。亚柯卡的公关手段的运用也十分成熟：从影视、文化、实物媒介到公关广告、演说、产品展示、邀请参观等形式，皆能做到运用自如。

思考：

（1）管理之父亚柯卡的公关智慧体现在何处？

（2）阅读本案例，从公关的角度谈谈你得到了哪些启示？

实践与操作

实训一：企业公关认知调查报告

[目的]　企业公共关系调查一方面可以让学生了解现阶段企业对于公共关系的认知水平和理解程度，另一方面可以提高学生与社会接触的能力，实现理论与实践的结合。

[地点]　课外+实训室或教室。

[内容与要求]

1. 每班分4~5人为一个小组的若干小组。
2. 以小组为单位指派一名负责人，选择并确定一家企业课后进行调查，统计多少人知道公共关系，他们对公共关系的理解是什么？是否有错误？向他们传播公关知识，并撰写调查报告。
3. 调查报告每小组一份，字数：1000字左右。
4. 实训步骤：

任课教师提出实训要求——分组并确定小组负责人——确定调查企业——课后调查——撰写调查报告——课堂交流——同学点评——任课老师点评打分。

实训二：组织形象矫正方案的撰写

[目的]　通过实训，让学生在实际操作中学会应用公关的基本职能和原则，加深学生对已学知识点的理解，培养学生的公共关系基本素质与意识。

[地点]　实训室或教室。

[内容与要求]

1. 每班分4~5人为一个小组的若干小组。
2. 实训背景：某新闻媒体播报了有损你组织形象的报道（包含虚假的组织历史、行为、意图等负面信息），形成了对组织不利的舆论。
3. 实训要求：

（1）以小组为单位，依据实训背景分析并撰写组织形象矫正方案，分析你所撰写的方案中运用到了哪些公共关系基本职能与原则，这些职能与原则对于形象的矫正有何作用。

（2）方案内容应当包含报道危害程度、矫正目的、原则、步骤和具体措施等。

（3）字数要求：1200字左右。

4. 实训步骤：

任课教师提出实训要求——分组并确定小组负责人——课后讨论分析——撰写组织形象矫正方案——课堂讨论——任课教师点评。

项目二
了解公共关系主体

📍 学习目标

知识目标

为了完成本项目,需要的理论知识:
1. 社会组织的概念、类型和基本特征(重点)。
2. 公共关系部的组织机构模式(难点)。
3. 公共关系公司的类型和基本特征。
4. 公共关系公司的优势。
5. 公共关系社团的特征、类型及工作内容。
6. 公共关系人员应具备的基本素质(重点、难点)。
7. 公共关系人员的职业道德准则(重点)。
8. 公共关系人员的培训内容(难点)。

技能目标

通过完成本项目,应该能够:
1. 初步掌握公共关系部的设置原则和组织机构模式。
2. 考察一个有公共关系部的企业,分析其公关人员的配备是否合适,并能分析其公共关系部的优劣势。
3. 鉴定公共关系公司的优劣,并能找到一个合适的公共关系公司为本企业出谋划策。
4. 正确认识、评价自己,并遵照公关人员的基本素质要求提高自身修养。

引导案例

成就锦江饭店的"软件"在哪里?

　　锦江饭店1928年开业,地处上海市中心繁华商业街茂名路,周围纵观花园饭店、锦江一条街、淮海路,是一家新中国成立前开业的酒店,可谓历史悠久。饭店的建筑、布局颇有特色,三幢欧式建筑在两座花园的衬托下尽现高贵典雅之气。占地3万余平方米,其独特优秀的近代建筑被定为上海市级文物保护单位,稳重典雅中透着浓浓的文化底蕴。餐饮、会议、休闲和服务设施齐全、高档,客房宽敞舒适,其中有总统套房和豪华套房。饭店将现代设施与传统典雅完美地融为一体。周到完善的服务赢得了中外宾客的一致赞誉。经历八十多年风雨,锦江饭店已成为著名的五星级花园式饭店。酒店开业至今已接待过四百多位国家元首和政府首脑,以及众多商贾巨富,见证过无数次重大历史事件。川、粤菜名厨多次应邀去美国、新加坡、中国香港等地进行烹饪和宴会服务表演。毫无疑问,锦江饭店已成为上海的豪华级宾馆,其"硬件"掷地有声。

　　然而,有了过硬的"硬件"就等于锦江饭店成功了吗?作为对外提供服务的企业,锦江饭店自创立伊始就是从与环境的协调和竞争中打拼过来的,尽管其"硬件"并非自始至终都是最硬的。随着市场经济的发展、经济全球化的加剧、国际交往的增多和旅游业的兴盛,锦江饭店越来越成为社会交际、信息集散、贸易洽谈、学术交流乃至高级外交活动的场所,面对的内外关系越来越多、越来越复杂。社会的需要、公众的关注和企业自身的进一步发展给饭店的高级领导层带来了一系列仅靠个人智慧和能力无法完美有效地解决的大问题:如何塑造企业形象?如何提高饭店声誉?如何有效协调内外关系等?这些问题虽然与已有的各职能部门都有关系,但是他们之间不论如何协调都不能圆满地解决。于是,一个新的专门的职能部门应运而生,那就是锦江饭店的公共关系部,专门为高级领导层提供信息情报和决策建议,以及为企业实施有效的外交和宣传活动。

　　锦江饭店是中国较早设立公共关系部的企业之一。公共关系部的从业人员是经过精心选拔的,其中不乏高薪聘用的公共关系专家。刚开始,由于对公共关系工作认识不够清晰、深刻和从业人员素质有限,公共关系部的职能仅限于维护饭店的信誉,负责受理旅客的投诉等与服务质量有关的工作。尽管这些工作是必要的,对饭店信誉起到了一定的补救作用,但是消极防守的味道太浓。随着公共关系实践深入地开展、理论认识的进步和从业人员专业水平的提高,公共关系部人员认识到公共关系工作必须变消极为积极、变被动为主动。为此,公共关系部在调查研究的基础上,确定了"全方位公共关系"的工作方针,努力提升从业人员的公共关系意识,增强服务的主动性,注重争取公众、争取舆论和争取业务。多年来,公共关系部在各方面做了大量卓有成效的工作,使锦江饭店不断攀上新的成功高峰。

　　在打造企业形象方面,公共关系部坚信"形象是企业立足之本"的理念,让公众了解锦江,也让锦江熟识公众,努力树立"锦江是属于公众的"这一形象,并且大做广告,使这一信息广为传播。昔日令普通市民望而却步的地方,如今成了门庭兴旺的场所。

在树立企业声誉方面，公共关系部坚信"声誉是企业兴盛的标准"的理念，在每次重大接待之前都进行周密的准备部署，采集和提供各国风俗人情资料以及来宾的个人生活特点，设计室内装饰布置，制定饮食起居服务规程。即使对新闻人物的接待也是一丝不苟。如加拿大残疾人哈姆森坐轮椅周游世界，他到上海时，锦江饭店早有准备，在底层铺上地毯，并安排了经验丰富的服务员，准备了营养好又易消化的菜肴，使哈姆森感受到了锦江的温暖。随行记者团对此作了采访报道，使锦江的美名远扬海外。

在深入挖潜创新和大力广告宣传方面，公共关系部坚信"创新是企业活力的象征"的理念，要求公共关系人员树立创新意识，广泛地介入社会活动，不断开发潜在的设施资源和环境资源，充分利用楼堂馆所，承办了各类酒会、招待会、新闻发布会、学术研讨会和各种联谊活动，把锦江变成进行公共关系活动的媒介和枢纽；发挥锦江外宾集中的优势，促进中外文化艺术团体的相互交流，如主办民族音乐会和京昆精华献演，受到外宾的交口称赞；积极主动地与国内外企业和媒体取得联系，用赞助和协作的形式印制了大量公共关系宣传品，如《店庆三十五周年》《锦江指南》《锦江菜谱》等，所需巨额费用均由外资解决，把广告变消费为营利。

原来，在过硬的"硬件"背后，让锦江饭店走向成功的功能强大的"软件"就在公共关系部，那是锦江饭店的灵魂。

任务一　社会组织

一、社会组织的概念

所谓社会组织，是指按照一定的目的、任务和形式建立起来的社会机构。人们为了同一个目标、为了完成相同的任务，通过一定的形式聚集在一个群体或一个社会集团之内，就形成了社会组织。

公共关系所指的社会组织是在共同目标基础上，按一定的方式建立起来的与公众发生密切关系的社会机构。社会组织是公共关系的主体，是公共关系活动的组织者和实施者，是公共关系活动的核心。

二、社会组织的分类

社会组织是复杂多样的，对其进行分类的方法和标准也不尽相同。

（一）按照社会职能的不同进行划分

按照社会职能的不同，可以将组织分为经济组织、政治组织、文化组织、群众组织、宗教组织等。

（1）经济组织。经济组织它是指在经济领域中具有生产、交换、流通、分配等经济职能的社会组织，如国有经济组织、集体经济组织、个体经济组织、商业组织、金融组织、交通运输组织、服务业组织等。

（2）政治组织。政治组织它是一种为了某个阶级的政治利益而服务的社会组织，如国家的立法机关、司法机关、行政机关、政党、监狱、军队等。

（3）文化组织。文化组织它是一种人们之间相互沟通思想、联络感情，传递知识和文化的社会组织，如各类学校、研究机构、艺术团体、图书馆、艺术馆、博物馆、展览馆、纪念馆、报刊出版单位、影视电台等。

（4）群众组织。群众组织它是一种广泛团结社会各阶层、各领域的人民群众，并且代表他们利益的社会组织，如我国的工会、共青团、妇联、工商联、文联、科协、各专业学会、协会等。

（5）宗教组织。宗教组织它是以某种宗教信仰为宗旨而形成的组织，如我国现有的佛教、道教、伊斯兰教、天主教、基督教等。

（二）按照社会组织目标与受益者的关系划分

按照社会组织目标与受益者的关系划分，可以分为营利性组织、服务性组织、互益性组织、公益性组织等。

（1）营利性组织。营利性组织它是指以追求利润为目标的组织，如工商企业、金融机构、旅游服务业组织等。

（2）服务性组织。服务性组织它是指以为其服务对象谋求利益作为目标的非营利性组织，如医院、社会福利机构等。

（3）互益性组织。互益性组织它是指以追求组织内部各成员的共同利益为目标的组织，如各种党派、职业团体、社会群众团体、宗教团体等。

（4）公益性组织。公益性组织它是指为整个社会谋求利益、为全社会服务的机构组织，如政府部门、公安机关、公共事业管理机构等。

（三）按组织内部是否有正式分工关系划分

按组织内部是否有正式分工关系划分，可以分为正式组织和非正式组织。

（1）正式组织。正式组织它是指有正式任务分工、人员分工和正式的组织制度的组织，如政府机关、军队、学校、工商企业等。

（2）非正式组织。非正式组织它与正式组织相反，如学术沙龙、文化沙龙、业余俱乐部、老乡会等。

另外，根据组织的规模程度划分，还可以分为小型组织、中型组织和大型组织。

三、社会组织的特征

（一）有明确的目标

没有目标的组织，就没有存在的实际意义。组织的建立是围绕着一定的目标而形成的，参加组织的人们必须服从这个目标，围绕它展开工作。

（二）成员具备协作意识

组织是由一些具有相互合作愿望的人们组成的集体。组织的成员相互协作，自愿为组织目标的实现而努力工作。如果成员没有协作的意愿，组织的目标就无法实现，组织也就无法存在和发展下去。

（三）有规范的章程和权威的领导体系

为了确保组织成员之间的协调与合作，组织必须建立起规范的章程，同时必须有权威的领导体系；否则，即使是自愿组合在一起的成员，也会产生许多矛盾。若无章可循，势必造成管理混乱的局面。

（四）存在广泛的信息联系

在当今"信息爆炸"时代，任何组织都离不开信息。组织成员之间的联系、组织目标的确定、章程的颁布等，都是通过信息联系的；同时，组织也要通过信息与外界不断地进行技术、管理结构、社会等多方面的交流，不断调整自己的目标和行为，使组织适应环境的要求。

（五）具备一定的物质基础

人、财、物是任何组织存在所必备的物质基础，此三要素缺一不可，它们是组织存在的基本保证。"巧妇难为无米之炊"，任何组织离开物质基础，其生存和发展都将成为"空中楼阁"。

> **相关链接**
>
> 理解公共关系的时候需要特别强调其行为主体是组织而非个人，应该从组织的层面去认识和理解公共关系。
>
> 组织作为公共关系的主体，需要把自身的公关行为和公关机制通过一定的、可控制的职能系统体现出来，使公共关系按照组织的总体目标和需要发挥作用。公共关系的诸项功能并不是游离于组织的总体目标之外而孤立存在的。一旦脱离了主体的目标和需要，公共关系便毫无用处。因此，公共关系是从属于组织总目标的，是组织整体功能中的一个有机构成部分，是组织职能系统中的一个子系统。
>
> 公共关系主要将组织作为传播主体来进行研究。任何组织都是一个传播的主体，具有传播的功能。将这种功能抽象出来进行考察，可以发现各种不同的组织在传播沟通行为上的共性，认识这些共性是进一步认识各类不同组织传播行为的个性特征的前提。
>
> 从传播主体的角度看，公共关系是一种有目的、有计划、受控制的过程。组织要管理或控制自己的公共关系状态和活动，必须建立一定的管理和控制系统，形成相应的公关职能和工作机制，以配置必要的职能机构和人员。
>
> 从公共关系的角度研究组织，主要把它作为公关行为的主体，研究它的公关功能（一般和特殊的），研究实施和控制这种功能的组织因素，包括公关机构和公关人员。

任务二　公共关系组织机构设置

公共关系组织机构是指由专职公关人员组成的、专门从事公共关系工作的专业部门或机构。随着社会的不断发展，公共关系的职业化特点越来越明显，现代社会需要有专门的组织机构来从事公共关系工作。根据公共关系组织机构的特性不同，可将其分为三大类：一类是组织内部的公共关系部门；一类是不从属于任何组织的专业性社会机构，即公共关系公司；另一类是独立的公共关系社团。

一、公共关系部

（一）公共关系部的地位与作用

公共关系部是社会组织为达成自身目标而设置的专门从事公共关系工作的内部职能机构，其作用体现在以下五个方面：

（1）信息情报部。公共关系的基本职能当中的首要职能就是收集信息、监测环境，建立公关部可以加强组织与社会的联系，并建立通畅的信息网络，监测组织的内外环境，促进组织的发展，起到组织"耳目"的作用。

（2）整体形象策划部。公共关系部的最终目标就是树立组织的良好形象，那么组织形象战略的设计，组织文化的构想，知名度、美誉度的定位，各种方案的选定，等等。这些都需要公关部的精心策划。因此，公关部起到了组织形象设计师的作用。

（3）决策参谋部。公关部是组织的"智囊团""思想库"，是环境监测中心、趋势预报中心，负责提供成套可供选择的决策方案，协助组织的最高决策层进行决策。

（4）"宣传部"与"外交部"。公共关系的传播是一个双向的传播过程。组织要获得公众的了解、理解和信任，赢得公众的喜爱，取得公众的支持与合作，就要不断地向公众进行宣传，公关部就是组织的"喉舌"。随着市场经济的不断发展，组织对外交往日益密切，对外联络和交往的任务越来越重，同时组织与环境之间的各种摩擦和纠纷也越来越多，这就需要公关部进行沟通协调，公关部又起到组织"外交部"的地位。公共关系部门是企业内外的信息交流总站，各个领域的信息最终都将汇集到这里。公共关系部门的工作人员同新闻界和企业界头面人物、社区领袖、学者等接触的机会非常多，这要求公关部必须具有很高的社交能力。

（5）全员公关意识培训中心。对任何企业而言，职工素质是最重要的，因为人是企业决定性的因素。职工素质的提高主要靠教育，公关部行使着教育职能，包括公关意识教育和日常公关能力的教育。公关意识的教育，就是教育引导企业内部的全体成员建立公关意识，使全体员工将公关意识融化在日常的一言一行中，成为一种习惯的行为规范。

（二）公共关系部的职能

公共关系部是一种特殊的协调关系的机构，它是社会组织自身设立的专门从事公关活动的内部职能部门，其基本的职能主要表现在：日常接待、社会交往、收集信息、危机管理、内外协调、决策参谋等方面。公共关系部的职能主要有以下几项：

（1）调查研究。调查研究在公关工作中具有重要的意义，它是一切公关工作的立足点，公关部要经常对内外公众进行调查，了解公众的舆论、态度、需求等，同时也要对外部的发展环境进行调查，只有在全面调查研究的基础上，才能使公关工作发挥出更大的效力。

◆ **相关链接**

有一家宾馆新设了一个公共关系部，公共关系部配备了豪华的办公室，漂亮迷人的公关小姐，现代化的通信设备……但是该部部长却发现无事可做。后来，这个部长就

请来了一位公共关系顾问,向他请教"怎么办",于是这个顾问就问了以下几个问题:

"本地共有多少宾馆?总铺位一共多少个?"

"旅游旺季时,本地的外国游客共有多少个?国内的外地游客有多少?"

"贵宾馆的'知名度'如何?在过去的三年中,花在宣传上的经费共有多少?"

"贵宾馆最大的竞争对手是谁?贵宾馆潜在的竞争对手又是谁?"

"去年一年中因服务不周引起访客不满的事件有多少起,服务不周的症结在哪里?"

对这样一些极其普通而又极为重要的问题,这位公共关系部长竟张口结舌,无以应答。于是,那位被请来的公共关系顾问这样说话:"先搞清楚这些问题,然后再开始你们的公共关系工作。"

可见,公共关系不是一种盲目的、随意性的活动,而是有意识、有计划的行为,公关部的设置是搞好公关工作的组织保证。公关部的经常性任务就是利用自身与各类社会公众之间的广泛联系,开展调查,获取信息,为组织的最高决策者提供信息保障。显然,本案例中的该宾馆公关人员对公共关系的内涵缺乏了解,甚至存在误区。公关部长被公关顾问的一系列问题问得张口结舌,自然在所难免。

(2)协调关系。公关工作要处理组织与公众的关系,为组织广结良缘、沟通信息、联络感情、扩大社会联系、解决与公众间的矛盾和冲突。

(3)参与管理。公关是一种软性管理手段,这决定了公关部具有参与管理的职责。因为公关部掌握了组织与环境的许多信息,而这些信息都是组织进行决策的重要依据。所以,公关部要经常向组织的领导层汇报,提供有关信息,在重大问题决策时,向领导层提供该决策可能引起的公关效应,并提出更趋合理的方案。

(4)公关文书的写作。公关部日常工作当中的文书写作有:撰写新闻稿、写作演讲稿、编写年报、编辑内部刊物、客户服务指南以及其他的宣传与沟通的材料等。从广义上讲,一个组织所有与公众之间沟通、传阅的文字、音像、图片材料都将对公众产生一定的影响。

(5)策划组织公关专题活动。公关部的存在不应是简单的迎来送往、接发信函,除组织的常规会议与活动外,还应审时度势地策划并推出具有轰动效应的公关专题活动,借此完成塑造和宣传组织形象的使命。公关专题活动主要有:新闻发布会、展览展销会、赞助活动、联谊活动、典礼与仪式等。

(6)接待投诉和来访。公关部是组织与公众间的桥梁,公众对组织有意见、有要求,从某种角度上讲对组织是件好事,因为接待投诉和来访的过程本身就是一项难得的沟通,是建立感情的一个最好的机会。因为在这个过程中,既可以获得一些来自公众的信息,又可以将组织的一些信息传递给公众,在交流信息的同时,增进了解,加深感情。既能及时发现问题,又可以在信息直接反馈的情况下解决问题。

(7)专项技术制作。公关工作技术性较强,日常工作中专项技术制作主要包括:摄影、制作电影、录像和录音,设计公关广告、组织标志、商品商标、广告宣传画等。

相关链接

上海锦江大饭店是一家闻名遐迩的高级宾馆，也是我国较早设置公关部的企业之一。在饭店公关部成立之初，其活动仅仅限于对外宣传、接受及处理顾客投诉等。但是，随着锦江饭店业务经营范围的不断扩大，该饭店公关部的从业人员在认真总结实践经验的基础上发现，对外宣传、接受及处理顾客投诉尽管是很重要的工作，然而这些工作仍是一种防守型的公关活动，已经不适应饭店飞速发展的需要了。为了改变这种状况，变消极为积极，变防守为进攻，他们通过大量的调查研究，制定了全方位公关活动的方针，更加明确了饭店公关部在饭店整个经营活动中所担负的基本职责，这就是：

（1）代表饭店接受顾客的投诉，建立饭店与顾客间的相互了解、相互信任及相互支持的关系，树立"锦江属于公众"这一良好的企业形象。

（2）加强信息传播工作，主动收集顾客的各种意见和反映，及时地向管理部门通报各种信息，协助管理部门制定经营决策，监督饭店的各个业务部门的工作情况，督促他们不断提高管理水平与服务质量。

（3）不断地向顾客传播锦江饭店"服务至上"的经营观念，组织开展有特色的服务项目和活动，如积极联络社会各界公众，主动承办各种形式的以宣传锦江饭店的形象与信誉为宗旨的酒会、招待会、新闻发布会、学术研讨会及其他以密切饭店与公众情感联系为目的的各种联谊活动，如向来沪的外商和旅游者主动介绍中国的优秀文化艺术等。

（4）为外国客人提供良好的商业洽谈环境等。锦江饭店公关部根据现代企业公关活动的一般要求，结合自己行业的具体特点，制定出锦江饭店公关活动的三项基本内容，完整、准确地反映出了锦江饭店经营活动的主要目标及处理同各界公众关系的基本原则与方法。这种结合企业自身特点来规定公关活动的内容的做法，是企业成功地开展公关活动的前提。

（三）公共关系部的优劣势

1. 公共关系部的优势

从公共关系操作的角度来看，公共关系部具有以下几个优势：

（1）熟悉组织内部环境。一个组织自己设立的公共关系部对本组织的业务和人事比较熟悉，对本组织的历史、现状和面临的问题比较了解，开展的工作更能切合实际。

（2）便于协调。公共关系部直接受管理层领导，有的是直接和组织最高领导人对话。据有关专家曾经对美国356家企业公关部的抽样调查表明，有56%的公关部向企业最高领导人汇报工作，另有16%的公关部向企业最高领导成员汇报工作，这两项占了总数的2/3。同时，公共关系部日常与组织内部各部门联系广泛，工作比较容易协调。

（3）效率高，成本低。公关部作为组织常设机构，发生突发事件时，能及时投入危机公关策划中，效率较高。比较容易控制预算和投入，通常聘请公关公司的成本比自己处理公关事务要高。

2. 公共关系部的劣势

（1）观察问题欠客观。公关人员陷于组织的人事、利益关系网络中，在工作中更多的是考虑组织和自身的利益，观察问题、处理问题时可能不够客观公正。

（2）工作活动能力有限。一般组织不可能配备非常完备的公关工作人员，公关部的每一工作人员均需要承担多项公关工作，且专业性不够强，加上缺乏专业训练、活动范围小、社会关系面不广，难以开展复杂的公关工作。

（3）传播信息处于两难的境地。在传播信息的过程中，要求组织客观公正地传播组织信息，但若正面宣传组织的优势过多，就容易给公众留下自吹自擂的印象。而将自己的不足客观地告知公众，又难以得到组织领导者和成员的理解。

（四）公共关系部的组织机构模式

公共关系部的组织机构模式是指公关部组织机构的结构类型和组成方式。按其隶属关系，可分为以下四种类型：

（1）领导直属型。领导直属型公关部直接隶属于组织最高领导层的管辖，由总经理或副总经理担任公关部的负责人，公关部的一切工作都要汇报到组织的最高决策机构讨论、批准。采用这种类型的优点是公关工作与经营管理的最高层直接联系，公关部能够着眼于企业的各个经营环节，便于全面地、有针对性地开展公关工作，在开展企业内部的公关工作时，可以使公关思想从上至下融会贯通，并具有权威性。这种类型充分体现了公关部在该组织中的重要作用，是最为理想的模式，如图2-1所示。

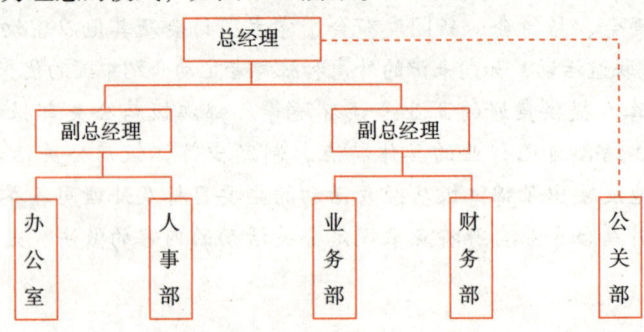

图2-1 领导直属型公共关系部

（2）部门并列型。公关部与组织内部的其他职能部门平行，公关部的负责人与其他职能部门的负责人处于平等地位，直接对组织的最高领导层负责。这种类型中的公关部的负责人作为组织中层管理者的一员，有权参与组织的重大决策，同时也具有一定的权限，能独立自主地开展公共关系活动。这是采用得较多的一种设置方式，如图2-2所示。

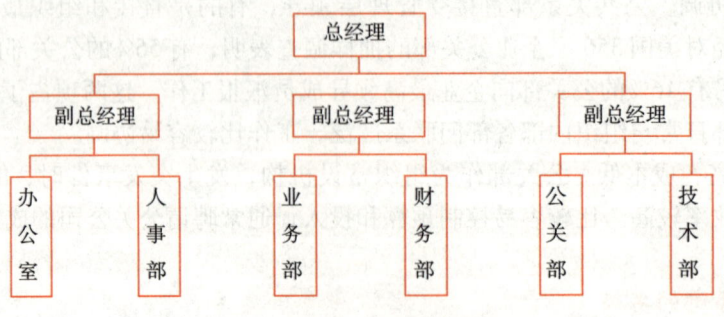

图2-2 部门并列型公共关系部

（3）部门隶属型。部门隶属型公关部是指公关部隶属组织内的其他职能部门，如隶属于办公室、人事部、销售部、广告部、外事接待部等。这种类型的公关部较其他职能部门低一个层次，因为它受某一具体职能部门的管辖。在这种类型中，公关部隶属哪一个职能部门，公共关系就偏重哪一方面的职能，不能全面地发挥公共关系部的作用，如图2-3所示。

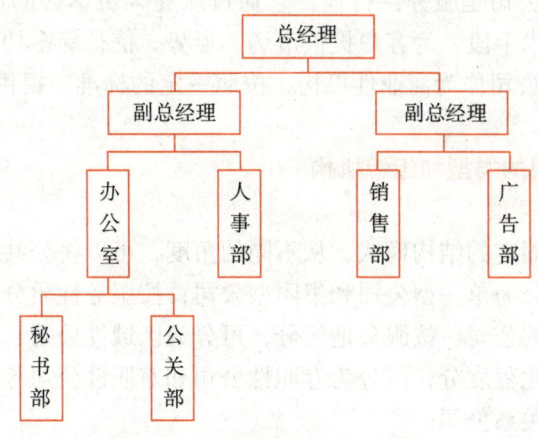

图2-3　部门隶属型公共关系部

（4）职能分散型。职能分散型是指一些组织在机构设置中没有专门设置公共关系部，而是将公共关系部的职能进行分解，在其他部门中分别体现与本部门相关的公共关系职能。如在销售部门中设专人从事调查消费者对产品的意见和建议等信息搜集工作，在宣传部门中设专人负责与新闻媒体联系等。

二、公共关系公司

（一）公共关系公司的概念

公共关系公司，也称公共关系顾问公司或公共关系咨询公司。它是指由职业公共关系专家和各类公共关系专业人员组成，专门为组织提供公共关系咨询，或受理委托为客户开展公共关系活动的信息型、智力型、传播型的有偿服务性商业机构。公共关系公司以现代高科技为手段，广泛运用现代化的办公设备、通信工具为其客户提供高质量、高效率的服务。它以信息咨询、中介服务为主要经营范围，是具有营利性的经济组织。公关公司与一个特定组织的公关部不同，前者对所有征求公共关系咨询的客户负责，后者只是为实现本组织的目标而工作。

公共关系公司的职能是为委托者提供公共关系的全部或单项服务；对委托者的公共关系工作进行指导、监督，提出建议及帮助或代替实施；帮助委托者与社会公众进行沟通，以提高委托者的良好声誉和形象。其具体业务内容有咨询诊断、联络沟通、搜集信息、新闻代理、代理公共关系业务、提供职业培训几个方面。

公共关系公司的业务程序一般分为以下几个步骤：①接受客户委托并签订协议书；②调查研究与分析；③撰写委托报告书；④进行可行性论证；⑤实施工作计划；⑥效果检测评估。

(二) 公共关系公司的基本特征

(1) 社会性。公关公司是一个职业化的机构，不同于松散的公关社团，是一个经济实体。它要求有明确的组织目标、严格的组织机构、受过专业训练的专门人才，有共同遵守的规章制度，有周密的发展规划。

(2) 服务性。公关公司是服务性行业，它通过从业人员掌握的广泛的信息、丰富的知识和经验、现代化的技术手段，为客户提供市场、形势、信誉等多功能的服务。

(3) 盈利性。公关公司作为商业性机构，按照一定的标准，提供有偿服务，通过经营、服务活动，取得盈利。

(三) 公共关系公司的类型和组织机构

1. 公共关系公司的类型

公共关系公司没有固定的结构模式，从不同的角度，可以将公共关系公司分成不同的类型。如按规模划分，可分为单一型公司和集团型公司；按服务性质分，可分为提供专项服务的公司和提供综合服务的公司；按服务地区分，可分为区域性公司、全国性公司和国际性公司；按经营服务的专业化程度分，可分为专职性公司和兼职性公司等。以下按国际惯例，介绍几种主要类型的公共关系公司。

(1) 综合服务咨询公司。这类公司是以各类公共关系专家和公共关系技术人员来保证和适应多行业、多职能、全过程的外部公共关系需要而设立的。各类公共关系专家主要包括员工关系专家、媒体关系专家、消费者关系专家、社区关系专家等；公共关系技术专家主要包括民意测验专家、宣传资料专家、演说专家、出版物专家等。这类公司经济实力雄厚、专业水平高、业务范围广泛，能够为客户提供多方面的综合性服务。

(2) 专项业务服务公司。这是专门为客户提供某种公共关系技术服务的公司。它们以各种专业人才、技术和设备，为客户提供单项的公共关系业务服务。如为客户制作广告，做形象调查等。这种公司规模一般不大，但服务内容灵活多样。

(3) 专门业务服务公司。这是为特定行业提供公共关系服务的公司。如专门帮助工商企业开展产品销售、形象设计，维护企业合法地位和良好形象等。

2. 公共关系公司的组织机构

公共关系公司的组织机构没有固定模式，从工作范围看，有局限于一地的小公司，也有跨地区、跨国度的大公司；从业务内容看，有承担单项业务的公司，也有承担多项业务的公司；从人员组成看，有几个人的小型公司，也有几十人的中型公司，还有几百人的大型公司。一般来说，六人以下的小型公司，由于人员少，机构设置极为简单，工作人员之间没有明确的分工，多是身兼数职。大中型公共关系公司一般由以下几部分组成：

(1) 行政部门。行政部门其主要工作是负责处理公共关系公司的行政事务，包括组织、制订和实施为客户服务的公共关系业务项目。行政部门的人员包括公共关系经理及相当数量的业务工作人员。

(2) 规划审计部门。规划审计部门其工作是对公司所承办的各项业务进行规划，审查项目的可行性，监督实施情况，并负责统筹安排人力、物力、财力，及时为各个项目提供指导和咨询，保证项目按时保质完成。

(3) 专业技术部门。专业技术部门接受并完成规划审计部门分派的与本部门专业技术相关的任务。人员主要由一定数量的精通专业技术的公共关系职业专家组成。

（4）国际和地区部门。一些大型的国际公共关系公司为客户提供国际公共关系服务，设有地区部门和国际部门，由这些部门来完成有关地区和国家的国际公共关系服务项目。

（四）公共关系公司的优势

社会组织之所以信任并委托公关公司代理公关活动的业务，主要是因为公关公司与社会组织公关部比较，具有以下优势：

（1）观察分析问题的客观性。由于公司与委托的组织没有直接的利益关系，公关公司的人员不是组织的员工，因而可以从旁冷静地观察问题，实事求是地分析问题，客观地对问题做出评价，以专业的眼光，从外部公众的角度去处理客户的公关问题，不容易受客户内部因素干扰，容易做到客观公正。公正是公关公司和公关人员的必备条件。

（2）提出建议和方案的权威性。公关公司的人员由各具专长的专家组成，技术全面、职业水准较高，具有丰富的实践经验，所以他们提出的建议和方案具有权威性，容易受到决策者的高度重视。

（3）信息来源的及时性和渠道的网络性。由于公关公司长期从事公共关系业务，已经建立起一套较为完善的信息网络，同政府部门、社会团体、新闻媒介等有密切的联系，信息来源广泛，渠道通畅，客户可充分利用有关信息作为决策的依据。现代化的公关公司用电脑储存和处理信息，能以最快的速度、最高的质量满足客户的需要。

（4）公共关系活动整体规划的经济性。对于规模较小的组织，单独设置公共关系机构，必然要增加人员，从经济的角度来考虑，并非最佳选择。针对组织的目标，如果开展专项公共关系活动，经过整体规划，委托公共关系公司代理，效果更好，经济上也合算。

（5）适应性强。公关公司可以根据客户的需要随时提供不同的公关服务，具有时间和空间的机动性和适应性。

（6）趋势判断的准确性。公关公司在大量占有信息的基础上，凭借经验和科学的分析方法，以及与社会各界广泛的联系网，可以对宏观发展趋势和微观发展趋势作出较为准确的判断。可以帮助组织合理制订一些长远计划和公关策划方案。

公关公司对客户来说，虽然有以上一些优点和长处，但也存在一些不足，如公关公司职员不太熟悉客户的内情、不能对客户各种具体复杂的情况进行深入细致的了解。另外，大多数公关公司都设在大中城市，地处较偏僻的社会组织聘请公关顾问，既要增加往返旅途开支，又耽误时间，不太方便。因此，社会组织应根据组织的实际情况，综合利用组织内部的公关部和公关公司，扬长避短，以取得最佳的公关效果。

（五）选择公共关系公司的标准

公共关系策划对于组织非常重要，尤其是危机事件的处理更是关键，处理好可以使组织重新树立良好形象，处理不好可能会造为灭顶之灾，所以在选择公关公司代理业务时一定要依据一定的标准，谨慎行事。

（1）公司的信誉情况。面对诸多的专业公关公司，可比较一下公司成立的时间、所提供的服务项目和专长、公司以往的业绩、曾有哪些客户、客户的情况及对公司评价如何、公司推出的影响较大的公共关系活动有哪些，以及社会公众对公司的评价等。

（2）公关人员的素质。公关人员的素质会决定该公司的服务水准，选择公关公司要考虑该公司的工作人员是否经过专门的训练，专业技术水平如何，能否胜任客户委托的公共关系工作等。

（3）收费方式和收费标准情况。公司的收费方式有多种：①项目收费。主要包括项目劳务费、行政管理费、项目活动费、咨询服务费等，这种收费的好处是专款专用，有利于保证公共关系项目的质量，便于考核和管理。②计时收费。按参加工作人员的工资水平、服务项目的难易程度，制订出收费标准。③综合收费。公关公司与客户根据业务需要，协商确定收取费用的总金额，它有利于根据有限的资金统筹安排，合理运用。④按项目需要分项收费。⑤项目成果分成。即公关公司和项目委托人共同承担风险，共同受益，项目最终取得收益时，按一定比例分成。

各公关公司的收费标准也有很大差别，组织要结合实际充分考虑收费方式和收费标准的不同，选择合适的公关公司为组织服务。

三、公共关系社团

公共关系社团泛指社会上自发组织起来，从事公关理论研究，开展公关实务活动的非营利性群众组织或社会团体。主要包括公共关系协会、学会、研究会、俱乐部、联谊会等。

（一）公共关系社团的特征

（1）人员组成的广泛性。公共关系社团的人员是由来自不同地区、不同领域，从事不同职业、不同工作的人员组成的。这类人员通过公共关系社团联系在一起，因此成员分布具有广泛性。这类人员可以建立纵横交错的关系网络，便于沟通信息、联络感情、广结良缘。

（2）组织结构的松散性。公共关系社团根据自身的特点和需要灵活设置组织结构，组织与成员之间、成员相互之间没有隶属关系，不具有强制性。

（3）工作内容的服务性。公共关系社团的广泛性使之具备了一定的优势，在社团中聚集了一批懂理论、有实践的公关人才，能为社会组织提供优质的公关服务。

（4）非营利性。公共关系社团的宗旨是为社会服务，因此它并不是一个营利性组织。公共关系社团所提供的服务是无偿的，其本身不能从事商业经营。

（二）公共关系社团的类型

（1）综合型社团。综合型社团是指来自不同地域范围的公共关系协会，此类社团多为民办官（政府部门）助，其职能是服务、指导、协调、监督成员的公共关系活动。

（2）学术型社团。学术型社团主要是指公共关系学会、研究会、研究所等学术性很强的公共关系社团。此类社团通过举办研讨会、学术交流会总结公关活动的经验，研究公关理论及发展趋势，为公关实践提供理论指导。

（3）行业型社团。行业型社团是指某行业内部设立的公共关系组织，不同的行业其公共关系工作的特点也有所不同。行业型公关社团就要求公共关系人员根据本行业的特点有针对性地开展公关工作，能从组织上保证公关在某行业的深入发展。

（4）联谊型社团。联谊型社团指以联谊为主的公关社团，这类社团的特点是形式松散，一般没有固定的活动方式，没有严格的会员条例，其主要作用是在成员之间沟通信息、联络感情，建立良好的人际关系。

(5) 媒介型社团。媒介型社团是通过创办报纸、刊物等传播媒介，并以此为依托组建起来的公共关系社团。此类社团可以直接利用媒介探讨公关理论，普及公关知识，交流公关经验，传播公关信息。如浙江省公共关系协会依托《公共关系报》开展活动、西安有《公共关系》杂志等。

（三）公共关系社团的工作内容

（1）发展和联络会员。联络全国各地、各企事业单位的公关组织和工作者，组织学术和经验交流，研究公关理论和实践，推动公关事业健康、深入地发展。

（2）制定准则。制定、宣传公共关系从业人员的职业道德和行为准则并检查其执行情况。这也是衡量公共关系社团正规化程度的重要标准。

（3）专业培训。专业培训是公共关系社团的一项经常性工作。公共关系社团本身就是一所培训学校，专门培训、训练和造就公关的专业人才。

（4）编辑出版有关公关的书籍、报刊，宣传普及公共关系学知识。

（5）加强与海内外公关界的交流合作。

（6）开展国内外公关事业的咨询服务工作。

（7）维护公关组织和工作者的正当权益。

（8）协调国内外公关组织的关系。

任务三　公共关系人员

公共关系人员是对从事公共关系工作的人员的普遍而又常见的称呼。广义的公共关系人员指的是以从事公共关系理论研究、教学活动和实践工作为职业的人员。狭义的公共关系人员指从事组织机构信息传播、关系协调与形象管理事务的调研、策划、实施和评估以及咨询服务的从业人员。国家职业标准将它命名为公关员。公关人员是组织开展公共关系活动最基本的主体，因此，研究公关人员的基本素质、职业道德以及培训具有重要意义。

一、公共关系人员的基本素质

公共关系人员的素质是指从事公共关系工作的职业人员的气质、性格、兴趣、风度、学识和技能方面的综合品质。结合公共关系职业的特殊性，它专指公共关系人员的一种以公共关系意识为核心，以自信、热情、进取的职业心理为基础，以良好的思想道德为保证，配之以公共关系的知识结构和能力结构的整体职业素质。

（一）公共关系人员的公关意识

公关意识属于一种现代经营管理思想、理念和原则，是公共关系实践在人们思维中的反映，且由感性认识上升为理性认识。它作为一种深层次的思想，引导着一切公共关系行为，是一种综合性的职业意识。公关意识大致包含以下内容：

（1）塑造形象的意识。塑造形象的意识是公共关系意识的核心。在公共关系思想中最重要的是珍惜信誉、重视形象的思想。公共关系人员必须具有极强的个人形象和组织形象塑造的意识。塑造形象的意识必须立足长远。

（2）服务公众的意识。公众是公共关系的客体，是组织开展公共关系活动的工作对象。

服务公众的意识是公共关系意识中最重要和最基本的意识，因此，公关人员必须具有强烈的社会责任感，关注社会热点问题，着眼于公众，真正做到"顾客至上""公众就是上帝"，尤其是当组织利益与公众利益发生冲突的时候。

 案例研究

花旗银行的全员公关意识

花旗银行是世界上最大的银行之一，每天的营业额高达数亿美元，业务十分繁忙。一天，一位陌生的顾客走进豪华的美国花旗银行营业大厅，仅仅要求换一张新的100美元钞票，准备当天下午作为礼品用。银行职员微笑着听完他的要求后，立即先在一沓沓钞票中寻找，又拨了两次电话，15分钟后终于找到了一张顾客想要的钞票，并把它放进一个小盒子里递给了这位陌生顾客，同时附上一张名片，上面写着"谢谢您想到了我们银行"。事隔不久，这位偶然光顾的陌生顾客又回来了，在这家银行开设了账户，在以后的几个月中，这位顾客所造的那家律师事务所在花旗银行存款25万美元。

从这个案例我们可以看到，花旗银行的全员公关意识已内化成了每一个员工平时工作中一点一滴的行动，正是员工这种急顾客之所急、想顾客之所想、全心全意为顾客服务的思想和行为，才最终造就了花旗银行这艘金融界的巨轮。

(3) 沟通协调的意识。沟通协调的意识，实际上也可以说是一种信息反馈意识。组织为了更好地为公众服务、塑造良好形象、赢得社会和公众的广泛理解和支持，就必须加强与社会公众的沟通，建立一个信息交流的网络，来掌握环境的变化，保护组织的生存；促进组织的发展。

(4) 真诚互惠的意识。真诚互惠的意识是指公共关系活动不应建立在"你死我活""尔虞我诈"的基础上，而应建立在竞争又合作，共同发展的基础上。任何组织与公众的交往必须建立在真诚互惠的基础上，要妥善处理组织与公众的利益关系。

(5) 危机公关的意识。危机公关意识即指对组织社会形象、对组织与社会公众能否保持良好沟通的忧患意识。就处于动态环境中的组织而言，危机也许难以避免且具有突发性、破坏性等特征，其产生的原因也是多种多样的，因此，作为组织的公关人员必须具有危机意识。公关人员有了危机意识，在组织顺利发展时期，可居安思危，建立起组织危机预警系统。在组织发展的危机时期，公关人员可沉着应对，争取主动，化解危机，转危为安。也可在危机将要出现时，迅速采取行动，争取公众谅解，把危机消灭在萌芽状态。

(二) 公共关系人员的心理素质

(1) 自信乐观的心理。自信是对公关人员心理素质的基本要求，是取得事业成功的基石。一个公关人员只有相信自己的能力和力量，才能敢于去竞争，敢于去拼搏，敢于追求卓越，在人际交往中才能充分发挥自己的才能，抓住各种时机推销组织和自我形象。尤其是在处理公关危机时，更需要公关人员具有沉着自信、冷静果断的心理素质。同时，公关工作的复杂性决定公关人员会随时面临各种困难和挫折，这就要求他们保持乐观的心态，相信情况能够有所好转，也相信自己有解决问题的能力。

（2）热情开放的心理。公关活动需要公关人员付出艰辛的智力劳动和体力劳动，需要公关人员以极大的热情全身心地投入。公关人员代表组织与公众交往，在与人交往的过程中，必须热情洋溢、真诚而又有礼貌，热情的态度可以使对方感觉到你的诚意、友好、礼貌，为交往的顺利进行打下良好基础。同时，公共关系工作又是一种开放型的工作，从事这种工作的人需要有一种开放的心理，要不断接受新事物、新知识、新观念，敢于大胆创新，做出突出的贡献。

（3）锐意进取的心理。现代组织所处的环境是千变万化的，其公关活动也是在千变万化的环境中进行的，要适应这种不断变化的环境，公关人员必须主动地投身到社会与公众之中，及时捕捉、鉴别和运用各种公关信息。公关工作又是一种创造性很强的外向型工作，要求公关人员具有强烈的求知欲与好奇心，能积极主动地去接受新知识、新观念、新事物、新人物。

（三）公共关系人员的思想道德素质

（1）恪尽职守，诚信守诺。衡量一个公共关系人员是否具有职业道德，最重要的是看他对公共关系事业是否尽心尽责。尽心尽责，恪尽职守，要求公共关系人员热爱本职工作，对工作极端负责任，有强烈的责任感。同时，良好、稳固的公共关系来自公共关系人员的诚实和守信。诚实是与公众进行真诚、诚挚、实在的交流；守信，即讲话做事守信用、讲信誉，言行一致，表里如一。

（2）努力学习，有效工作。21世纪是竞争更加激烈的世纪，是知识更新异常快速的世纪，公共关系人员必须要有学习能力，才能与时俱进。例如，公共关系策划要有创意，有新颖性，就要求公共关系人员要有较强的学习能力、信息捕捉能力、丰富的想象力和创造力。

（3）廉洁奉公，不谋私利。公共关系人员工作的目标是为了树立组织良好的形象，增加组织的信誉。这个目的是在为公众和社会服务的过程中体现出来的，所采取的手段也必须是光明正大、顾全大局的。廉洁奉公、不谋私利，对公共关系人员来说十分重要。

（4）知法、守法、用法。公共关系人员与任何公民一样，受法律的约束。要知法、守法，还要懂得运用法律来保护组织的权益。公共关系人员应认真学习和掌握宪法、刑法、民法、经济法、公司法、合同法等。对从事涉外公共关系活动的公共关系人员，还要懂得中外合资合作企业经营法，以及关于进出口的外汇管理条例等。要坚决反对行贿受贿、贪污腐败行为。

◆ 案例研究

腾讯QQ和奇虎360的大战

腾讯QQ和奇虎360的大战，是2010年中国互联网大事之一。2010年9月27日，360推出隐私保护器，称QQ偷窥用户隐私，随后又推出可屏蔽QQ弹窗和广告等功能的扣扣保镖。由于认为360对QQ进行外挂侵犯和恶意诋毁，2010年11月3日下午，腾讯突然发出"致广大QQ用户的一封信",称将在装360的电脑上停止运行QQ,明确要求用户在QQ和360之间只能选其中之一。在这个"艰难的决定"下,用户的电脑桌面就变成了两大公司激烈斗争的前沿阵地。

360也马上做出回应,发出"紧急求助信"呼吁用户停用QQ三天,并为了保证能让QQ和360共存,随后建议网民使用WebQQ。但腾讯随机马上停止WebQQ服务,一场软件大战硝烟四起。一个是QQ——亿万网民的聊天必备;一个是360——亿万网民的"安全卫士"。但最后,使用他们产品的亿万网民却成了"人质"。直至国家工信部门出来调停,这才放了网民一条"生路"。

评析： 如果360和QQ的公关人员能够加强自身的法律自律意识,用户也不会沦为他们企业斗法的"人质",中国的互联网行业也就会少了一条丑闻。

（四）公共关系人员的知识结构和能力结构

公共关系人员的知识结构包括从事公共关系工作所必需的专业知识和其他相关学科的知识。健全的知识结构不仅是公共关系人员基本素质的重要组成部分,而且是其创造性地开展公共关系工作的保证。

1. 公共关系人员的知识结构

（1）公共关系的理论知识。掌握公共关系的基本理论知识,自觉应用理论来指导实践活动,能有效避免工作中的盲目性。公关理论知识包括公共关系的基本内涵、历史沿革、公共关系的三大要素等。

（2）公共关系的实务知识。公关强大的应用性要求公关人员必须了解和掌握公关实务知识,学以致用,并有所创新。这些知识主要包括公关的基本程序、公众关系协调、开展公关专题活动、塑造组织形象、危机公关处理等。

（3）政策法规知识。公共关系人员应熟知党和政府的有关政策、法令、法规,了解社会的政治、经济、文化等诸方面的现状及未来的发展趋势。

（4）其他相关学科的知识。社会的发展与进步使公关越来越显现出其广泛性和深入性。这就要求公关人员必须具备各种与公关密切联系的相关知识,以便在公关的舞台上得心应手地开展工作。这些知识主要包括管理学、行为科学、市场营销学、传播学、新闻学、广告学、社会学、心理学等方面的专业知识和一些文学、艺术、写作、编辑等方面的知识。

2. 公共关系人员的能力结构

（1）较强的文字和口头表达能力。在公关工作中,公关人员担负着对内对外宣传、塑造组织形象的任务,要编写组织宣传材料,撰写新闻稿件,编写组织刊物,为发言人和领导撰写演讲稿,起草活动计划方案、各种报告和总结。这些工作都要求公共关系人员有扎实的笔墨功夫、较强的文字表达能力。公关人员要熟练掌握一些常用文书的写作格式和撰写技巧。另外,公关人员的口头表达能力也是其从事公关职业的基本功。口头表达方式是最常用、最简捷的传播手段,也是人类沟通思想的重要手段。公共关系人员更多的是直接接触公众,采取面对面的方式进行传播,这就要求公关人员必须具备一定的口头表达能力,要能清晰明了地发布信息、表达思想,而且要幽默机智、谈吐风雅、引人入胜、令人佩服。公关人员应有意识地训练自己的演讲、谈判乃至做主持人的能力。

案例研究

善解人意的"小燕子"

日本奈良市郊区有一家旅馆，外在环境优美，招待客人热情，很吸引顾客。但美中不足的是每年春季，许多燕子争相光临，在房檐下营巢安家，排泄的粪便弄脏了玻璃窗和走廊，使得旅客有点不快，而服务员"擦不胜擦"。旅馆主人爱鸟，不忍心把燕子赶走，但又难以把燕子粪便及时、彻底清除，很是苦恼。

一天，旅馆经理忽然想出一条妙计，以小燕子的名义向旅客们写一封解释、道歉的信。他提笔写道：

女生们，先生们：

我们是刚从南方赶到这儿过春天的燕子，没有征得主人的同意，就在这儿安了家，还要生儿育女。我们的小宝贝年幼无知，我们的习惯也不好，常常弄脏您的玻璃和走廊，致使您不愉快。我们很过意不去，请女生们、先生们多多原谅！

还有一事恳求女生们和先生们，请您千万不要埋怨服务员小姐，她们是经常打扫的，只是她们"擦不胜擦"。这完全是我们的过错。请您稍等一会儿，她们就来了。

您的朋友　小燕子

旅馆经理把它张贴到显眼的地方。客人们看了这封公开信，都给逗乐了。不仅不再提意见，而且还对这家旅馆更感亲切，并留下了美好的印象。

（2）公共关系策划能力。所谓公关策划能力，就是指公关人员根据组织形象的现状和目标要求，分析现有的条件，进行谋划、设计与确定最佳公关活动方案的能力，它是公关人员必备的专业能力之一。公关人员要在进行公共关系策划时能够把科学的公共关系策划普遍规律和艺术的公共关系创造思路结合起来，策划出"新、奇、特"的公共关系活动方案。

案例研究

100%的熊猫不离婚

大熊猫是中国的国宝，它们憨态可掬，惹人喜爱。当它们遇上聪明的爱尔兰人时，它们甚至会成为公关的法宝。爱尔兰一位能源部长曾借用中国大熊猫进行过一次成功的公关，改变了爱尔兰人的婚姻观念。

1985年6月12日至9月21日，中国大熊猫"平平""明明"远赴重洋，在爱尔兰共和国首都——都柏林进行了为期100天的展出。6月26日是爱尔兰五年举行一次的"离婚法"表决日，这一天全国的公民都将参加投票，以表决是否在该国实行"离婚法"。在此之前，支持实行"离婚法"的一派预料，"离婚法"会在全国顺利通过。

爱尔兰能源部长反对通过"离婚法"，便在《独立报》上发表了一篇内容奇特的文章。他说，根据动物资料表明：在动物王国中，熊猫在爱情上是忠贞不渝的。而在这一天爱尔兰共和国《独立报》的头版上还刊登有两只大熊猫并排坐在一起的照片，下面用大幅标题写道"100%的熊猫是不离婚的"。

这篇文章和照片，在爱尔兰全国引起了强烈的反响，最终以32.5%的票数赞成，67.5%的票数反对的投票结果没有通过"离婚法"。

评析：这位聪明的爱尔兰能源部长利用这个大熊猫进行了一次成功的公关，将忠贞不渝的意识植入了爱尔兰人心中，他算是一位具有很强策划能力的政府公关人员。

（3）组织协调能力。协调能力是指公共关系人员要随时并善于发现组织内外公众与组织之间的矛盾和不平衡；善于发现各类公众对组织产生的误解或不信任，及时加以沟通、协调；或通过上级领导部门，或通过新闻媒介，或通过自己的劝导，进行调解，以维护组织的形象。公共关系计划、方案的实施工作千头万绪、具体繁杂，没有良好的组织协调能力是很难顺利做好这项工作的。良好的组织能力是公关人员从事公共关系活动的重要保证。在筹划一项公共关系活动时要深思熟虑，精心准备，制订详细周密的计划、措施，设想可能发生的种种情况；在活动开展过程中，要穿针引线、烘托气氛、左右逢源、应付自如；在活动结束后更要认真总结，仔细归纳得失利弊，任何经验教训都是下一次活动的基础和依据。

（4）信息捕捉能力。公共关系人员要眼观六路，耳听八方，保持灵敏的信息嗅觉。对于组织来说，机遇随时会有，就看能不能很好把握。闻名世界的北京长城饭店就是得益于良好的信息捕捉才促成了成功的公共关系活动，一举成名。因此，公共关系人员要善于捕捉别人不易捕捉到的信息，并设法把信息转化为组织的公共关系机会，促进组织良好形象的树立。

另外，公共关系人员还要有很强的自制、自控和处理危机的应变能力、高超的社交能力以及审美能力等。

二、公共关系人员的职业道德准则

道德是一定社会调整人们之间以及个人和社会之间的关系的行为规范的总和。公共关系要讲职业道德。早在1923年，爱德华·伯内斯在他的第一本专著中就提出了公关从业人员的职业道德。此后，各国的公关协会、国际公关协会都制定了公共关系的职业道德和行为准则，中国也做了这方面的探索。公共关系职业道德成为公关事业发展过程中的一个不可回避的热点问题。组织公关人员应自觉遵循这些道德准则。

争取公众的支持是企业公关工作追求的价值目标，在争取公众的过程中，公关人员必须自觉地遵守一定的行为准则和道德规范。在众多公共关系组织制订的职业准则中，要数《国际公共关系道德准则》影响最大。它由国际公共关系协会名誉会员、法国的卢亚恩·马特拉特起草，于1965年5月12日在雅典国际公共关系协会全体大会上通过，所以又称《雅典准则》。1968年4月17日，德黑兰全体大会对该文件进行了修改，因而也称《德黑兰宣言》。很多国家的公关组织都采用该准则，或以此为范本制定适合本国情况的准则。正如英国公共关系协会前主席赫伯特·劳埃德所说的，很多国家的公共关系组织都采用该准则，或以此作为范例稍作变动，以适应自己国家的需要。除了《国际公共关系道德准则》外，《英国公共关系协会职业行为准则》和《美国公共关系协会职业标准准则》也影响很大。

一般来说，公共关系人员应具备三大职业道德：

第一，公正、负责。公关工作者必须为有益于社会进步的正义事业与合法组织服务，自觉地尊重、维护组织与公众双方的利益，绝不能假借组织和公关工作的名义，为个人谋取不正当的利益。

第二，诚实、客观。公关人员是为组织和公众服务的，应当忠实于自己所服务的组织，并以真诚的态度对待公众，实事求是地向组织和公众提供真实的信息。公众对于公关人员，不仅要听其言，而且要观其行。因此，公关人员必须言行一致、表里如一，绝不可投机取巧，以假话、空话误导公众。

第三，注重职业形象和信誉。由于公关事业、公关人员是组织联系公众的重要桥梁，其自身的形象和声誉对组织与公众都会产生很大的影响，因而相对于其他职业而言，其自身形象、声誉就具有特殊的意义，是他们赢得社会认可、组织与公众信任的关键。

综上所述，公关职业道德准则的制订，有利于社会和公众正确看待公关事业，把公关同庸俗关系区别开来，从思想上和行为上认同、支持公关事业，为公关活动的开展创造良好的外部环境。公关职业道德准则的制订，使公关人员的职业行为有了统一科学的指导规范和客观一致的评价标准。

三、共关系人员的培训

公共关系人员自身素质和业务水平的提高依赖于培训。通过经常的理论学习业务培训，可以使公共关系人员掌握最新的公共关系理论和技巧，提高公共关系的工作水平，满足组织对公关工作的需要。

公共关系人员的培训途径多种多样。目前，我国主要有正规院校学历教育、岗位培训和实践锻炼等几种方式，培训的主要内容如下：

（1）公共关系理论。包括公共关系学原理、现代管理学、市场学、市场营销学、经济学、社会心理学、组织行为学、大众传播学、新闻学、企业文化学等。

（2）共关系实务。包括公司公共关系、企业形象设计、公共关系案例评析、市场调查预测、经济应用文写作、传播效果评估、危机公关处理、公共关系技巧、公共关系广告、会议组织、商业谈判、演讲技巧、编辑采访、中英文打字、计算机与办公自动化等。

（3）公关礼仪常识。包括礼宾、服饰、仪容、迎送礼节、会见会谈礼节、宴会礼节等。

需要说明的是，公共关系是一门应用性很强的学科，仅凭学校教育和理论培训是远远不够的。优秀的公共关系人才，往往产生于积极探索、勇于创新并善于总结经验教训的公共关系人员中。因此，对于一个出色的公关人员来说，理论学习和公关实践同等重要。

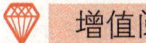 增值阅读

公关人需具备的思维能力

公关人要具备的能力有很多，这里强调对工作有关键影响的三种基础的思维能力。

第一是专业思维能力，也就是解决问题的能力。公关人要为客户排忧解难，具有解决问题的能力就首当其冲了。虽然公关人是一个杂家，知识面越丰富越好，但仍然要有

自己专长的领域，先成为专家再考虑成为大家。专业思维能力可纵向培养，选择某一个行业作为研究对象，如汽车行业、地产行业等，每个行业都有自己独特的属性和要求，有了专业高度，就有了在客户面前的话语权。也可以横向选择，选择一个传播链中的某个专业点作为研究方向，如媒介公关策划、现场执行管控、舞美特效等，钻透了任何一点都会成为这个行业的宝贝。

第二是成案思维能力，也就是说服客户的能力。现在职场上特别强调沟通能力，公安部门也有自己的谈判专家，专门做沟通说服工作，可见说服力也是一门很有技术含量的学问。孟子的说服技巧是先赞同，再如果，大王好勇是对的，如果一勇而安天下就更好了。著名的打工皇帝唐骏在一次关于WTO的演讲中，以与女朋友的文化差异导致分手开场，引出如果政府不了解WTO的文化，也会被抛弃，引起了现场热烈的共鸣。成案思维就要考虑如何一步步地引导客户的思维，一开始就入戏，或正或反，或激励或恐吓，法无定法，一切视客户的特征而定。一个好的方案，如果缺少技巧的呈现，最终效果可能距预期差以千里计。

第三是商业思维能力，也就是项目盈利和成本控制能力。优秀的公关建议既可以帮助客户省钱，如通过资源整合、需求整合等方式，四两拨千斤，又可以为公司赚钱，找到利润获取点。像奥迪的一次公关活动中，在现场举办了大卫杜夫的雪茄品鉴活动，如果用钱买则花费不菲，但通过客户资源共享的方式，既让大卫杜夫免费提供了雪茄和技师，也让奥迪尊贵的品牌文化得到了生动的演绎。宝马和普利司通的合作也有异曲同工之妙。但这里面更重要的是想清楚公司怎么赚钱，别忙了半天都为别人做了嫁衣装。价格过于透明的资源无法帮助公司议价，低了赚不到钱，高了却落个暴利公司的名声。如果是赚取差价型的项目，则多考虑自己具有充分优势的名人资源、高新技术资源；如果是策略型的项目，则多宣讲自己项目组的专家资源等，以增加获利的谈判能力。最好的结果是帮助客户解决了问题，公司也实现了利润，客户还说：这家公司性价比真高。

可持续的合作一定是来自双赢甚至多赢的思维模式，不但在帮助客户解决问题上展现我们的能力，在合作中，同样需要动用我们的智慧，既赢得客户的肯定，也赢得客户的尊重。

项目小结

1. 公共关系所指的社会组织，是在共同目标的基础上，按一定的方式建立起来的与公众发生密切关系的社会机构，是公共关系的主体，是公共关系活动的组织者和实施者，是公共关系活动的核心。

2. 社会组织是复杂多样的，对其进行分类的方法和标准也不尽相同。按照社会职能的不同，可以将组织分为经济组织、政治组织、文化组织、群众组织、宗教组织等。按照社会组织目标与受益者的关系划分，可以分为营利性组织、服务性组织、互益性组织、公益性组织等。按组织内部是否有正式分工关系划分，可以分为正式组织和非正式组织。根据组织的规模程度划分，还可以分为小型组织、中型组织和大型组织。

3. 社会组织有以下特征：有明确的目标，成员具备协作意识，有规范的章程和权威的领导体系，存在广泛的信息联系，具备一定的物质基础。

4. 根据公共关系组织机构的特性不同，可将其分为三大类：第一类是组织内部的公共关系部门；第二类是不从属于任何组织的专业性社会机构，即公共关系公司；第三类是独立的公共关系社团。

5. 公共关系人员是对从事公共关系工作的人员的普遍而又常见的称呼。广义的公共关系人员指的是以从事公共关系理论研究、教学活动和实践工作为职业的人员。狭义的公共关系人员指从事组织机构信息传播、关系协调与形象管理事务的调研、策划、实施和评估以及咨询服务的从业人员。国家职业标准将它命名为公关员。公关人员是组织开展公共关系活动最基本的主体，作为专业人才，公共关系人员必须具备相应的公关素质，遵守职业道德并接受培训。

关键概念

社会组织　公共关系部　公共关系公司　公共关系社团　公共关系人员

教、学、做一体化训练

即测即评

请扫描二维码，在线测试本项目学习效果。

选择题

判断题

思考与练习

1. 社会组织有哪些类型和基本特征？
2. 公共关系部的组织机构模式是什么？
3. 简述公共关系部的优劣势。
4. 公共关系公司有哪些类型和基本特征？
5. 选择公共关系公司的标准是什么？
6. 简述公共关系社团的特征、类型及工作内容。
7. 公共关系人员应具备哪些基本素质？
8. 简述公共关系人员的职业道德准则。
9. 公共关系人员的培训内容有哪些？
10. 到当地工商行政管理局实地调查一下，如果申办一家公共关系公司需要履行哪些手续？
11. 到当地某单位的公共关系部实地调查了解，公共关系部的主要职责有哪些？

课堂讨论

1. 某外贸公司自1991年成立以来，公司规模不断扩大，业务量激增。但2008年国际金融危机来临，公司外部大客户订单迅速萎缩，小客户消费谨慎，公司面临亏损。而公司内部传出裁员谣言，整个公司人心惶惶。为了改变这种现状，公司决定成立公共关系部，专门负责处理公司公共关系事务。

讨论： 请帮助该外贸公司设计一个公共关系部组建方案（方案应包含机构类型、机构设置、人员配备、工作职责等）。

2. 某大型商业连锁企业欲开发东北市场，组建了东北事业部，需要配备一名公共关系部经理。

讨论： 请为该公司拟定公共关系部经理的任职资格。

案例分析

巧为他人作嫁衣——珠海公共关系公司的公关

珠海经济特区公共关系公司成立于1986年10月。公司开业伊始，没有实力，更谈不上知名度和美誉度，加上公关当时未被社会广泛认识，因而步履缓慢。为了迅速改变这种状况，新上任的总经理决定策划一项具有社会效益的大型活动，以提高公司的知名度和美誉度，加快业务的拓展。

公司领导人查阅了大量情报资料，了解到玩具是世界经济贸易中的大宗商品之一，年销售额高达300亿美元。因此，公司决定筹办一个国际性的玩具博览会来推动我国玩具业的发展。项目确定了，接着就是考虑如何开展工作的问题。当时，公司既没有实力，又没有知名度，要组织如此大型的活动，是十分困难的。公共关系的知识告诉他们，"权威"具有较大的号召力和影响力，只要能发挥"权威"效应，就可以解决号召力不足的问题。他们首先想到了宋庆龄基金会。该会不但愿意支持，而且还同意作为主办单位之一，因而解决了号召力不足的难题。

公关的力量要借助于新闻媒介才能更好地发挥作用。如何利用新闻媒介？这是要思考的第二个问题。中国环球公关公司是新华社新闻发展公司属下的企业，凭借上级单位的网络，该公司的触角伸向世界各地，与新闻媒介有着广泛的联系，加上又是同行，有着共同的服务宗旨和目标，若得到该公司的参与，宣传鼓动工作就有了保障。于是，公司总经理亲自登门，说明了合作意向。由于目标一致而一拍即合，该公司成了第二个合作伙伴。

接着，需要落实的是场地问题，他们分析了珠海有条件提供博览会场地的几个单位的情况。当时，南海石油珠海服务总公司正在筹备开业，同样急切要提高知名度和美誉度。看准了对象，即刻对该单位进行公关说服工作，果然不出所料，该单位毅然接受作为主办单位的邀请，除免费提供展馆外，还无偿地提供了展出摊位的装修费。

余下来就是人力和资料准备问题。珠海市科技发展中心有不少工程技术人员，而且下设有科技情报所。该"中心"的参与，将使这两个问题迎刃而解。经联系，该中心成为他们第4个合作伙伴。至此,一个由该公司牵头,上述4个单位参与的博览会组委会就这样顺利地诞生了。

博览会引起了巨大的影响。据不完全统计,有20多家新闻单位为博览会发布了消息。数以亿计的读者、听众因此知道了主办单位的名字,从而大大提高了5个主办单位的知名度,此后,组委会向国内外寄发了近万份邀请书,又进一步扩大了主办单位的影响;博览会期间,谈成外引内联项目两项,合同成交额几百万元,参展的厂商从博览会中获取了信息或经济效益,交流了经验,这次博览会无疑在一定程度上对我国玩具业的发展起到了促进作用;南海石油珠海服务总公司以其豪华展厅及超值的食宿服务赢得了赞誉,原定在惠州召开的广东省1987年玩具工作座谈会也慕名而来。尽管博览会没有直接为南海石油珠海服务总公司创造经济效益,但由于知名度及美誉度的提高而带来的好处是难以计算的。

就这样,公司通过筹办博览会,既提高了知名度,又增加了美誉度,收到了一举两得的效果。

思考:
(1) 公共关系公司是一个怎样的社会组织?
(2) 为什么公共关系公司也要公关?

实践与操作

实训:公关人员形象训练

[目的] 形象就是公关人员给公众的印象,包括相貌、服饰、言谈、举止、风度、兴趣等,既包括外部的形象也包括内在的形象。公关人员的形象就是公关人员的魅力所在。

公关人员的形象即是一种自我展示,体现在公关人员的工作、生活中,具有长期的稳定性。因此,培养公关形象,提高学生的形象意识是有必要的。

[地点] 实训室。

[内容与要求]

1. 每班分4~5人为一个小组的若干小组。
2. 实训内容:
(1) 为自己的形象进行定位,确定自己符合的角色。
(2) 选取如《校园形象大使比赛》《招聘》等与公共关系活动相关的题目进行表演。
3. 实训要求:
应当注意人物的形象设计,一般要求:举止端庄,自然大方,注重不同场合的着装要求;语气适当、语言得体,面部化妆淡雅协调;表情自然,形象设计符合角色要求。
4. 实训步骤:
自我形象定位——确定选题——课后排练——课堂展示——课堂交流与讨论——同学点评——任课老师点评打分。

项目三

把握公共关系的客体

📍 学习目标

知识目标

为了完成本项目，需要的理论知识：
1. 公众的含义及特征。
2. 公众的分类状况（重点）。
3. 公众心理定势的含义及常见的心理定势（难点）。
4. 公众的从众行为及从众行为的公关对策（难点）。

技能目标

通过完成本项目，应该能够：
1. 辨别公众类型、区分目标公众，并能针对不同类型公众采取相应的公关策略进行影响。
2. 引导流言、流行和舆论等公众从众心理，以影响公众的从众行为。
3. 运用公共关系技术引导公众的从众行为。

💡 引导案例

丑陋玩具风靡全美

美国艾士隆公司董事长布希耐有一次在郊外散步，偶然看到几个儿童在玩一只肮脏并且异常丑陋的昆虫而爱不释手。布希耐突发异想：市面上销售的玩具一般都是形象优美的，假若生产一些丑陋玩具，又将如何？于是，他让自己的公司研制一套"丑陋玩具"，并迅速推向市场。结果一炮打响，"丑陋玩具"给艾士隆公司带来了巨大收益，并使同行们也受到了启发，于是"丑陋玩具"接踵而来。如"疯球"就是一串小球上面，印上许多丑陋不堪的面孔。又如橡皮做的"粗鲁陋夫"，长着枯黄的头发、绿色的皮肤和一双鼓胀且带血丝的眼睛，眨眼时发出非常难听的声音。这些丑陋玩具的售价虽然超过正常玩具，却一直畅销不衰，而且在美国掀起了一场行销"丑陋玩具"的热潮。

研究公众对象的一个重要内容就是分析公众心理和行为，以便使传播沟通工作具有较强的针对性和科学性。此案例就是一个组织利用公众的求新欲望和逆反心理，成功地把自己的产品推向市场的公关活动。求新欲望是人的一种基本欲望，就是想要从自己周围环境中寻求新刺激的欲望，来满足自己的好奇心。这是人们追随流行的心理原因之一。逆反心理指作用于个体的同类事物，超过了个体感官所能接受的限度而产生的一种相反的体验，使个体有意识地脱离习惯的思维轨道，向相反的思维方向探索。布希耐就是利用人们的这两种心理，产生了"丑陋玩具"的创意，并使艾士隆公司获得巨大的经济利益。"丑陋玩具"之所以风靡全球，关键就在于它迎合了人们的两种心理需求。

在公共关系活动中，社会组织应该充分了解公众，特别是了解公众的心理需求和行为，采用科学的传播方式，选用适当的传播工具，实现组织和公众之间沟通的顺畅，从而使公共关系活动的效果更圆满。

任务一　公众的含义、特性与分类

一、公众的含义

公众是指在公共关系活动中，与社会组织存在某种利益关系的个人、群体或组织，是社会组织传播交流信息对象的总称。

"公众"一词在社会科学和日常生活中使用得很广泛，但它在公共关系学中的含义不同于其他学科。比如在社会学中，公众即大众，指社会上大多数人；而在公共关系学中，只有与特定的公共关系主体相关的个人、群体或组织，才被称为公众。又比如，在日常生活用语中，公众并不包括诸如政府机构、企事业单位，而是泛指社会大众，而公共关系可以将政府机构作为公众对象。因此，正确地理解公关客体，必须准确地理解和把握公众的含义。

◆ **相关链接**

下面介绍几个日常生活中容易混淆的概念。

人民，作为一个政治哲学及社会历史范畴，量的方面泛指居民中的大多数，质的方面是指一切推动社会历史前进的人们，其中包括劳动群众，也包括促进社会历史发展的其他阶级、阶层或集团。

群众，包含于人民之中，是从事物质资料生产和精神资料生产的劳动者。

人群，是社会学意义上的概念，从量上讲是指居民中的某一部分，在质上讲是个松散的结构，不一定需要合群的整体意识和相互联结的牢固纽带，凡是人聚在一起的可以称之为"群"，如购物人群。

> 受众，是传播学范畴，指信息的接受者。在这个层面上，受众意味着是消极、被动状态的承受者。而公共关系中的公众与组织的关系是相互的，不仅接受信息，而且能参与组织的公共关系活动，因此是积极、主动、可选择的。

对于公众定义的理解，我们至少可以从以下四个方面把握：①公众是公共关系的客体，即现代企业传播沟通对象的总称；②公众是相对于特定企业而存在的；③公众是因相同的利益、问题等联结起来，并与特定企业发生联系或相互作用的个人、群体或组织的总和；④公众是客观存在的。

二、公众的特征

公众构成企业的环境。公众环境是指企业运行过程中必须面对的社会关系和社会舆论的总和。公众又是处在动态变化之中的。因此，公共关系工作者必须努力把握公众的特征，处理好与公众环境的关系，促进企业目标的实现。

（一）同质性

所谓"同质性"，是指"面临共同问题"。公众之所以成为公众，就是因为他们面临共同的问题。比如共同的目的、共同的意向、共同的需求、共同的利害等。总之，只要有一批人或一些团体、组织具有这些共同点，那么，他们就形成某个社会组织所面对的一类公众。

◆ **相关链接**

> 一幢公寓大楼中开设了一家卡拉OK歌厅，天天闹到深夜，使整幢大楼都不得安宁。那么，这幢大楼中原本没有任何联系的各行各业的居民，就会很自然地形成一类公众，一起同歌厅交涉甚至向有关部门投诉。

（二）多样性

公众的多样性主要表现在：一是公众存在形式是多样的。公众是一个统称，具体的公众既可以是个人，也可以是群体，还可能是具有严密组织结构的团体或组织。它们分布在不同的社会阶层，从事不同的职业，居住在不同的区域。二是公众对组织的态度、看法是多样的，与组织之间的关系紧密程度也是多样的。三是根据不同的标志，可以划分出多种多样的公众类型。

（三）相关性

所谓"相关性"，是指与"特定社会组织的相关联性"。这里所讲的"公众"并不是抽象而空泛的概念，而总是与特定社会组织联系着的。凡不与某一社会组织发生联系的，都不是该组织的公众。这种相关性表现在：一方面，公众的态度和行为对该组织具有影响力和制约力；另一方面，该组织的运作措施也会对公众产生明显的影响。重视这种相关性，以便确定本组织的工作对象，是搞好公关工作的一个重要环节。

（四）变动性

公众不是封闭僵化、一成不变的，而是一个开放的系统，处于不断发展变化的过程中。

任何组织面临的公众都在不断地变化，他们的性质、形式、数量、范围等方面随着主体条件、客观环境的变化而变化。这主要表现在，社会组织在运行过程中解决了公众原来面临的共同问题，那么，原来的公众就自然消失或发生部分变化，而随着新问题的产生，又会形成新的公众。

 相关链接

> 每年学校招生期间，考生、考生家长甚至他们的亲戚朋友都会成为学校的公众，可是录取工作结束以后，报考期间的这些公众就会发生很大的变动，而那些未被录取的考生和他们的家长往往就不再是这所学校的公众了。另外，学校在运行过程中，也会遇到新的公众。比如，学校要扩大校园，征用附近的土地，那么附近土地上的居民立即会成为与学校发生联系的公众。

某一个人可以有多重公众身份，对商店来说是顾客公众，对学校来说是家长公众，对工厂来说是员工或股东公众。另外，在关系紧张时，他可能是特定组织的首要公众，关系缓和了就变成了次要公众。明确公众的变化，组织才能随时修改计划，采取有效的公共关系措施，让公众向有利于组织的方面变化。

（五）复杂性

任何一个社会组织在分析自己所面对的公众时，都会发现他们是相当复杂的，存在着诸如种族的、文化的、性别的、年龄的、经济的、政治的等各方面的差别。然而，这些差别并不妨碍他们对某些特定的事物产生共同的兴趣和基本相同的认识，这种公众的复杂性也就决定了公共关系工作的复杂性。某项公关工作，可能对一些公众能起到很好的作用，而对另一些公众则产生负面效应，这就要求在策划公关活动之前，要充分考虑到这项活动所涉及公众的共同兴趣。此外，公众自身也处于复杂环境中，一个人往往同时属于多类公众。作为内部公众，他可能既是职工公众又是股东公众，可能既是临时公众又是稳定公众。

公众的这五个特征，是企业和公共关系工作人员确认公众、分析公众和对公众进行分类管理的理论依据。掌握这些公众特征，有利于准确地把握公众环境，实现企业的目标。

三、公众的分类

公众是广泛而又复杂的，一个组织开展公共关系，要认清本组织所面临的各类公众，对公众进行科学的分类。弄清楚公众的分类，目的是根据不同类型的公众制定不同的方针、政策和措施，以便取得良好的公共关系效果。这里主要介绍几种常见的分类方法。

（一）根据公众与组织的所属关系分类

根据公众与组织有无归属关系来看，我们可以将公众分为两大类：内部公众与外部公众。

（1）内部公众。内部公众主要是指组织的员工，还包括组织的股东和员工家属。员工是组织直接面对的最接近的公众，是组织赖以生存与发展的细胞，是组织内部公众的主体。如果组织中的员工都与组织离心离德，组织将因此破裂、崩溃而不复存在。任何组织的首要任务都是培植内部的凝聚力、员工的向心力。因此，每个组织公共关系的基本任务之一都是内求团结，搞好员工关系。同样，股东是组织的投资者和资产拥有者，具有一定的法定权利，是组织的"自家人"，只有争取他们的信任和支持，组织才能创造出有利的投资环境和融洽的气氛。员工家属虽然不是组织的一分子，但他们与组织形成一种特殊的归属关系，是组织的"后院"或"大后方"，可以起到加固或涣散员工军心、强化或损坏组织向心力的作用。对于社会组织来说，内部公众具有相对稳定性。

（2）外部公众。外部公众是指除内部公众之外的一切与组织发生相互影响、相互作用的公众。它是一个十分宽泛的概念，即内部公众之外的、一切与组织利益相联系的个人、群体或组织，都属于外部公众的范畴。如顾客、政府部门、新闻媒介、社区、竞争对手等。外部公众对于特定社会组织来说，具有不稳定性。

（二）根据公众与组织发生关系的时序特征分类

公众的发展有一个过程，根据公众与组织发生关系的时间顺序特征分类，其意义就是把公众理解为有一个连续的发展过程。依循这一过程，我们可以把公众分为非公众、潜在公众、知晓公众和行动公众。

1. 非公众

非公众是指处在某企业的影响范围之中，但与该企业无关，其不受组织各项方针政策和行为左右；同时，他们的行为和要求也不影响组织的方针、政策和行为。例如，在一般条件下，文具店可以被看作服装店的非公众，洗衣店可以被看作钟表修理店的非公众，等等。也就是说，他们是"非公共关系对象"。把这些非公众排除在组织的公共关系范围之外，有利于减少公共关系工作的盲目性，增强针对性，避免浪费。在公共关系工作中，如何避免在非公众问题上陷入迷途，是一个十分重要的问题。

2. 潜在公众

潜在公众是指已经同组织发生了某种直接关系，由此引起了某种问题，但他们尚未意识到这一问题存在的公众。潜在公众在一定时间内，至少在意识到他们面临的问题之前不会采取行动，他们对组织的影响力是潜在的。但是这种状况又不会始终存在下去，他们迟早会意识到问题的存在。例如，购买了某企业不合格产品的顾客，在产品质量问题未暴露之前都是该企业的潜在公众。再如，在火车发生倾覆的重大事故后的一段时间内，死难者的家属还不知道他们的亲人遇难，对铁路部门来说，死难者的家属就是潜在公众。

3. 知晓公众

知晓公众是由潜在公众发展而来的。知晓公众不仅面临共同问题，而且本身也意识到了问题的存在，但还未采取行动。例如，前面我们讲到的购买了不合格产品的顾客，已经发现质量不好，他们有可能去找生产该产品的厂家要求退货或向新闻媒体曝光，但还未付诸行动，这些顾客就是知晓公众。知晓公众一旦形成，就会急于了解问题的真相、原因和解决的办法。公共关系工作的重要任务之一，就是面对事实，必须向知晓公众讲真话，必须毫不隐瞒地向他们讲清一切，以争取得到知晓公众的理解、谅解、合作，防止事态的激化，使知晓公众的态度和行为向有利于问题解决的方向转化。

4. 行动公众

行动公众是由知晓公众发展而来的。行动公众不仅意识到了问题的存在，而且准备或者已经采取解决问题的某种行动。他们的形成对组织的生存发展有极大的影响。不利于组织的行动公众，还会对组织的生存和发展构成直接威胁，对他们开展公共关系工作，比对潜在公众和知晓公众开展公共关系的工作难度更大。例如，如果某生产劣质产品的电冰箱厂家，对已经形成的知晓公众无动于衷，那么，许多遭受损失的买主就会找到厂部来说理，甚至指责或声讨厂家欺骗消费者，不讲信誉。若记者把这件事写成新闻，拍下照片登在报上，甚至在电视上进行报道，那么该厂就会名誉扫地，声名狼藉，其社会效益、经济效益都会受到损害。因此，在公共关系工作中，能否通过努力改变行动公众的态度，使他们与组织相互适应，可以直接检验出公共关系工作的效果。

（三）根据公众对组织的重要性程度分类

根据公众对组织的重要性程度，我们可以把公众划分为首要公众、次要公众和边缘公众。

1. 首要公众

首要公众是指决定组织生存和发展的公众，他们对组织的生存、发展与成败有着举足轻重的影响。比如，所有组织中的员工和股东、商店的顾客、工厂的用户等都是组织面对的首要公众。首要公众是组织生存和发展的基础，对组织握有"生杀大权"，因此，组织往往投入最多的时间、精力、人力和财力来维持和改善同这类公众的关系。

2. 次要公众

次要公众是指对组织的生存和发展有影响，但不起决定作用的公众，其重要性小于首要公众。他们虽然不是公共关系工作的重点对象，但如果忽视他们的存在，就会使组织的公共关系处于不良状态。

3. 边缘公众

边缘公众是指与组织虽有关系，但联系较少、影响较小的一类公众，其重要性最小。以一家商店为例，其首要公众有员工、顾客、上级主管部门、业务往来单位；次要公众有政府机构、社区、新闻媒体等；边缘公众主要是周边的学校、科研机构等。

就一个组织来说，它的首要公众、次要公众和边缘公众是处在一个闭环系统中的，他们在不同的时期可以互相转化。

（四）根据公众对组织的态度分类

我们可以根据公众对组织是否具有合作态度将其分为顺意公众、逆意公众和独立公众。

1. 顺意公众

顺意公众又称为支持公众，是指对组织持赞赏、支持、合作和信任态度的公众。他们是推动组织发展变化的基本公众与主要力量。一个组织的公共关系工作，其首要目标是保持和扩大顺意公众的队伍，经常与他们沟通联系，不使他们的态度发生逆转，不让他们被竞争对手争取过去。

2. 逆意公众

逆意公众又称为敌对公众，是指对组织持反对意见、不合作态度，甚至采取敌对立场的公众。他们是公共关系工作的重要对象。逆意公众的形成一般有两种原因：一种是在利益上与组织发生冲突；另一种是由于沟通不畅对组织的政策和行为产生了误解。

3. 独立公众

独立公众又称为中立公众或不确定公众，是指那些持中立态度或态度不明朗或未表态的公众。由于独立公众的态度具有极大的弹性，他们既可以向顺意公众转化，也可以向逆意公众转化，因此组织宜采取说服、争取的工作方式，使他们向对组织有利的方向转化，对此组织绝不能掉以轻心。

对公共关系工作人员来说，顺意公众是组织的基本依靠对象，逆意公众是组织急需转化的对象，独立公众是组织值得争取的对象。

公众的分类还有其他一些方法，如根据公众的稳定性程度将其划分为临时性公众、周期性公众、稳定性公众等。总体而言，公众的分类方法完全由组织的实际工作需要决定，几种方法可以单独使用，也可以交叉使用。对公共关系的对象作多方面的综合分析，可以更好地掌握公众的基本特征，为进一步调查研究、制订计划、开展活动、解决问题提供重要依据。

任务二　公众的心理定势与从众行为

一、公众的心理定势

（一）心理定势的含义

所谓心理定势，是指公众心理上的"定向思维"，它是由一定的心理活动所形成的准备状态，对以后的心理活动起着正向或反向的推动作用。心理定势如同一种惯性，推动着人们不自觉地沿着一定的方向去感知、记忆、思考和解决问题。心理定势是一种固定化的心理状态，公关活动必须循着心理定势的指向因势利导，才能更好地开展公关活动，并取得良好的效果。

（二）常见的心理定势

1. 首因效应

首因效应即第一印象的强烈影响。事物给人最先留下的印象往往有强烈的作用，左右着人们对事物的整体判断，影响着人们对事物以后发展的长期看法。第一印象一旦形成就比较难以消除。因此，在公共关系工作中要十分注意传播中的首因效应。无论是人、产品、环境，还是组织行为，都要尽可能给公众留下良好的第一印象，避免因为不良的第一印象而造成知觉的片面性。

2. 近因效应

近因效应即最近或最后印象的强烈影响。事物给人留下的最后印象往往非常深刻，难以消失。对一件事物或一个人接触的时间延长以后，该事物或人的新信息、最近的信息就会对认识和看法产生新的影响，甚至会改变原来的第一印象。公关传播工作应注意用新信息去巩固、刷新公众心目中原有的良好印象，或尽力改变原来的不良印象。

3. 晕轮效应

晕轮效应即片面印象的强烈影响。人们在认识人或事物时，往往会把某一特征推广为整体印象，从而掩盖了其他特征或品质，形成某种以偏概全的错误印象。公共关系一方面要极力避免晕轮效应带来的不良影响，另一方面也可适当利用晕轮效应来扩大企业或产品的影响，美化企业或产品的形象，如"名人广告""名流公关"等。

4. 刻板印象

刻板印象即先入为主的强烈影响。人们往往自觉或不自觉地凭借以往形成的固有经验去判断评价某人某事。如认为教师是文质彬彬的，商人是唯利是图的，大型卖场的商品质量一定可靠，街头小贩经常缺斤少两等。这种看法一旦在人的头脑中定型，造成"先入为主"的成见，就容易在新的认知中产生偏差，妨碍人与人之间的正常交往或对事物的正常判断。公共关系工作一方面要研究和顺应公众的某些刻板印象，使自己的形象与公众的经验相吻合，另一方面也要努力传播新观点、新知识、新经验，以改变公众某些狭隘的成见或偏见，以及由此形成的误解。

公共关系工作人员一定要了解公众的思维习惯及心理定势，在进行公关宣传时，尽量减少负面效应的影响，以免造成恶劣影响和不可挽回的损失。

◆ **相关链接**

中国传统文化与消费心理的关系主要表现在以下七个方面：

(1) 中庸。大理学家朱熹认为，"人不偏之谓中，不易之谓庸"。通俗地说，中庸的主要含义就是：事物的发展过程都有一定的标准（常规），超过或者未能达到这个标准（常规）都是不利于事物本身的发展的，最理想的结局就是遵守这一标准（常规），做到不偏不倚。这种强调"度"的价值观反映在消费行为中，就是视勤俭持家、精打细算、未雨绸缪、量入为出为美德，反对超前消费，反对消费中标新立异；物品能用则用，实在对付不下去了才去买新的（节俭、实用主义）。

(2) 尚礼仪。中国重人情往来，婚丧嫁娶之类的事情，都要赠送礼品或现金，亲戚、朋友、同事或是领导与下属之间，这种人情交换一般是不可免的。在一些包装精致的商品上，印有"馈赠佳品"，也是这种倾向的反映。据说对于高档的烟酒，一般是享用者不购买，购买者不享用，即它们主要是用来送礼的。

(3) 重人伦。中国传统文化一向强调血缘关系，也就是以家庭为本位。虽然现代家庭，尤其大城市里，往往都是年轻人独自居住，大家庭的现象有所减少，但传统的家庭伦理观念仍然保持着，亲子之间的相互依存关系很明显。由此导致的个人消费行为也往往与整个家庭密切联系在一起。而当今的广告人牢牢抓住了中国人的亲慈子孝心理，以此做文章，消费者往往从盲目消费、攀比消费之事而乐此不疲、浑然不觉。

(4) 好面子。"面子"源于中国的耻感文化，中国人无论是在古代还是在今天，不论是富是穷，不论身份贵贱，不论在城市还是在农村，都追求要脸要面，将送礼、维系体面和关系等视为基本需要，将争脸、给面子和礼尚往来列入基本行为规范，从而形成中国社会中恒久而普遍的面子消费行为，甚至构成驱动消费的重大动因，造就出中国非常大的特殊消费市场。

(5) 求同从众心理。中国消费者既然重视维持人与人之间的关系，那么就要与人保持一致，不可鹤立鸡群，使自己突出于众人之上，也不可使自己落后于众人之下，这在消费行为上表现为求同和从众心理。向别人看齐，便有了相符行为，你有我也要有，你买我也要买，所以在中国人的消费中，从众现象甚多，某一产品畅销起来，那真是红火，而一旦滞销，则无人问津。这种情况真可让厂商们怀疑，中国消费者的"不约而同"，是不是事先串通好的。

(6) 怀旧恋古。中国文化一向比较怀旧恋古，对故乡的眷恋、对往事的回忆、对先人旧友的缅怀往往超过对未来的憧憬。在消费上，这种"思古幽情"在被商家加上了现代科技的包装元素来诱导消费，比如广告词："集传统秘方之精髓，采高科技研究创新之大成""皇家贡品"，或者干脆"重新发现了久已失传的……"等等。

(7) 谦虚含蓄。中国文化一向比较崇尚谦逊含蓄。自我谦逊和尊重他人始终是中华民族的一贯道德准则，像谦称"敝""拙""在下"等，现在还频繁地出现。一般来说，西方崇尚鲜艳、开放和张扬，而中国则表现为含蓄、谦虚和内敛，这种和谐、含蓄、淡雅而庄重的审美观较易于体现在包装、建筑、服饰上。

二、公众的从众行为

公众的从众行为就是个人行为被迫与群体一致的心理现象。在这种情况下，个人能够被群体诱惑而不相信由自己感官得出的结论。流行、流言及舆论对公众行为的影响，即是从众行为的反映。

（一）公众的从众行为产生原因及影响因素

1. 从众行为产生的原因

公众为什么会抛弃来自他们自己的感觉，而趋从于那些他们甚至可能根本不认识的人的行为呢？研究表明，这主要取决于"信息压力"和"规范压力"两个因素。

(1) 人们之所以遵从别人的意见或效仿别人的行为，是因为人们觉得，别人的知识和信息将有助于自己。

(2) 人们倾向于相信多数人，认为"人随大流不吃亏"，从而怀疑自己的判断。因为人们觉得，跟随多数人正确的机遇总是较多。人们在模棱两可的情况下，尤其如此。人们越相信群体，自己的信心也就越弱，也就越有可能从众。

(3) 个人遵从群体的另一原因是他们不愿意被称为越轨者和"不合群的人"。

2. 从众行为的影响因素

从众行为的影响因素包括群体因素、情境因素、个性因素。

(1) 群体因素。

① 群体的规模。一般情况下，群体越大，遵从性越强。

② 群体的一致性。群体越是一致，使人遵从的力量就越强。

③ 群体的凝聚力。群体凝聚力越强，使人遵从的压力就越大。

④ 多数派成员的地位。多数派成员所处的地位越高，迫使人遵从的压力就越大。

(2) 情境因素。

情境本身存在着许多变量，它们影响着个人遵从集体压力的程度。

① 刺激。研究表明，刺激本身越是模棱两可，个人就越倾向于遵从一致。

② 匿名性。这主要是指个体无论是公开地做出判断，还是私下匿名地做出判断，都会影响人们从众的程度。心理实验表明，处于匿名情境中的个体比公开做出答案的个体遵从于群体压力的程度要低。

③ 约束力。这是指群体对个体的约束力会影响个体的遵从程度。实验表明，对群体的遵从随着约束力的增加而降低。太多的约束，可能使个体产生逆反心理。

（3）个性因素。

① 年龄因素。由于从众行为是从学习中获得的，因而随着年龄的增长，遵从群体压力的倾向也就逐渐增强。

② 性别因素。男性和女性都倾向于遵从他们不熟悉的项目，而对他们可能了解得多的项目则表现出较大的独立性，但男性比女性的独立性强。

③ 能力因素。一般来讲，个人的能力或对某个问题的专长程度越高，其独立性越强。在一定的情况下，感到比别人更有专长或者更有能力的人在做出判断时，其独立性就越强；反之，则从众性越强。

④ 文化素质。一般来讲，文化知识越多，其判断力也就越强，从众的可能也就越小。

（二）流行与公众行为

1. 流行的含义

流行是一种心理现象，也是一种行为活动。流行（或时尚）作为一种群众性的社会心理现象，是指社会上许多人都去追求某种生活方式，使这种生活方式在较短的时期内到处可见，从而导致了彼此之间发生连锁性的感染，即所谓的"一窝蜂"现象。流行既体现在人们的物质生活（如衣、食、住、行等）方面，也体现在人们的精神生活（如文化、娱乐活动等）方面。流行有两方面的含义：

（1）流行是有相当多的人去随从和追求某种生活方式；

（2）流行是一定时期内的社会现象，过了一定的时间便自行消失。若长时间持续，就会转化成习惯，成为社会传统。

2. 流行中的公众行为类型

（1）先驱者。他们一般都是属于财力雄厚、富有冒险精神、有勇气、经常希望尝试新构想的人。在生活中，他们有时会被认为是"怪人"。此类人数很少，仅占总人数的 2.5%。

（2）早期采用者。他们是有见解、有眼力的人，也往往是为周围人所信赖而起着舆论指导作用的人。这种人能够成功地预见新事物的发展趋势，果断地采用新的构想。此类人数较少，占总人数的 13.5%。

（3）前期追随者。这些人很少带头前进，对于新的构想比较慎重，但是却能相当积极地追随流行。此类型人数较多，占总人数的 34%。

（4）后期追随者。他们对于新的构想持十分慎重的态度，直至占压倒多数的人都采用时才决心加以采用。此类人数较多，占总人数的 34%。

（5）落伍者。这些人对于新的构想经常保持戒备，倾向于旧传统，对于人们追随流行的倾向十分不满，并看不惯。他们和先驱者一样，在很多场合下都比较孤立。此类人数占总人数的 16%。

（三）流言与公众行为

1. 流言的含义

流言是人们口头传播的无根据之言，是缺乏确切依据但又在人们中间迅速传播的一种假消息，或者是经过过分渲染和夸大了的信息。流言作为一种假消息能在社会中传播，是因为流言所传的消息大多是比较敏感的问题，它的煽动性和神秘性又会使一些人本来不关心的问题成为被关注的热点。流言传播的持续性比时尚更短，它一旦被证明是假的，便会自然消失。

相关链接

从2014年下半年至今,一条关于"牛奶饮料中含有肉毒杆菌"的消息,在QQ群、微博、微信等网络平台上不断出现。一时间,引起很多人的恐慌,吓得很多家长"闻"饮料而色变。那么,饮料里到底有没有肉毒杆菌呢?来看记者调查。

这条被疯传的信息的内容是:"家长们注意啦:现在得白血病的小孩越来越多,妇幼保健院提示您,请不要给宝宝喝爽歪歪和有添加剂的牛奶饮料,告诉家里有小孩的朋友,旺仔牛奶、可口可乐、爽歪歪、娃哈哈AD钙奶、未来星、QQ星、美汁源果粒奶菠萝味的,都含有肉毒杆菌。现在紧急召回。有孩子的都转下!没孩子的也请友情转转!"

记者发现此信息没有具体来源,但即使是这样一个毫无出处的信息,却让很多家长担心不已。

肉毒杆菌,是一种生长在常温、非酸性环境和厌氧环境中的革兰氏阳性芽孢杆菌,肉毒杆菌菌体本身没有毒性,也不会致病。简单理解,就是这种菌只能在没有空气,没有氧的条件下才能存活。那么,肉毒杆菌有没有可能在饮料中存在呢?

国家食品安全风险评估中心技术顾问刘秀梅表示:"在饮料这样一个有氧低酸甚至高温杀菌这种生产工艺条件下,肉毒杆菌是不可能存活的。"专家介绍,到目前为止,国际和国内都没有对饮料里面肉毒杆菌进行任何限量标准的规定,这是因为肉毒杆菌在饮料里不可能生存,也没有过因为饮料里面污染了肉毒杆菌引起中毒的病例报告。

那么,小孩得白血病和有添加剂的牛奶饮料有什么关系?北京儿童医院血液肿瘤中心主任医师张瑞东告诉记者:"白血病的发病原因是多因素的过程,但是目前没有任何证据证明喝一些保质期内的或者安全的饮料会导致白血病。"

尽管网络上所传的牛奶饮料含有肉毒杆菌的说法纯属无稽之谈,但谣言却给相关的生产厂家带来了巨大经济损失。近日,娃哈哈广东深圳分公司销毁了许多饮料,这些饮料都是市场上因为网络谣言所造成的滞销产品。

为了消除谣言,中国饮料工业协会4月13日在其官网发出了声明,但收效甚微。中国饮料工业协会理事长赵亚利表示:"在网络谣言盛行的时期,我们饮料产量增幅跌到了有史以来的最低点,比去年同期下跌了5点多个百分点,这样影响是非常巨大的,除了对我们这个行业增长造成影响,同时行业的声誉也受到了极大破坏。"

这种网络谣言,有人出于友情提示转发的同时,也有一些公众号,看似在温馨提示,实则是推送广告;甚至在河北有个叫"洪洲诊所"的地方,还以通知的形式将这样的谣言张贴出来。而如何更有效地应对网络上有关"食品安全"的谣言,则给食品安全主管部门的监管工作提出了新挑战。

随着互联网的迅猛发展,网络在提供便利的同时,也出现了一些有害内容,对此,公安部日前部署全国公安机关建立网警常态化公开巡查执法机制,全面提高网上见警率。公安部有关部门负责人表示,对于制造、传播网络谣言的违法犯罪活动,公安机关的态度一向很明确,就是要坚决依法惩处。此外,国家互联网监管部门也在不断加强对移动客户端的监督,加大执法力度,重拳打击,最大限度地压缩网络谣言的传播空间。

手指轻轻一动,一条谣言就能迅速蔓延到网络的各个角落,尤其通过微博、微信进行传播,更是无孔不入。说起造谣传谣,有的是无意之过,无心之失,但最终却以讹传讹；有的则是恶意中伤，故意而为，目的就是为了挤垮竞争对手。但不管是无意还是有意，最终的结果都一样，就是给企业给行业造成了巨大的经济损失，当然，也让职能部门甚至全社会付出了不必要的成本，而最终影响的，还是我们大家。

虚拟空间不是法外之地，违法必被究。4月12日，娃哈哈集团针对"肉毒杆菌"网络谣言的大肆攻击，在各大媒体发表了《娃哈哈集团关于抵制网络谣言的严正声明》；5月28日，娃哈哈集团把最先将此谣言发布到网上的吉林女子于某告上法庭，并要求赔礼道歉，删除发布的涉及娃哈哈公司及其产品的侵权信息，并赔偿经济损失20万元。被告当庭公开道歉，双方最终达成和解，娃哈哈方面宣布愿意主动放弃20万元的赔偿，并承担案件的诉讼费用。

（资料来源：2015年6月16日《东方今报》；2015年6月11日央视焦点访谈《谁给饮料下了"毒"？饮料中到底有没有肉毒杆菌？》）

2. 流言传播的特点

由于流言传播一般是口头的、非形式化和非官方化的，所以在传播过程中，流言内容也会发生变化。阿尔波特通过试验研究发现，流言的传播有三个特点：

（1）磨尖。即传播者对于传给他的信息断章取义，致使流言内容越来越变得简略、扼要，遗漏掉许多具体的细节，流失了许多信息。

（2）削平。即传播者把传给他的信息的某些情节根据自己的需要和兴趣作重新安排，再向他人传播时，只强调其印象深刻的部分。

（3）同化。即传播者根据自己的经验、需要、态度等主观因素来理解流言内容，并凭自己的想象对其进行加工润色，然后再广为传播。

3. 正确认识和利用流言

（1）流言是一种不确切的消息，但不一定没有根据。流言能在一定程度上补偿正当信息渠道提供信息的不足，并能在一定程度上满足人的心理需要。要完全制止流言是不可能的，因为流言一旦和人们的某种情绪、愿望合拍，心理定势的作用就会驱使他"不得不信"，又不得不传，否则心理压力就太大，只好通过"不要外传，到此为止"来寻求心理上的平衡。

（2）制止流言的唯一手段是澄清事实。一旦事实真相大白于天下，人们也就不会对之有神秘感，流言也就自然会消失。当然，澄清事实往往要靠信誉可靠的大众传播媒介来进行。公共关系活动中的危机公关，就是要在流言产生时尽可能地通过大众传播媒介来辟谣并证明真相，以此来提高企业的信誉度和树立起好的形象。

同时，也不能过分注意流言，澄清事实即可使流言消失，解释过多又会有"此地无银三百两"之嫌。应该看到，流言也是一种流行。它具有一定的时间性，时间久了，其内容不再新鲜，也就自然消失。而且，流言产生的心理定势也是流行的心理定势。对这种心理定势，只要采取适当的措施，就能使它发生改变。

（3）巧用流言，变害为利。巧妙利用流言，会收到意想不到的公关宣传效果。

流言在更多的场合下是一种秘密武器，对社会和个人都会产生巨大的影响。流言指向个人，可能会置人于死地；流言指向群体，就会造成人心涣散；流言指向企业，则会使企业形象、信誉俱损，直接影响企业的发展。所以，流言绝不是一种科学的信息沟通方式。对于现代企业来说，首先要尽可能防止对自己不利的流言产生，并绝对避免利用"制造流言"作为企业竞争的手段。

流言传播迅速且影响的人数较多，这一点有时候会成为企业宣传形象的一种契机，如果能够避开流言的危害，采取主动的态度，巧妙地利用公众对流言的关注，会收到意想不到的公关宣传效果。

（四）舆论与公众行为

1. 舆论的含义

舆论是社会公众对特定事物的公开评价及一致性意见。舆论代表多数公众的意见和看法，是社会全体成员或大多数人的共同信念，是人们彼此间信息沟通后的一种共鸣。

2. 舆论对公众行为的影响

（1）舆论的制约与监督作用。社会舆论对个人、社会群体乃至政府都能发生一定的制约和监督作用。舆论可以制约个人的行为。舆论既然是代表大多数人的意见，就可以产生一种社会控制力量，使它对每个人都具有一种压力作用，约束每个人的言论和行动。因此，正确的、健康的舆论能够团结公众，鼓舞公众，以阻止不道德的言论和行为在组织中发生。舆论对群体有相当大的影响。舆论多半是反映着公众的意见和要求，群体领导人如果忽视了社会舆论，会使群众产生反感及冷漠的心理。一般来说，正确舆论可以战胜不健康的舆论，可以抑制群体中的歪风邪气，使正气抬头。

（2）舆论的指导作用。舆论对人们的行为具有指导作用，通过意见领袖的宣传，就更具有说服力。因为意见领袖总是某个方面的专家，熟悉他所介绍的内容，并且和社会上的各个阶层的人们有着广泛的接触。在公众传播中运用"名流公关"的做法，正是利用了意见领袖的影响力。

正因为舆论有上述作用，所以任何一个组织都应高度重视对公众舆论的控制与引导，尽量利用广播电视、报纸杂志、网络等媒介作舆论宣传，引导公众的行为与观念，使之符合组织的要求。

三、从众行为的公关对策

公众的从众行为对组织的作用，既有积极的一面也有消极的一面，在公共关系传播工作中必须区别对待。

（一）充分利用从众行为的积极作用

积极的从众心理和从众行为对于公共关系传播活动具有推动作用。利用公众从众行为应当注意以下三个方面。

（1）重点把握目标公众和首要公众。在组织的传播中，他们往往具有意见领袖的作用，能影响和带动其他公众的心理或行为。

（2）宣传与流言、流行或舆论相一致的组织文化、价值观，强化公众从众的组织氛围，依靠公众积极的心理定势的促进力量，实现组织形象的树立。

（3）扩大公共关系传播活动的规模和影响范围。公共关系互动的规模在一定程度上扩大了组织的影响范围，从而提高公共关系传播活动的受众面。

（二）警惕和防止从众行为的消极作用

从众行为容易使人倾向于"舆论一致""传统观念"和"流行思想"。对于外部公众而言，从众心理易于排斥接受组织新理念、新产品，阻碍组织发展。对于内部公众而言，从众心理和行为将束缚员工创造力和创新精神的发挥。公关主体应当注意以下两个方面。

（1）关注公众从众心理动态，及时消除有损组织形象的心理。通常来说，公众中出现损害组织形象的流言、流行或舆论会在公众间快速扩散，直接影响组织形象，必须警惕和防止个体公众行为扩散到从众行为。

（2）主动出击，巧妙利用公众从众行为提高组织形象。公共关系的作用在于塑造良好的组织形象，当危机出现时，有效利用公众舆论的关注，可以使危机转变成契机。

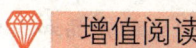
增值阅读

名流公众与国际公众

一、名流公众

名流公众，是指那些对公众舆论和社会生活具有较大的影响力和号召力的有名望人士，包括政界、工商界、金融界的首脑人物；科学界、教育界的权威人士；文化、艺术、影视、体育等方面的明星；新闻出版界的舆论领袖等。这类公众的数量虽然有限，但对传播的作用很大，能在舆论中迅速"聚焦"，影响力很强。通过社会名流去影响公众和舆论，往往具有事半功倍的效果。

（一）建立良好名流公众关系的重要性

（1）借助于社会名流的知识和专长。组织与社会名流建立良好关系，能充分利用他们的见识、专长，获得广泛的社会信息或宝贵的专业信息，为组织的经营管理提供有益的意见咨询。

（2）借助于社会名流的关系网络。社会名流往往与社会各界有广泛的联系，或对某一方面的关系有特别重大的影响。组织与社会名流建立良好关系，能通过他们良好的社会关系网络与公众对象疏通关系，扩大社会交往范围，为企业广结善缘。

（3）借助于社会名流的社会声望。一方面，社会名流有较高的社会地位，或具有某方面的权威性，或由于他们对社会的特殊贡献、突出成就等，而具有较高的知名度。组织与社会名流建立良好关系，能借助他们较高的社会声望提高本组织的知名度。另一方面，一般公众存在"崇尚英雄""崇拜明星"的心理，组织与社会名流建立良好关系，就会将本组织的名字与社会名流的名望联系在一起，利用公众崇拜名流的心理，提高了本组织在公众心目中的位置。

（二）处理名流公众关系的对策

（1）结交名流并保持良好的关系。如聘请名流做组织的顾问、管理者、名誉职工等。

（2）邀请名流参观或参加组织的一些活动。

（3）借助名流开展公关。邀请他们讲学，培训组织的管理者和员工，或做广告，或参加公关活动等。

二、国际公众

国际公众，是指社会组织为发展在国外的业务，扩大在国外的影响而需要面临并与之发生某种关系的非本国的组织或群体，包括别国的消费者、政府、媒介公众等。组织的产品、人员及活动要进入国际范围，要对别国的公众产生影响，要了解和适应别国的公众环境，就必然要接触国际公众。

（一）建立良好国际公众关系的重要性

（1）发展国际公共关系，为对外开放服务。我国实行对外开放政策，企业发展外向型经济、参与国际经济大循环，急需发展国际公共关系。一方面，需要通过公共关系方法及时、准确地了解国际市场动向，了解有关国家的政治、经济、文化、社会等方面的信息，了解国外的投资者、合作者和客户等；另一方面，需要运用国际公共关系手段，向国外的公众、舆论和市场传播自己的信息，树立自己的形象，介绍自己的产品和服务，提高自己的国际知名度和国际信誉。

（2）运用跨文化传播手段，促进组织形象的国际化。参与国际性活动的组织需要建立国际化的形象，即能够适应别国公众、获得各国人民接受和欢迎的形象。这就需要注意研究和适应别国公众的社会和文化差异，进而了解并满足异国顾客的不同需求或特殊需求，及时调整公关的政策和方法，投其所好，避其所忌，才能以较强的适应力、竞争力参与国际商战。此外，国际公共关系要成功，还必须善于运用国际新闻传播和广告传播手段。不仅运用我国的对外传播工具，更要了解对象国及国际上知名的新闻媒介和广告界，与国外的新闻机构和广告业建立联系，懂得如何为他们提供新闻资料和广告资料。

（二）处理国际公众关系的对策

（1）树立全球意识。要以全球性视角来思考和对待国际公共关系状态问题，掌握外语，熟悉国外的风俗、宗教信仰，了解国际的法律、道德和对外交往的国际惯例，掌握金融结算等知识，了解国外新闻界的基本情况等，才能使传播的信息符合对象国公众的语言、文化、风俗、习惯，在国际公众中有效地发挥作用。

（2）尊重国际公众的生活方式。不同国家之间由于政治、经济、文化、历史、环境等的不同，在生活方式上也存在较大的差别。要尊重国际公众的生活方式，才能取得国际公众的信任，建立良好的关系。

（3）遵守国际惯例。遵守国际公众的法律、政策、制度，以确保国际公众的利益不受损害，这是涉外组织取得国际公众支持与合作的重要条件。

项目小结

1. 公众是指在公共关系活动中，与社会组织存在某种利益关系的个人、群体或组织，是社会组织传播交流信息对象的总称。公众对社会组织有着重要的影响，因而也是社会组织传播交流信息对象的总称。在公共关系学中，只有与特定的公共关系主体相关的个人、群体或组织才被称为公众。

2. 公众有同质性、多样性、相关性、变动性、复杂性的特征。

3. 公众是广泛而又复杂的，一个组织开展公共关系，要认清本组织所面临的各类公众，对公众进行科学的分类。弄清楚公众的分类，目的是根据不同类型的公众制定不同的方针、政策和措施，以便取得良好的公共关系效果。根据公众与组织有无归属关系来看，我们可以将公众分为两大类：内部公众与外部公众。根据公众与组织发生关系的时间顺序特征分类，我们可以把公众分为非公众、潜在公众、知晓公众和行动公众。根据公众对组织的重要性程度，我们可以把公众划分为首要公众、次要公众和边缘公众。

根据公众对组织是否具有合作态度将其分为顺意公众、逆意公众和独立公众。公众分类的目的是使组织在未来进行公关活动时更具有针对性。

4. 所谓心理定势，是指公众心理上的"定向思维"，它是由一定的心理活动所形成的准备状态，对以后的心理活动起着正向或反向的推动作用。常见的心理定势有首因效应、近因效应、晕轮效应和刻板印象。

5. 公众的从众行为就是个人行为被迫与群体一致的心理现象。在这种情况下，个人能够被群体诱惑而不相信由自己感官得出的结论。流行、流言及舆论对公众行为的影响，即是从众行为的反映。公众的从众行为对组织的作用，既有积极的一面也有消极的一面，在公共关系传播工作中必须区别对待，加以利用。

关键概念

公众　公众的心理定势　公众的从众行为　名流公众　国际公众

教、学、做一体化训练

即测即评

请扫描二维码，在线测试本项目学习效果。

选择题

判断题

思考与练习

1. 简述公众的含义、特征。
2. 简要介绍公众的主要类型。
3. 分析常见的心理定势和从众行为产生的原因。
4. 分析舆论对公众行为的影响。
5. 如何利用公众的从众行为？

课堂讨论

1. 企业在设计和销售商品时，应如何运用公众的心理定势和从众行为？
2. 某企业组织了一次合理性建议活动，结果在收集来的几十条建议中，意见占了相当部分，其中要求改善待遇的意见甚为强烈，企业经理皱着眉头说："这叫合理性建议吗？一开口就是要福利，我们的员工素质太低了。"

讨论：你如何评价经理的这番话？

案例分析

大亚湾核电站的风波
——潜在公众的突然显露给组织的生存和发展造成的障碍

广东大亚湾核电站是我国从国外引进的第一座大型压水堆电站，也是我国近年来最大的合资经营项目之一，总投资约36.8亿美元。电站建成后，年生产电能约100亿度，其中70%将输往香港地区。大亚湾核电站的建设，对于缓解广东省的电力供应紧张状况、发展经济，对于香港地区的繁荣和稳定，都有重要意义。

为了确保安全，自1979年冬起，中外专家和工程技术人员就对核电站的建立进行了科学论证和周密调查。在厂址选择方面，从地震地质、冷却水源、输电系统、环境保护、交通运输及建设费用各个方面进行了比较和筛选，最后确定大亚湾厂址；在堆型选择方面，确定了占世界核电站一半以上、有十几个国家采用的、技术比较成熟、安全可靠的压水堆；在设备选择方面，采用了法国法玛通公司经过改进的M310型设备；在工程管理方面，聘请了在设计、建设、运行和管理核电站方面具有丰富经验的法国电力公司担负总技术责任。总之，核电站的设计与建设在科学性、安全性、可靠性方面要做到"千方百计，千辛万苦，保证质量，万无一失"。经国务院正式批准，核电站核岛、常规岛设备供应及工程服务等合同于1985年10月7日正式生效。从这一天起，72个月后，也就是1992年10月7日，大亚湾核电站第一台机组将并网发电。核电站正式投入建设。

在正常情况下，像大亚湾核电站这样的企业"关门搞建设"是没有什么问题的。可是他们在建设过程中却突然遇到了意想不到的危机。这一危机的出现几乎威胁到核电站的生存和发展。这一危机的出现，并不是由于核电站本身的工作引起的，而是由于突然爆发的外部事件——苏联切尔诺贝利核电站泄露核尘埃引起的。当时，这一事件在西方新闻媒介中广为报道、大加宣扬，是很长一段时期的重要新闻内容。由于切尔诺贝利事件的爆发，部分香港地区的公众开始注意到大亚湾核电站，并进而发展成为反对建设大亚湾核电站的运动。一时间，香港出现百万人的签名活动，部分居民组团上访北京，各界人士的部分代表也纷纷发表谈话，要求停建核电站的声浪不断上涨。这就是说，香港居民中一部分关心环境污染的"潜在公众"，在苏联切尔诺贝利核电站出事故后的特定条件下，作为正式公众公开显露出来了。很显然，这类公众的突然出现，对核电站的生存和发展产生了极大影响。

那么，大亚湾核电站究竟能不能停建？该不该停建呢？首先，核电站是中外合资项目，按合同规定，每耽误一天将损失或赔偿近百万美元，停建还得了？其次，核电站的建设是经过中外专家多年科学论证、周密设计的，科学性、安全性、可靠性很高，其设计要求可以达到不怕8级地震、不怕12级台风，甚至不怕飞机轰顶。因此，停建也是不对的。但是，有那么多公众反对，怎么办？这说明，信息沟通不够，因此公众不理解。为此，核电站决定加强公共关系工作，其中主要做了以下几项。

第一,公开开放核电站。对于前来参观的港澳宾客,不论对核电站持何种态度,均予以热情接待、座谈讲解,做到耐心细致又有问必答。仅在 1986 年 7 月 20 日—12 月 13 日期间就正式接待参观团上百批,再加上旅行社组织的参观团共约 5000 人次。

第二,普及核电知识。协同有关部门编印核电科普宣传资料《核电站》等 5 种小册子约 7 万册、《大亚湾核电站》等情况资料 7 万余份,广为散发。

第三,协助中国核学会同香港科技协进会在香港地区举办核技术展览,展览期 16 天,参观 8 万余人次。

第四,派遣核电专家到香港地区进行核知识讲座和专题讨论。

第五,同社区乡镇干部和群众座谈讨论。

第六,建立与加强同新闻媒介的联系。对新闻界的采访,按规定尽量提供方便;同时在必要时举行记者招待会,实事求是地回答记者们的提问;主动向新闻界提供书面资料、发布新闻稿。

由于上述工作,香港各界公众对核电站的科学性、安全性、可靠性有了比较客观的认识;反对建设核电站的部分公众,由于绝大多数是从安全方面考虑的,在了解情况以后,情绪也逐步稳定,疑虑逐步解除。大亚湾核电站又有了一个安定的建设环境。

思考:
(1)分析本案例中公众的类型。
(2)结合本案例,分析舆论对公众从众行为的影响。

实践与操作

实训一:分组辩论与研讨

正方观点"企业应顺应社会舆论",反方观点"企业应主导社会舆论"

实训二:《关于××公众的调查报告》的撰写

[目的] 通过调研提高学生分析问题的能力;巩固已学的公众含义及特征、公众分类状况、目标公众范围等知识点;理论联系实践,提高学生的公关技能。

[地点] 课外。

[内容与要求]

1. 课业题目:《关于××公众的调查报告》。
2. 每班分 4~5 人为一个小组的若干小组。
3. 小组成员课后深入自己生活小区的物业公司、某学校、医院、药店、企业或公司、超市(任选一个),分析所选组织存在哪些公众、公众类型对应哪些群体及其目标公众范围、不同目标公众实施哪些不同对策,并完成课业报告的撰写。
4. 实训步骤:

任课教师提出实训要求——分组并确定小组负责人——选择目标组织——课后调查分析——撰写课业报告——课堂交流——同学点评——任课老师点评打分。

项目四

把握公共关系媒介

📍 学习目标

知识目标

为了完成本项目,需要的理论知识:
1. 传播的含义。
2. 传播的活动过程(重点、难点)。
3. 传播的基本方式及其特点(重点)。
4. 沟通的含义、特点及构成要素。
5. 沟通过程模型及注意事项(重点)。
6. 传播媒介的基础分析(重点)。
7. 实施有效传播的方法(重点、难点)。

技能目标

通过完成本项目,应该能够:
1. 辨析公关传播的基本形式和代表性的传播过程活动模式。
2. 根据组织传播的需要正确选择传播方式。

💡 引导案例

借力《阿凡达》,做大麦当劳

2010年,一场《阿凡达》不仅带火了3D电影,也做大、做强了麦当劳,使之成为极大受益者。一款挂在麦当劳网站上的阿凡达变脸游戏"化身阿凡达(Avatarize Yourself)"突然红遍网络,似乎每个人都想上传一张照片,然后把自己变成一个蓝皮肤黄眼睛的纳威人（Navi）。游戏使得麦当劳网站的点击率激增，快餐巨头麦当劳利用"阿凡达"这张制胜牌创造出了非常好的营销效果，而这得益于麦当劳借助新媒体进行的公关。

麦当劳的公关创意非常新颖，这款游戏迎合了人们对阿凡达这部电影的期待心理，其通过把自己变成一个蓝皮肤黄眼睛的纳威人营造出了一种还原电影真实影像的神奇氛围，让人提前感受到了电影的魅力。绝妙的创意引发了人们的兴趣，但是要在短时间内迅速造成影响就需要借助新媒体的力量了。麦当劳充分运用各种新媒体形式进行整合传播，形成合力。它在 Twitter 上设立了一个账号，在电影全球首映前 10 天，麦当劳每天在 Twitter 上发布一则密码，前 10 位顺利译码并将答案公布出来的跟随者，将能获得与制片人乔恩·兰道一起享用巨无霸午餐、观赏电影的机会。同时，麦当劳还为这款游戏专门制作了全球不同版本的电视广告，推出了一个全球范围内的在线游戏——潘朵拉任务，玩家可以进入丛林搜集目标物品：背包、水壶，乃至印有巨大 Logo 的麦当劳薯条、巨无霸……达成目标任务即可成为 RDA 小组成员，进而实现了与网友的即时互动。这一系列新媒体公关活动使得麦当劳的销量剧增，很好地实现了公关营销目标。

麦当劳的成功借力，彰显着新媒体在公共关系的建立、维护以及拓展中的魅力，其中的道理值得每位公关人深思。相对于报纸、广播、电视等传统媒体，互联网、手机、数字广播、移动电视等新媒体给公共关系带来了新的维护工具和传播途径，也给公共关系带来了新的机遇和挑战。如何充分利用好新媒体，借助这一力量达到更好的公关效果，成为一个众人关注的课题。

任务一　公共关系信息的传递

一、传播的基本含义

传播是一种社会现象、社会活动，并且是人类离不开的一种社会现象和社会活动，只要有人群存在，传播就必然存在。在现代社会中，传播在组织社会行动以及维护现存的社会政治、经济制度、宣传社会目标等各个方面都发挥着重要的作用。

公共关系活动的过程，就是社会组织同公众之间进行信息传播和沟通的过程。因此，公共关系工作从本质上来说就是一种信息传播活动。由此可见，传播作为公共关系的一个基本因素，对公共关系工作的开展具有十分重要的意义。

◆ **相关链接**

在 2007 年年底，由著名导演冯小刚执导的国产贺岁大片《集结号》，在票房上取得了空前的成功，看过这部影片的观众可能深有体会，"集结号"就是军队在战场上互相传播信息的重要工具，前线的队伍要依靠集结号来了解后方指挥部的战略部署，了解进攻还是撤退等重要的信息。因此，一旦这个重要的工具缺失了，带来的不仅仅是战争的失败，更会是大量的人员伤亡。我们现在很幸福，生活在和平年代，但是信息的传播对我们的影响程度不会因年代的变更而有所改变。可以说，传播是与人类社会相伴相生的现象，是人类社会正常运转不可或缺的关键条件。

（一）传播的含义

传播源于拉丁文 comunicazione，意即"与他人建立共同意识"。广义上指人类社会、生物界乃至整个自然界的一切信息传播现象，如人与人之间的语言、文字的使用，动物世界中色味声光的传递，电子技术中符号图像的传播等。本书介绍的是狭义的传播，它是指人类社会最基本、最普遍的一种行为方式。从这个角度而言，传播是指个人间、群体间或群体与个人之间交换和传递新闻、事实、意见、感情的信息过程，这种传播是双向性的信息交流与分享。公共关系的主体与客体之间正是通过这种双向信息交流而建立起相互信任、相互理解关系的。离开传播这一中介，双方就缺少相互沟通的桥梁，也就不可能有公共关系的建立与发展。

传播作为信息交流活动，有其内在的结构，它是由信源、信宿、信息符号和信息通道四要素有机地组成的动态过程。

◆ 相关链接

从传播理论发展过程来看，传播（Communication）具有"共享"的意思。就是传播者与受传者之间的信息交流与共享的过程。在这个过程中，一方（信息源）有意向地将信息编码，并通过一定的渠道传递给意向所指的另一方（接收者），以期唤起特定的反应或行为。完整的传播必须是：意向所指的接受者感受到信息的传递，赋予信息以喻义（破译编码），并受其影响而做出反应。

沟通，原指开沟而使雨水相通，后泛指彼此相通，是一种信息的双向交流过程。在表达信息传递的过程时，"传播"和"沟通"在许多场合下都可以通用。在英文中，"传播"与"沟通"这两个概念是同一词汇："Communication"，其基本含义是交换、交流、传递。两者都具有相同的三要素"信息的发出者、接收者和信息传递的媒介"。

所谓公共关系传播，就是现代企业利用各种媒介，将信息有计划地与公众进行交流和共享的活动过程。

（二）传播的活动过程

传播活动就是通过信息发送者将需要交流的内容转换成各种信息符号，由信息通道传送给信息接收者，再由信息接收者解读信息符号意义的过程。

> 💎 **相关链接**
>
> 公共关系传播的理论模式种类繁多，总的来说，早期传播模式可以分为两大类。一类是传统的线性传播模式，即将传播过程确定为以传播为起点，经过媒介，以受传者为终点的单面、直线运动。另一类是新型控制论传播模式，这种模式的核心是在传播过程中建立"反馈系统"，即不仅要求传播者把信息单向传递给受传者，而且要求把受传者的反应通过种种途径接收回来。
>
> 随着传播学研究的进展，此后又出现了不少针对传播中某一要素进行专题研究的传播模式。传播模式的研究从传播过程的整体构建，到对传播过程因素的专门分析，越来越强调传播的公关效果。

在传播学的研究中，归纳了下列三种传播过程的活动模式。

1. 传播过程的直线模式

美国著名政治学者、传播学研究的先驱哈罗德·拉斯韦尔，集研究之大成，于1948年发表了《社会传播的结构与功能》一文，在这篇论文里，拉斯韦尔提出了传播结构的经典模式——"5W"模式。这一模式提供了一个简便方法，即通过回答下列五个问题，确定传播的范围和内容：谁传播（Who）、传播什么（Say What）、通过什么渠道（Through Which Channel）、向谁传播（To Whom）、传播的效果怎样（With What Effects）。一句话，即"Who say what through which channel to whom with what effects."（谁以何种渠道对谁说了什么而带来了什么效果）。该模式可用图4-1来表示。

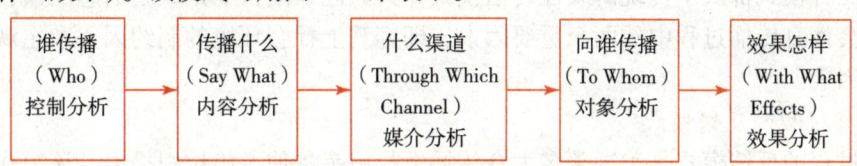

图 4-1　拉斯韦尔传播模式

根据以上五个问题，拉斯韦尔把传播学的研究内容分成五大部分，即控制分析、内容分析、媒介分析、对象分析和效果分析。这五大部分内容，即为传播研究的基本范畴。

（1）传播的控制分析，主要包括：传播的法规与政策、传播者的社会控制和自我控制、传播者对传播的影响、传播者的社会责任。

（2）传播的内容分析，主要包括：传播的分类、传播的符号、传播的方法等。

（3）传播的媒介分析，主要包括：传播的媒介环境、传播的媒介特点等。

（4）传播的对象分析，主要包括：传播对象的心理、传播对象的劝服等。

（5）传播的效果分析，主要包括：传播的效果类型、影响传播效果的因素、测定传播效果的方法等。

"5W"模式忽略了"反馈"，其走向是单向的。1958年，布雷多克将该模式补充为"7W"模式。该模式可用图4-2来表示。

信息论的奠基人香农与其合作者韦弗提出了"传播的数学理论"。这是一个单向的直线运动过程，提出了"噪音"的概念，客观地反映了在传播中因受干扰而引起信息失真的情况。该模式可用图4-3来表示。

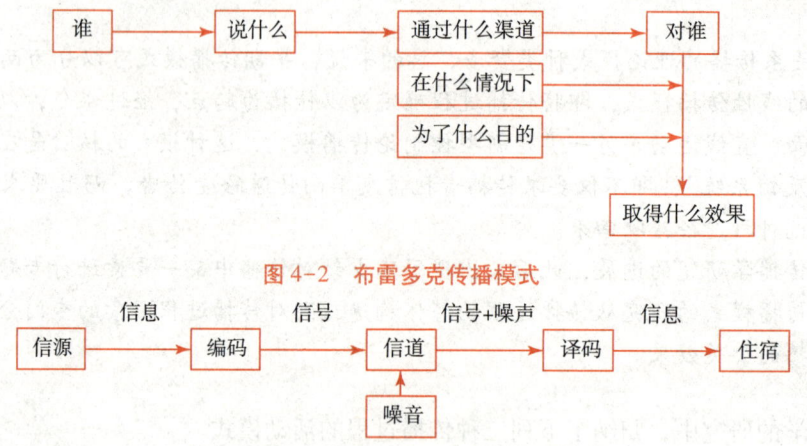

图4-2 布雷多克传播模式

图4-3 香农—韦弗传播模式

香农—韦弗数学模式，为传播过程的进一步研究提供了重要的启示。这个模式的第一个环节是信源，由信源发出信息，经过编码将信息转为可以传送的信号，通过传输，经过译码把接收到的信号还原为信息再将之传递给信宿。噪音表明传播不是在封闭的真空中进行的，传播过程中内外的各种障碍因素会形成对信息的干扰，从而使传递的信息产生某些衰减或者失真，这对所有形式的信息传播过程来说，都是一个不可忽视的重要问题。信息发送者要提高自己的传播效果，必须十分关注排除传播活动过程中可能产生的各种干扰信息正常传递的因素。

以上三种模式都属于传统的线性传播模式，其共同缺陷：一是缺乏信息反馈；二是忽视了影响社会信息传播过程中的两个重要因素，即客观上社会环境的制约因素和主观上传受双方的能动因素。

2. 传播过程的反馈模式

传播过程的反馈模式是美国著名大众传播学权威韦尔伯·施拉姆提出。该模式是一种双向的循环式运动过程，引入了反馈机制，如图4-4所示。

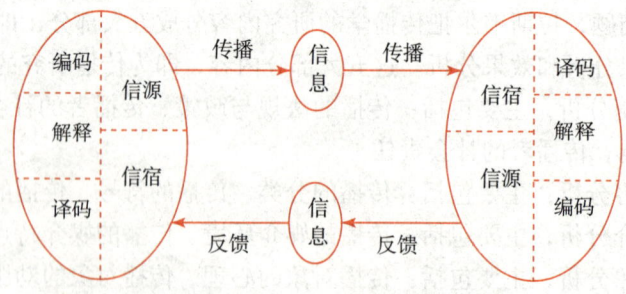

图4-4 反馈传播模式

这种模式是一种双向循环活动过程，它与传播过程直线模式的根本区别在于：①引进了将反馈过程与传受双向的互动过程联系起来的观点，把传播理解成为一种互动的、循环往复的过程；②在这一循环系统中，反馈还对传播系统及其过程产生一种自我调节和控制作用。传受的双方要使传播维持、发展下去、达到一定的目的，就必须根据反馈的信息调节自身的行为，从而使整个传播系统基本上始终处于良性循环的可控状态。一个经验丰富的传播者会时刻注意信息反馈，并且会随时根据反馈的信息来修改他的信息，因此，反馈在传播过程中扮演着很重要的角色。

3. 公共关系传播模式

公共关系传播模式是根据传播过程的反馈模式的原理来设计的，并包含了拉斯韦尔的"5W"模式的基本要素，具体如图4-5所示。

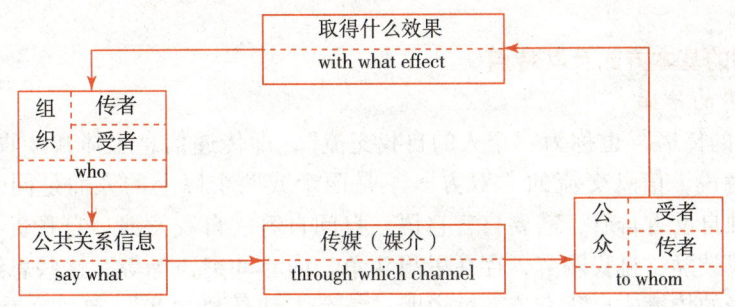

图4-5 公共关系传播的一般模式

如图4-5所示，公共关系传播的主体是组织，组织通过传播渠道，借助传播媒介，将公共关系信息传播给公众，公众在接收了组织传来的信息后，对组织所作的反馈便是公共关系传播所取得的结果，这就是信息的循环传播过程。当组织首先将信息传播给公众时，组织是信源、传者，公众是信宿、受者。所不同的是，公共关系传播的受者并不是社会大众，而是特定的目标公众。当公众将接受信息后的结果反馈给组织时，公众就成了信源、是传者，而组织则成了信宿、是受者。整个公共关系的传播过程，也是一个双方不断适应、彼此影响、相互了解与理解的过程。

◆ 案例研究

日本核泄漏，中国民众"抢盐潮"的消解

北京时间2011年3月11日13：46分，日本本州岛附近海域发生强烈地震，强震导致福岛第一核电站发生爆炸引发核危机。此后，核电站第2、3、4号机组也相继爆炸，一度冲破日本国民的心理底线，举国上下人心惶惶。这种"慌乱"也传染到中国，核危机谣言四起。吃盐能抵抗辐射、海水被污染，以后的盐不安全，国家库存的盐都卖光了……谣言纷飞，人心慌乱。一时间，市场上出现了抢盐大潮。在微博等社会媒体上更流传着一个非常经典的段子，级"上联：日本是大核民族；下联：中国是盐荒子孙。横批：有碘意思"。这则充满趣味和讽刺意味的对联是对因日本核电站爆炸而引发的中国民众的"抢盐"潮的写照。抢盐事件在局部发生后，中国政府一方面致力于采取相关措施限制群众抢盐，一方面迅速通过各种渠道发动了一次正向传播。传播者：政府。信息：全国盐的库存是充足的；碘抗辐射的作用是微弱的；大量食碘有害身体。媒介：报纸、电视、网络等。受传者：已经或潜在可能听信谣言的公众。政府基于传播的效果可能收到两种反馈信息：①传播有效：合理购盐。②传播失效：继续抢盐。结果，中国

政府用最短的时间在最大范围内遏制了恐慌，消解了谣言。

评析：这是一个典型的信息流动通路，传播要素完整，有传播、有反馈，并显示出较为明显的传播效果。这则案例，让我们了解了公共关系传播中的各个要素及其关系。从公共关系的角度来看，这是以政府为主体的一次成功的公关活动，媒体大力配合，公众行为也逐渐从非理性转为理性，化解了可能产生的更大危机。

（三）传播的基本方式及其特点

1. 个体自身的传播

"个体自身的传播"也称为"个人的自我交流"，即传递信息主体和接收信息的客体是同一个体，或者说，信息交流的"双方"不是两个或两个以上的人而是同一个人。例如，人有时候需要独自反省自己，需要自言自语、自问自答、自我发泄、自我责备、自我平衡、自我安慰、自我鼓励、自我陶醉，存在思想斗争、内心冲突，等等。这些思维或心理活动，均属于个体自身的传播或自我交流。这说明，每个人都是"主我"和"宾我"的对立统一体，这两种"我"之间的沟通就是自我沟通、自身传播。个人在与别人交往之前，往往首先进行自我交流，内心"预演"。自我交流活跃，在人际交往中就比较敏锐，反应迅速；自我心理平衡，能形成成功、和谐的对外沟通，即使对外交往沟通遇到客观的障碍或挫折，也可以通过自我交流求得平衡并泰然处之，或随机应变。当然，个体自身传播问题很大程度上属于心理学和哲学认识论的研究范围。凡是头脑正常、心智健全的人，都存在信息的自身传播、自我交流现象。

2. 人际传播沟通

"人际传播"指个人与个人之间的信息沟通与交流，亦称作"个人之间的沟通"，即我们日常讲的"人际交往""人际关系"、人与人之间交流、交往、联络、沟通，等等。这是最常见、最普遍、渗透人类生活所有方面的一种最基本传播方式。公共关系传播活动也涉及这种传播方式，其主要特点包括：

（1）显著的私人性。人际传播的一个特点就是个体对个体，即两个人之间的交流，如朋友之间、同事之间、夫妻之间、父子之间等。这种个人与个人之间的交往又有两种情况：一是面对面的语言、表情、动作、行为的交流；二是非面对面的利用电话、书信、便条等通信工具进行的"个体媒介"交流，它具有较显著的私人性、个体性。

（2）双方的参与性。在人际传播中，双方参与性强，互为传播之主、客体。两个人之间一旦发生交流和沟通，双方便不断地对调传播的角色，既说又听、既写又看、既发表自己的见解又接受对方的意见。双方既是传者，又是受传者。

（3）传播符号的多样性。人际传播的交流手段丰富，传播符号形式多样。传播学将人们传递交流信息的种种表达形式称为符号。人际传播所运用的符号最丰富，除了语言、文字、图像、音响，还有诸如眼神、表情、动作、姿态、服饰、特定的物品以及交往的时间、空间环境等。从而使对方从感观到理智上受到多方面的刺激。

（4）反馈的灵敏性。人际传播过程的信息反馈比较灵敏，易于相互调整适应。人际交流中，能够及时做出反应并表达自己的情绪或意见；能够通过观察对方的反应并及时调整自己的传播内容、方式，相互间不断地进行信息反馈，易于形成相互适应的沟通状况。而且，因为面对面，所以"通"与"不通"的传播效果一目了然。

（5）沟通的情感性。在所有传播方式中，人际传播的人情味最浓。人类进行传播交往的动机和需要是复杂的、多方面的，有生理的需要、感情的需要、社会或个人心理的需要等。人际沟通最有利于情感的交流，最易于达到以情动人的效果。个人情感的流露，一般是随着传播对象的增加而递减的。一般来说，在个人交往的场合，比在公众场合感情沟通的效果更明显。

（6）主观的制约性。人际传播主要在个人之间进行，因此最容易受个人主观因素的制约。比如因受个人活动能力的限制，使信息的传递受时空的制约，传播面比较窄、传播的速度也比较慢。因受人的素质、观念、态度、情绪、语言等因素的影响，使得信息在传递的过程中失真，或形成人为的传播障碍。

3. 小团体传播

小团体（或称小群体）沟通主要指介乎于人际传播和组织传播之间的一种传播形式，即群体内的人际沟通活动。人们总是在若干个小群体中生活、学习、工作或从事多种社会活动，如家庭、班组、科室、兴趣团体、同学会等，因此客观上存在着如何与小群体内其他成员沟通的问题。这种小团体内的沟通不完全等同于人际关系，具有其自身特点：

（1）沟通在特定的群体环境中进行。小团体沟通活动的性质、内容、方式与该团体本身的性质和特点相一致，有比较明确的界定，如学校班级中的学业沟通、单位科室中的业务沟通、科学团体中的学术沟通、家庭中的情感沟通等。人们根据自己的需要、兴趣和能力参与到各种不同的群体中，以形成形式多样的沟通行为。

（2）沟通意见的多元化。小团体传播基本上具有人际传播的特点，如参与机会多、传播手段多、信息反馈灵活等，但小团体各成员之间的直接交流比两人之间的交流更容易产生多种意见甚至相反的观点，因此，要达到一致就需要进行多方面沟通或争取多数的支持，或附和大多数的观点，形成多向沟通的特点。

（3）沟通受到共同目标和行为规范的制约。小团体大都有共同的目标和行为规范。在传播沟通活动中，个人往往受到所属团体的共同目标、行为规范的影响，自觉不自觉地使自己与团体保持一致。小团体的传播沟通活动，往往能利用其成员的归属要求，有效地改变或暂时压抑个别成员的相悖观点与行为，这是小团体传播的最显著的特点。

4. 组织传播

组织传播亦称为"组织沟通"，主要指作为传播主体的组织与其成员以及环境之间的信息交流、沟通活动。公共关系传播概念与组织传播概念是基本一致的；公共关系传播是一种特殊的组织传播行为。从社会传播现象来看，任何一个社会组织都是一个独立的传播沟通主体，必然与环境存在大量的信息交流关系，组织传播的特点是：

（1）传播的主体组织化。组织传播的行为者、实施者、承担者是组织机构而非个人（在组织传播中个人也以组织的角色参与沟通）。传播活动受组织目标和计划的制约、受组织的控制、为组织的利益服务，是组织经营管理的一种手段。

（2）传播对象的公开化、大众化。组织传播的对象比人际传播更为复杂和庞大。既有内部的沟通对象，又有外部公众环境；既有近距离的沟通，又有远距离的沟通，组织传播活动总是涉及特定范围的公众舆论影响，甚至大范围的公众舆论影响。

（3）内部传播活动的双重性。组织在内部的信息传播活动中，同时存在着正式的组织沟通形式和非正式的人际沟通形式。正式沟通以效率、效能为原则，按照一定的层次的传播系统进行程式化的沟通（如逐级请示、汇报、批示、指令、制度化的周会、例会、文件、简报等等）；非正式沟通则以感情、兴趣为纽带，以自愿自发的方式，形成自由、灵活和富有弹性的人际沟通。前者主要体现为组织中的公关关系；后者主要体现为组织中的人际联系。

（4）外部传播方法的综合性。面对组织外部公众对象的多样性，组织在传播活动中必须综合运用人际传播、小团体传播、公众传播、大众传播等多种方式，集各种传播媒介之大成，单一的传播方式与媒介不可能承担组织传播任务。

5. 公众传播

公众传播是传播主体向相对集中的较大公众群体进行信息传播，它利用公众广泛参与的某种活动形式，对公众进行多媒体的现场沟通。如大型集会上的公众演讲、大型的演出活动和竞赛活动、展览活动和开放参观活动、各种庆典活动和节日活动，等等。公众传播的主要特点是：

（1）面对相对集中的、较大的公众群体。公众传播的范围远远超出一般的人际传播和小团体传播，涉及公众层比较广泛。但各部分公众又因参与同一活动而相对集中，如集会中的人群、报告会上的听众、演出场所的观众、展览会或庆典活动的公众，等等。因此，区别于分散的远距离的大众传播对象。

（2）传播者与公众的大规模现场参与。按照一般的传播规律，传播的对象越多，范围越大，公众的参与性就越低，互动性就越差。而公众传播活动是双方直接出现在沟通现场的一种大规模、大范围传播活动。传播者通过策划、组织某种公众活动形式，吸引或组织成千上万的公众参与，形成热烈的现场活动气氛，造成特定时间、空间范围内的轰动性传播效果。

（3）多媒体综合使用。大型的公众传播活动总是同时使用多种媒体，如演说、文字、图片、音响、模型、幻灯、电影、现场咨询与操作示范、现场表演、实物展示等等，使整个传播活动具有立体感。

6. 大众传播

大众传播即职业的传播者（如新闻和出版发行单位），通过大众传播媒介（如报纸、杂志、广播、电视、书籍、电影、短信、互联网等），将大量复制的信息传送给分散的大众。其主要特点是：

（1）传播机构高度专业化。现代大众传播业是个非常专业化的行业。大众传播工作要由专业的机构和人员来从事。如报社和杂志编辑部、广播电台、电视台、电影和电视制作中心、图书出版社等，都是高度专业化的大众传播机构，并且集中了大量的职业传播人员，如记者、编辑、主持人、各类制作人员等。

（2）传播对象高度大众化。大众传播拥有大量的受众，涉及不同的地域、不同的阶层。他们在接受信息时处于高度分散的状态，分布在不同的空间和地点，相互之间没有紧密联系，与传播者之间也没有即时的、直接的联系。

（3）传播内容大众化。由于面对整个大众，大众传播的内容一般要求能够为大众所关心、所接受，能引起许多人的注意和兴趣，从而获得一定数量的读者、听众或观众，因此大众传播的内容一般难以满足个性化的要求。

（4）传播手段高度技术化。现代大众传播必须借助各种技术手段来实现，如印刷、摄影、传真、无线电、电视、微波、通信卫星等，其技术程度越来越高。

（5）传播活动高效化。由于使用现代的传播技术能够大量地、高速度地复制和传递信息，使传播活动能够大范围覆盖、高速度地传播，具有强大的公众舆论影响力。无论从时间还是空间效果来看，大众传播均是影响力最大的一种传播方式，由于其对于现代社会产生了巨大影响力，所以现代社会又被称为大众传播时代。

（6）信息反馈困难。大众传播的影响面广泛，但信息的反馈则比较困难。分散的、匿名的受众对大众传播的内容做出的反应是个别的、分散的。因为缺乏直接和有效的反馈通道，所以信息反馈的时间比较长，传播者收集反馈意见的手段成本比较高，所以难以得到较为及时、准确、充分的反馈，因而是双向性比较弱的一种传播方式。

以上几种传播类型是一种相互补充、相互渗透的关系，不能相互替代。他们在信息传播数量、质量、速度、范围、效果上相互补充和渗透，在公共关系工作中，应根据实际情况，选择不同的传播类型，有时也可综合运用各种传播类型，目的就是为了取得最佳的传播效果。有效地运用传播方式，是公共关系从业人员必须掌握的技能。各种传播类型既自成体系，又相互联系、互为补充，其关系如图 4-6 所示。

图 4-6 显示，在这个树状层级系统中，由下而上，传播形式出现了四个变化：第一，受众面越来越大；第二，传受双方在距离和感情上越来越远；第三，信息的个性化越来越淡；第四，社会组织系统和传播技术越来越复杂。

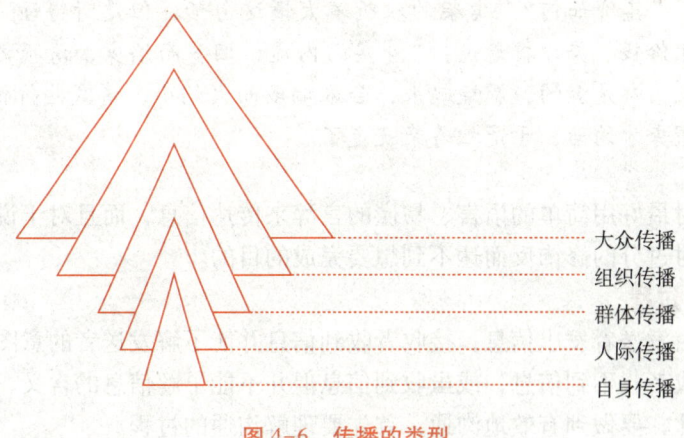

图 4-6 传播的类型

二、沟通的基本含义

（一）沟通的含义与特点

传播的目的，就是为了沟通，也就是"传务求通"。沟通是人与人之间在共同活动中彼此交流思想、观点、意见、态度或交换情报资料的过程。它是传播的一个环节，主要是通过言语、副言语、表情、手势、体态以及社会距离等来实现的。根据 F. 但斯和 C. 拉森（1979）的观点，沟通有 3 种功能，即连接功能，在一个人和他所处的环境之间起到一种连接作用；精神功能，通过人际沟通，人们能参照他人的想法而更好地作决策，更有效地思考；调节功能，沟通可以协调人们之间的行为。而公共关系沟通，就是公关人员运用公关技巧，促进企业与公众的信息双向交流，改变公众的观点或态度，从而使企业与公众达成共识的过程。

沟通有以下特点：第一，在沟通中，沟通双方都有各自的动机、目的和立场，都设想和判定自己发出的信息会得到什么样的回答。因此，沟通的双方都处于积极主动的状态，在沟通过程中发生的不是简单的信息运动，而是信息的积极交流和理解。第二，沟通借助言语和非言语两类符号，这两类符号又往往被同时使用。二者可能一致，也可能矛盾。第三，沟通是一种动态过程，沟通的双方都处于不断的相互作用中，刺激与反应互为因果，如乙的言语是对甲的言语的反应，同时也是对甲的刺激。第四，在沟通中，沟通的双方应有统一的或近似的编码系统和译码系统，这不仅指双方应有相同的词汇和语法体系，而且要对语义有相同的理解。语义在很大程度上依赖于沟通情境和社会背景，沟通场合以及沟通者的社会、政治、宗教、职业和地位等的差异都会对语义的理解产生影响。

 案例研究

荷 薪 者

> 有一个秀才去买柴，他对卖柴的人说："荷薪者过来！"卖柴的人听不懂"荷薪者"（担柴的人）三个字，但是听得懂"过来"两个字，于是把柴担到秀才面前。
> 秀才问他："其价如何？"卖柴的人听不太懂这句话，但是听得懂"价"这个字，于是就告诉秀才价钱。秀才接着说："外实而内虚，烟多而焰少，请损之。（你的木材外表是干的，里头却是湿的，燃烧起来，会浓烟多而火焰小，请减些价钱吧。）"卖柴的人因为听不懂秀才的话，于是担着柴就走了。

公关人员平时最好用简单的语言、易懂的言辞来传达信息，而且对于说话的对象、时机要有所掌握，有时过分的修饰反而达不到想要完成的目的。

（二）沟通的过程

在沟通中，由发送者发出信息，接收者收到信息并能了解发送者的意图，才是成功的信息沟通。如果接收者收不到信息，或虽收到信息但并不能了解信息的含义，就不能算是成功的信息沟通。因此，要做到有效地沟通，首先要理解沟通的过程。

图4-7描述了沟通过程的最一般的模型，这一模型包括八个部分：一是发送者；二是编码；三是信息；四是通道；五是译码；六是接收者；七是反馈；八是干扰。无论是通信设备之间的信息交流，人与通信工具之间的信息交流，还是人与人之间的信息交流，都服从沟通过程的一般规律。

1. 信息的发送者

发送者是信息的来源，也是信息沟通过程的起点。发送者首先要确定希望传送的意念或思想是什么，如告诉别人某一件事或是传达上级的命令，然后还需要将传达的意思用某种方

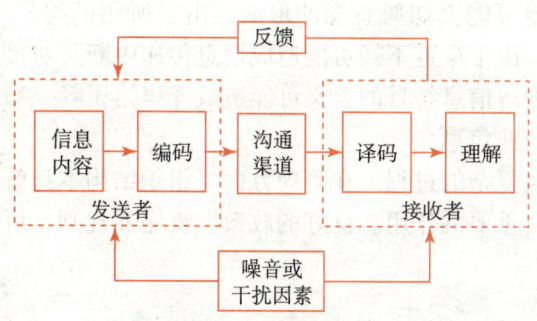

图 4-7　沟通过程模型

式表达出来，即将意念转换成符号信息，这个过程称为"编码"。编码的方式很多，如文字、语言、图表和动作等。编码时应注意所选择的符号必须是接收者知道和懂得的符号。例如，如果接收者是个外行，那你就应尽量避免使用专业名词或行话编码。

2. 信息的传递

信息是指在沟通过程中传送给接收者的消息或情报。比较常用的信息传递媒介有电话、面谈、会议、备忘录、报告等。由于可用的传送媒介很多，各种媒介又各有利弊，所以如何选择适当的媒介使信息沟通更有效就非常重要。选择沟通媒介通常需要考虑下面三个问题：信息的重要性；是否必须有文字记录；是否必须马上得到对方的反馈。发送者可以同时采用两种或两种以上的媒介传递信息。例如，在电话中与对方初步达成协议之后，再以书面文件加以确认。

3. 信息的接收者

在信息沟通时，接收者必须处于准备接收的状态，才能译解信息编码。例如，一个人的脑子里正想着一场精彩的球赛，他就不可能十分留意别人对他所说的话。当发生信息的竞争时，发送者首先必须设法让接收者能够倾听他的谈话，否则沟通中出现障碍的可能性就会增加。接收过程的下一步是译码，就是把信息译回原来的意念或思想。只有当接收者理解了信息中所包含的意义，沟通才算完成。许多发送者忽略了"理解"的重要性，他们认为沟通只是将信息由一个人传递给另一个人，而没有考虑接收者是否理解或是否接受，这样的沟通很难有什么效果。

4. 反馈

有效的沟通应当是双向的，接收者应将他的想法及意见等反馈给发送者。反馈是接收者的一种反应，是发送者了解接收者对信息理解和接受程度的最好方法。但许多发送者忽略了这一点。在其他条件相同的情况下，鼓励反馈的发送者比不注重反馈的发送者能更有效地沟通。发送者可以根据以下五点对接收者的反馈是否良好作出评价，即接收者提供的反馈应当：一是对接收者有帮助的；二是描述性的而非评价性的；三是针对某些特定问题的而非广泛性的；四是在适当的时机提出的；五是适量的而不是超负荷的。如果接收者反馈的信息不符合上述五点，那就说明接收者可能没有理解信息的含义，或是不愿意接收信息的内容。

5. 干扰

在很多情况下，信息沟通都会受到噪声的影响，以致造成沟通的障碍而影响沟通的效果。噪声是指一切妨碍信息沟通的因素。信息沟通过程中的每一步都有可能发生噪声。如对发送者来说，嘈杂的环境可能会妨碍意念的形成，由于所用的符号不清也可能造成编码错误。对信息传递者来说，由于渠道不畅可能造成信息传递中断。对接收者来说，因不注意可能造成接收不准确，因误解信息符号的含义可能造成译码错误等。噪声不仅会阻止信息的传递，也会在传递过程中扭曲信息。

沟通是一个动态而且复杂的过程。在管理方面，组织结构本身就是重要的沟通框架，政策、程序、规则对沟通有重要的作用。良好的政策、程序和规则，可以保证信息畅通，信息及时交流。

 案例研究

这样与客户沟通

某公司经理王总交代他的秘书小林处理几封客户邮件。其中有一封是客户的投诉邮件，总经理特地叮嘱小林，要好好地与客户沟通，解答客户在信件中提出的问题。小林仔细看了邮件之后，拨打了邮件中客户留下的联系电话，但没人接听。随后，小林将客户提出的问题作出了书面解释，并用电子邮件的形式回复给客户。下班前，王总问小林，事情处理得怎么样，小林回答："我已经很好地与客户作了沟通。"其实不然，本案例中，小林是一厢情愿，沟而不通。

（三）沟通的形式

沟通的形式多样，渠道多种，但按沟通的过程，其基本模式有以下几种：

1. 直接沟通和间接沟通

直接沟通是运用人类自身固有的手段（如语言手段和非语言手段）而进行的面对面的沟通；间接沟通就是借助技术手段（如书信、文章、电话等个人媒介和报纸、电视、互联网等大众传媒）而进行的不见面的沟通。随着生产力的发展和科学技术的进步，人们之间间接沟通的比例明显上升，而直接沟通则相对减少。

2. 正式沟通和非正式沟通

根据沟通双方的社会身份，可以将公共关系活动中的人际沟通划分为正式沟通和非正式沟通。正式沟通是指通过组织关系进行、经过精心设计与安排并有一定程序、建立在一定的正式社会结构基础上的信息传递和交流。非正式沟通是指未经设计和安排、没有一定程序、人们通过私人关系并以个人身份进行的信息交流。在任何一个社会组织中，既有经过正式安排、以使信息有目的交流和传递的正式沟通，又有未经设计和安排、组织成员自由进行信息交流和传递的非正式沟通。

相关链接

日本公司经理十分注重鼓励工人参加由工厂组织的各种社团活动。这种社团均为非正式组织。像丰田汽车公司大力号召职工参加本公司的运动会和文化教育会，橄榄球、排球、垒球、游泳、滑雪等社团约有1000名会员；围棋、日本象棋、纸牌、吹奏乐团、吟诗等约有1800名会员。此外，还经常举办综合运动会、游泳大会、夏令营等活动，平均每月有一次活动。公司认为这些活动不仅可以使职工寻求自己的快乐，身心愉快，而且可以加深人与人之间的关系，丰田是重视人与人之间关系的，因为这是协调人际关系的一个重要方法。而正是非正式组织的沟通促进了正式组织的管理与发展。

3. 语言沟通和非语言沟通

语言沟通就是以自然语言为沟通手段的信息交流，它又可以分为：有声语言，即口头语言的沟通；无声语言，即书面语言的沟通。

◆ **相关链接**

在宽敞明亮的机舱内，笑容甜美的空姐小李推着餐车缓缓走来，她一边送餐，一边询问："先生，您是吃饭，还是吃面？"生性爽直的王先生回答："要米饭。"空姐接着扭头问另一位邻座的刘先生："先生，您要饭，还是要面？"刘先生神情愣了一下，面带愠色大声回道："要饭！"话音刚落，周边的乘客便哑然失笑："我们也要饭！"见此情景，李小姐的脸颊上顿时浮现出羞赧的红晕……

非语言沟通就是不以一般的语言为沟通手段的沟通，它又可以分为动态无声沟通、静态无声沟通、辅助语言和类语言沟通三大类。

（四）沟通的注意事项

1. 沟通开放区和秘密区

在每个人的心中，都有开放区和秘密区。前者是指人们在交往中乐于向他人公开的内容，后者则是指在交往中有意回避的内容。不同国家、不同民族、不同阶层、不同时期的人们，心中的开放区和秘密区不尽相同。一般对中国人来讲，籍贯、职业、资历、年龄、婚姻、家庭等属于开放区；而个人经历中某些不愉快的遭遇，某些社会关系，个人的某些习惯与癖好等，就是秘密区。交际成功的秘诀在于，尽力扩大开放区，缩小秘密区，手段是通过自我的表露来引发对方的共鸣。

2. 共同经验区

共同经验区是指交际的双方共同的知识和经验领域。素不相识的两个人要想谈得来，就需要找到共同经验区。一般而言，生活阅历丰富的人善于交际，就因为他经验范围宽广，与任何人都可以找到共同经验区。一名公关人员平时要注意尽力扩大自己的知识和经验范围，积累雄厚的文化资本。在交际时要善于从对方的职务、经历、年龄、性别、服饰、口音等方面寻找谈话的线索，表露自己，引起对方的共鸣。

3. 沟通的禁忌

在人际沟通的过程中，公关人员一方面要提高自己的技巧，另一方面要避免一些常见的错误，也就是我们所说的禁忌。沟通的禁忌有：凡事"包打听"；讲大话吹嘘自己；一味吹捧对方；故弄玄虚；过分暴露自己的"隐私"。

任务二　公共关系舆论的构建

一、传播媒介的基础分析

公共关系过程广泛涉及各种不同的传播方式，是使用人际传播、大众传播等多种传播方式的一种组织传播行为。公共关系传播可以分为自发传播与自觉传播两种。自发传播是未对信息内容加以筛选，对传播过程未加以控制的自由式传播；自觉传播则根据公共关系目标对传播内容加以精选，对传播过程进行有意识的策划和控制的传播，因此，它必须对媒介进行有效的运用，以提高传播效果。公共关系的传播媒介既有大众媒介（广播、电视、报纸、杂志等），又有群体媒介（联谊会、新闻发布会、茶话会等）和人际媒介（具体的个人）；既有符号媒介（掌声、姿态、图画等），也有实体媒介（公共关系礼品、象征物、购物袋等）和人物媒介（社会名流、新闻人物、舆论领袖等）。自觉的传播活动比自发的传播要高效得多，因为它一方面减少了中间环节，提高了信息传递速度；另一方面也减少了信息噪音和干扰因素，提高了信息的真实程度，有利于防止信息传递过程中受到损耗和失真。因此，公共关系传播媒介的选择是否得当，对传播效果和传播费用高低具有重要影响。公共关系实际操作中涉及各种不同的沟通技术和传播媒介。这里主要介绍大众媒介的功能，并简要列举公共关系工作的其他媒介。

（一）大众传播媒介

1. 大众传播媒介的一般社会功能

大众传播媒介主要指报纸、杂志、广播、电视、网络等。它们在社会生活中的主要功能有：

（1）报道的功能。大众传播媒介又称新闻界，负责将社会生活中发生的新闻事件及时、公正地告知公众。新闻报道是对事实的公正陈述，依靠其时效性和公正性来树立新闻界自身的地位。

（2）教育的功能。大众传播媒介承担了大量的社会教育任务，面向大众普及教育，将经济、政治、文化、科技、历史、生活等知识传播给公众。公共关系利用大众传播媒介向公众传递信息必须注意知识性、教育性。

（3）娱乐的功能。大众传播媒介为公众提供大量的娱乐性服务。报纸的文体娱乐版，杂志的小说、趣闻等，广播中的音乐、广播剧，电视中的音乐歌舞、电视剧等，是公众日常文化娱乐的主要来源。因此，娱乐性越强的大众传播媒介，其阅读率、收听率、收视率就越高。公共关系运用大众传播媒介向公众宣传时也必须注意趣味性和娱乐性。

（4）监督的功能。大众传播媒介及其所形成的公众舆论，对政府、企业及各类机构的政策、行为、人员、产品起着社会监督的作用。公共关系工作必须将这种公众信息的反馈功能作为选择传播工具的重要依据。

2. 印刷类大众媒介

印刷类大众媒介主要指以文字、图片形式将信息印刷在纸张上进行传播的报纸、杂志和书籍。

（1）报纸和杂志的共同特点。

报纸和杂志共有的优点：第一，可以充分地处理信息资料。报纸、杂志在版面、时间等方面的限制不像广播、电视那样多，可以用增版、增页、增刊等方式，用连载、专访等形式，提高信息的传播量或连续性，增加报道的广度和深度。第二，读者有充分的选择余地。报纸、杂志随时可读、随地可看，读者可按自己的需要掌握阅读的顺序、速度和方式，有比较自由、主动的选择权。从接受信息的角度看，广播、电视是让观众、听众隶属于它的时间和空间的，接受信息需要一定的行为方式。而报纸、杂志则隶属于读者的时间和空间，接受信息可以是一种随意、自由的个别行为。第三，资料便于保存和检索。报纸、杂志不像广播、电视那样，需要较复杂、昂贵的手段如录音、录像来保存资料，报纸便于读者剪贴、装订、摘录和保存，也便于日后检索、查考和反复使用。第四，报纸、杂志制作容易，成本较低，读者接受信息不需特别设备，因此比广播、电视易于流传和普及。

报纸和杂志共有的缺点：第一，传播信息不如广播、电视迅速、及时。由于出版周期和发行环节的制约，报纸、杂志不可能像广播、电视那样迅速及时地报道信息，更无法做到事件发生和报道时间的同时性。第二，受到读者文化水平和理解能力的限制。报纸、杂志不如广播、电视那样形象、生动、直观和口语化，文字印刷信息的传播效果必定受到读者文化程度和理解能力的影响。

（2）报纸和杂志各自的特点。报纸和杂志因编辑方法、内容特点和读者对象的不同而各具特点。第一，报纸是整张发排印刷的，通过版面空间的排列组合，将各类不同的信息高度结合在一起；杂志则是成册装订的，以目录为引导，将各种内容分类有序排列。报纸的大小题目相对集中，一目了然，阅读效率高；杂志内容分类清楚，读者阅读时一般态度从容，情绪较稳定，注意力较集中，对信息的感受性更强。第二，报纸的内容一般是大众化的、综合性的，读者范围比较广泛，宣传的适应面比较广；杂志的内容比较专门、特殊，读者对象比较固定专一，宣传的目标指向性比较明确。第三，报纸的新闻资料是公布性、告知性的，时间性比较强，所提供的宣传频率比较高，但读者的重复阅读率比较低；杂志的报道是解释性、资料性的，学术性和史料价值比较强，对信息内容的处理比较深入、完整、系统，读者阅读的重复率比较高。第四，报纸的发行周期短，如日报、晚报、周报，印刷快捷、简便，制作成本低；杂志的发行周期比较长，如月刊、双月刊、季刊，印刷较精良，制作成本较昂贵。

公共关系在运用印刷类大众媒介时需注意报纸和杂志的这些特点。

3. 电子类大众媒介

电子类大众媒介主要指以电波或导线的形式传播声音、文字、图像，运用专门的电器设备来发送和接受信息的广播、电视以及电影等。

（1）广播的优缺点。

优点：第一，传播迅速、覆盖面广。广播节目的制作过程较电视和印刷媒介简单，传播速度快，而且不受时间和空间的限制，广泛接触听众。第二，通过口语、音响传播，较生动、有现场感，说服力和感染力较强。听众不受文化程度的限制，社会适应面很广。第三，传播方式灵活，收听状态无独占性，不受时空的严格限制，比如听众一边收听广播一边工作，不会限制听众的行动。第四，广播节目的制作成本低廉，接收广播的设备简单，运用广播传送信息的费用较低，例如同等时间的广播广告的价格，一般只是电视广告的1/4。

缺点：第一，广播传送信息受时间和节目顺序的限制，听众无法根据自己的需要灵活选择，只能被动地接受既定的节目。第二，广播的效果稍纵即逝，难以把握，收听时稍不留意，便无法追寻。第三，广播信息只有音响，没有文字和图像，公众对信息的注意率不及印刷媒介和电视。

（2）电视的优缺点。

优点：第一，电视综合了文字、声音、图像、色彩等信息传播形式，综合刺激人的听觉和视觉感官，使信息富于真实性、生动性、现场感，是目前最现代化的传播工具。它最容易引起观众的兴趣，又不受观众文化程度的严格限制，老少皆宜，雅俗共赏。第二，电视传播信息非常迅速，在时间上具有同时性，在空间上具有同位性，如现场采访、现场直播等，观众容易受到感染，引起共鸣，信息的可信性和权威性强。第三，电视传播的娱乐性最强，已成为现代生活中最主要的家庭娱乐形式。它集各种艺术手段和各种传播媒介之长，是最受公众欢迎、最有发展前途的传播媒介。

缺点：第一，和广播一样，受时间和节目顺序的限制，观众无法改变收视的时间、顺序和速度，只能完全隶属于事先排定的时间和节目，比较被动而且受到场地、设备等客观限制，无法像报纸、杂志、广播那样有较大的随意性、自由性。第二，和广播一样，电视播放的信息也是稍纵即逝，录像保存资料的成本比广播更高。第三，电视节目的制作、播放和收视，均需要比较昂贵的设备，节目制作成本较高。

公共关系常将大众传播媒介用于新闻宣传和公共关系广告方面，借以向大众提供信息，树立组织形象。

（二）其他传播媒介举要

公共关系工作除了必须运用大众传播媒介之外，还要根据具体的目标、对象、需要而选用其他的传播媒体相配合，而绝不可以单一地使用大众媒介。下面简要介绍大众媒介以外的其他媒介。

1. 小众化媒介

小众化媒介主要指专门针对较小的特定群体，并且受众有较多的选择权的"窄播"系统（区别于"广播"）。如有线电视，根据公众的需要开设几十个甚至上百个频道，有专门提供新闻的、专门播出体育节目或金融信息的等，由观众根据自己的需要和兴趣自由选择。每一频道的目标公众非常专业化，受众范围比较限定和明确，这为公共关系沟通提供了针对性很强的信息传播载体。

2. 个人传播工具

现代传播技术使个人传播系统发生了巨大变化，有了巨大进步。日新月异的个人沟通工具包括电话系统、图文传真系统、个人电脑联络系统、私人信函卡片等。

3. 印刷宣传品

（1）公共关系刊物。组织编辑、发行的小报、杂志、通信等，定期发行，免费分发，一般分为内刊和外刊两种。

（2）书籍、小册子。配合特定主题内容编制的文集、影集、画册或宣传手册。

（3）宣传单。如企业简介、产品目录书、促销宣传品、邮递广告品等。

（4）海报。配合某一活动主题制作的宣传海报、彩旗等。

4. 音像宣传品

（1）幻灯片。将摄影底片制作成幻灯片，成为会议演讲、专题报告、展览说明的辅助手段。

（2）录像带。用电视录像技术制作的录像带，已成为接待参观时的材料介绍、宣传讲解的必备手段；也可以用于闭路电视系统、内部培训业务、销售会议；以及提供给用户、展览会或电视台。

（3）录音带。广泛用于会议，也可用于庆典活动、展览活动、售点宣传等场合制造背景音乐，渲染气氛。

5. 图像标示

（1）照片与图画。通过平面构图传递形象、信息。照片比图画更准确、客观、逼真；图画比照片具有更灵活、更富创造性的想象力和表现力。两者均大量使用在各种宣传品、橱窗展示和展览陈列活动中。

（2）标示系列。以特殊的文字、图形、色彩的设计，构成组织的形象标志，以区别于其他组织和产品。包括商标、徽标、品牌名称，以及在包装、门面、办公用品、运输工具、环境装修、人员装束等方面的应用。在商业促销活动中，标示系列具有很强的市场传播功能。

6. 有声语言交流媒介

（1）演讲与报告。均是有准备、较规范的言语传播方式，用以影响和劝服一定范围的听众。

（2）会谈与谈判。有关方面就共同关心的问题交换意见，相互磋商，讨价还价，寻求妥协，达成协议的沟通过程。

（3）对话与座谈。非正式地讨论问题，交换意见，联络感情，寻求共识的言语交流方式。

7. 人体活动媒介

（1）人体语言。指人的表情、动作、姿态以及相关的服饰等非语言文字传播要素。在面对面的交流中，大量信息是通过人体直接表达和传送的。有关研究表明，个体的信息传播力 $1 = 7\%$ 的言辞 $+ 38\%$ 的声音 $+ 55\%$ 的表情、动作等人体语言。可见，人体语言具有很强的交际功能。

> **相关链接**
>
> 春秋时期，齐桓公与管仲密谋伐卫，议罢回宫，来到其所宠爱的卫姬宫室。卫姬见之，立即下跪，请求齐桓公放过卫国，齐桓公大惊，说："我没有对卫国怎么样啊！"卫姬答道："大王平日下朝，见到我总是和颜悦色，今天见到我就低下头并且避开我的目光，可见今天朝中所议之事一定与我有关，我一个妇道人家，没什么值得大王和大臣们商议的，所以应该是和我的国家有关吧？"齐桓公听了，沉吟不语，心里决定放弃进攻卫国。
>
> 第二天，与管仲见面后，管仲第一句话就问："大王为何将我们的密议泄露出去？"齐桓公又被吓了一大跳，问道："你怎么知道？"管仲说："您进门时，头是抬起的，走路步子很大，但一见我侍驾，走路的步子立即变小了，头也低下了，您一定是因为宠爱卫姬，与她谈了伐卫之事，莫非您现在改变主意了？"

（2）人的活动。人的行为以及各种活动本身也是一种高效率的、感染力很强的传播手段。如以身作则的行动、热情友好的态度、文明优雅的礼貌礼节等，在各种公关活动中是不可缺少的要素。

8. 实物媒介

实物本身也是信息传递的载体，在公共关系活动中也大量使用。它具有与一般符号媒介和人体活动媒介不同的特点。

（1）产品及其劳务。产品本身是一种最可信的信息载体，通过其质量、款式、品牌、商标、包装以及有关的售中售后服务，传递出最实在可靠的信息。因此，产品本身作为媒介被用于展览活动、赠送和赞助活动。

（2）公关礼品。带有本组织标识的实物宣传品，如本组织产品的微型样品，或具有一定实用价值的纪念品。公关礼品一般是不进入市场的非卖品。往往是专门设计和制作的，而且其宣传价值、交际价值大于使用价值，主要是纪念性质的。

（3）象征物和模型。如用于环境装饰的雕塑，大型活动的吉祥物，展览活动中的实物模型。

9. 特别的活动载体

在许多特别设计、策划的公关活动中，往往突出某种形象生动的载体，如潍坊风筝节中的"风筝"、哈尔滨冰雪节中的"冰雕"、洛阳牡丹节中的"牡丹花"、广东荔枝节中的"荔枝"、海南椰子节中的"椰子"等，都是一些很生动的媒介形式，维系着八方来客。

二、实施有效传播

要获得良好的传播效果，不仅取决于传播的媒介和技术，还取决于传播者的主体条件、传播内容的制作方式、对受众的研究分析、传播的环境气氛等因素。

（一）传播者最佳的主体条件

改善传播效果的一个重要条件是树立传播者自身的良好声誉和形象。研究表明，传播者的声誉往往是与权威性、客观性以及公共关系的亲密性紧密相关的。所谓权威性即传播者对所谈的问题具有专门的知识，是这方面的权威。搞好专家名流关系，邀请专家发表意见，有利于提高传播者的权威性。所谓客观性即传播者在公众心目中被认为是态度超然，客观公正，不夸张渲染，这样信息就有利于被公众所信任。因此，应该尽量降低传播中的商业色彩。所谓亲密性即传播者应尽量缩小与公众的心理距离，站在公众的立场上来传播，使公众将其作为"自己人"，传播者的观点就比较容易被接受。因此在传播中邀请与公众同类型的人来发表意见，容易形成这种亲密性。当然，传播者自身完善、行为良好，是成为最优秀传播者的客观基础。因此，为了提高传播者的有效传播条件，做好公关工作，应注意以下几点：第一，要使传播者具有优秀的品德、较强的能力、美好的形象；第二，公关人员作为传播者也要培养自己良好的内在和外在魅力，改善传播条件；第三，要有选择地利用社会知名人士的影响和声誉开展公众传播、实现最佳公关效果。

（二）良好的信息制作方式

人类进行信息传播要借助于一定的符号。它主要包括：语言符号、文字符号、图画符号、形象符号、音像符号、表情符号、动作符号等。一般信息传播都是一方制作传递符号，另一方接受或还原符号，使人们之间产生相互的动作，并从中共享其思想观念或理论的过程。

良好的信息制作方式，就是指信息的发出者编制的信息符号要易于公众接受和理解。对同一事物，不同的人会有不同的理解和看法。因此，一个组织向外部发出信息时就应在编制信息符号的过程中，尽可能地理解社会公众的心理，适应传播对象的要求，避免外界因素的不利影响，使组织的信息传递达到"高保真"的状态。良好的信息组织形式和表达形式，应使得信息对公众来说易于获取、易于阅读、易于理解、易于记忆、易于把握。除此之外，还有一个问题，就是要注意扩大与公众的共同语言范围，用能够引起共鸣和公众喜闻乐见的方式来传播，提高传播的感染力。

 案例研究

"炉边谈话"立奇功
——引导公众舆论

罗斯福总统堪称公共关系的行家里手，他亲自"导演"和"主演"的一出出有分量的重头戏，在公共关系史上留下了不少令人拍案叫绝的杰作。"炉边谈话"即是其中之一。

罗斯福总统入住白宫之日，正是德、日、意法西斯羽翼渐丰之时，他以政治家的敏锐的洞察力预感到世界战争的阴云即将来临。但是，20年前美国卷入第一次世界大战的教训像梦魇一样缠绕在美国人的心头，"不介入战争"的孤立主义呼声席卷全国。有鉴于此，罗斯福总统以"炉边谈话"为阵地，开始了有步骤地引导公众舆论的工作。

入住白宫的第八天，罗斯福总统就借助广播这个当时最先进且最普遍的传媒发表了第一次讲话。他一改过去播音时主持人正襟危坐的"传道"式的刻板风格，以围坐在壁炉边与家人、朋友聊天的形式，用平和轻松的语调及时把大政方针告诉人民。他将"炉边谈话"看作是对全国人民进行教育的极好时机，看成是潜移默化地实施舆论总动员的极佳载体。这一有总统主持的节目一直延续了12年，且收听率极高。

欧战爆发的当天晚上，罗斯福发表了"炉边谈话"。为了安抚群众，他首先说道："我希望美国将不会介入这场战争，我认为它不会介入。我向你们保证，并再次保证，你们的政府将为实现这个目标作出一切努力。"但在讲话中又委婉地暗示美国人民："美国的安全现在和将来都是同西半球及其邻近海域的安全联系在一起的。总有一天，美国应该为受到创伤的人类提供尽可能的帮助。"二战伊始，德国法西斯入侵势头强劲，法国投降，英国军事力量损失惨重。为了说明战争局势的严重性，总统再次发表"炉边谈话"，警告国民英国战事吃紧，美国已难隔岸观火，号召人民丢掉同纳粹和平共处的幻想，准备斗争。总统的呼吁逐渐赢得了公众的支持，并先后两次修改中立法以适应形势需要。

珍珠港事件使美国人民彻底清醒，在总统发表了题为"我们将打赢这场战争，我们还将赢得战后的和平"的"炉边谈话"后，"美国参战"成为美国社会的共同呼声。美国人民同仇敌忾，积极投入了反法西斯战争。罗斯福总统的良苦用心终于得到了预期的回报。

（三）尊重受众的选择权

有效的传播离不开对受众的分析，要充分注意公众在接受信息过程中的能动性问题，即选择权问题。公众在接受信息的过程中并不是任人摆布的，而是根据各自的需要、兴趣、知识、经验、观念、价值观、习惯等，对大量信息进行选择性注意、选择性理解、选择性记忆、选择性接受。特别是对大众传媒来说，其所面对的公众是分散的，要让公众接受传播的内容，就需要顺从公众选择的趋势，而不是去强制改变公众的固有立场。公关传播者要注意这样一个事实："改变自己比改变公众容易"。当传播效果不理想时，需要改变的不是公众而是传播者自己，即根据公众的需求来改变传播者自身的行为和传播的内容、方式，要使传播活动有的放矢。要想达到最好的传播效果，就需要注意以下几点：第一，对受众的关注点和兴趣点进行深入分析，结合沟通的目标，作为沟通内容选择、取舍和组合的重要依据；第二，对受众的认知规律进行深入分析，在此基础上设计出恰当的表达方式；第三，关注受众的心理需求，注意拉近彼此之间的心理距离，克服沟通中的情感障碍。沟通，不仅仅是信息传递的过程，同时也是一个情感交流过程。因此，要让受众准确地理解表达的内容，尤其是要让其接受你的观点，必须关注其心理上的反应。

（四）注意环境气氛的影响

传播活动总是在一定的具体场合、情境气氛中进行的，具有一定的传播背景。有效传播不可忽视具体的场合、情境气氛的影响作用。情境不同，场合不同，传播的形式就不同，同样的传播内容就会有不同的传播效果。

沟通传播的环境有不同的方面：一是物质的环境，主要指交往的空间和物理场景，如在谈判桌上与宴会桌上传播沟通的形式与气氛完全不同；二是社会的环境，主要指参与沟通的人员之间的社会关系，以及与各人的社会关系密切相关的团体背景、社会规范、文化习俗等等，它们对传播的影响也不可忽视；三是心理环境，主要指交往沟通时的心理状态和气氛，如心情舒畅时容易沟通，心情烦闷时容易产生摩擦等；四是时间的情境，主要指传播的具体时机，如适时信息作用就较显著等。以上各种环境要素在实际的传播沟通活动中常常是相互交叉、共同起作用的。

（五）完善传播沟通的技巧

传播效果与传播技巧是直接相关的。传播者要善于运用各种语言的、文字的与非语言的沟通手段，采用个人的、组织的、大众的传播技术，以增强信息刺激的强度、对比度、重复率等，追求不同层次的传播效果以达到交流信息、影响态度、引起行为等目的。在传播技巧上要注意以下几个方面：

(1) 可信度，首先必须营造对传播者信赖的气氛。
(2) 情境架构，传播计划必须与现实环境一致、协调。
(3) 内容，传播的内容须与受众有关，必须能引起他们的兴趣，满足他们的需要。
(4) 清晰，信息的组织形式应该简洁明了，易于接受。
(5) 持续和一贯，传播是个不断循环往复的过程。
(6) 通道，正确选择传播媒介。
(7) 受众的能力，任何传播行为都必须考虑受众的条件和能力。

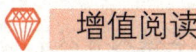

增值阅读

全新清扬无懈可击

中国消费者对于舒肤佳、海飞丝、力士、夏士莲这些品牌耳熟能详，宝洁（P&G）和联合利华（Unilever）公司也是如雷贯耳。作为世界上最著名的两个消费品牌公司，宝洁和联合利华都在《财富》500强中名列前茅，都打造出了自己的品牌产品，几十年内也是竞争不断。但在洗发水市场，无论是品牌数量还是品牌深度和市场占有率，联合利华与宝洁都存在一定的差距。尤其是去屑品牌的缺失，是联合利华一直以来的痛。

2007年，被外界誉为联合利华十年来首款去屑洗发水——清扬正式上市，并开始了与宝洁旗下海飞丝的正面较量。2010年暑假，为了使清扬的品牌精神深入人心，其独家定制的公关职业剧《无懈可击之美女如云》登录江苏、重庆、安徽、天津、辽宁卫视和土豆网，在全国掀起收视热潮。剧集围绕某公关公司为清扬品牌做公关推广的故事展开，清扬大胆地将自身企业文化融入剧情中，将清扬广告创意过程以商战故事形式巧妙植入。此外，清扬还围绕电视剧开展了一系列线上线下活动，携手土豆网进行网络互动等，使清扬整体推广计划严丝合缝，颇有无懈可击的感觉。

《无懈可击之美女如云》的热播，使清扬品牌的知名度不断提升，人格化的品牌精神——"只要勇敢面对，谁都可以突破自己"在目标受众中广泛传播。调研公司AskForm数据显示，电视剧的热播使清扬品牌的认知度达到97.66%；94%的用户表示相比过去提高了对清扬品牌的关注度；94.4%的用户表示在下次购买洗发水产品时考虑选择清扬。

这无疑是一次成功的公关活动，清扬品牌的知名度和美誉度都得到了很大的提升。同时，这部职业剧、广告电视剧也让大家开始关注公关这个职业领域，关注公关活动的来龙去脉。

项目小结

1. 公共关系传播，是现代企业利用各种媒介，将信息有计划地与公众进行交流和共享的活动过程。

2. 传播的要素有信源、信宿、信息符号和信息通道。

3. 传播的活动过程包括直线模式、反馈模式和公共关系传播模式。

4. 传播的基本方式有个体自身的传播、人际传播沟通、小团体传播、组织传播、公众传播和大众传播。

5. 公共关系沟通，是公关人员运用公关技巧，促进企业与公众的信息双向交流，改变公众的观点或态度，从而使企业与公众达成共识的过程。沟通有四个特点和八个构成要素。

6. 沟通过程的最一般模型包括八个部分：发送者、编码、信息、通道、译码、接收者、反馈和干扰。沟通的形式多样，渠道多种，但按沟通的过程，其基本模式有以下几种：直接沟通和间接沟通、正式沟通和非正式沟通、语言沟通和非语言沟通。

7. 公共关系舆论的构建包括传播媒介的基础分析和实施有效传播两大部分。

关键概念

公共关系传播　公共关系沟通　人际传播　组织传播　大众传播

教、学、做一体化训练

即测即评

请扫描二维码，在线测试本项目学习效果。

选择题

判断题

思考与练习

1. 如何认识公关传播的含义？
2. 分析三种传播过程的活动模式。
3. 简述传播的基本方式及其特点。
4. 如何认识公关沟通的含义、基本特点及构成要素？
5. 简述沟通的过程及其注意事项。
6. 沟通的形式及注意事项有哪些？
7. 在公共关系活动中如何实施有效传播？
8. 在公共关系传播中，网络媒体有何传播优势？
9. 简述公共关系舆论构建的策略。

课堂讨论

1. 根据人际传播与大众传播的优缺点，探讨组织如何寻求最佳传播效果。
2. 联系学校实际，分析采用何种传播途径来提高学校的知名度效果最好。
3. 新媒体时代，人们对传统媒体的看法如下：

（1）亚当斯的"丧钟"论、默多克的改造论无疑都认为传统媒体即将消亡，传统媒介终将被网络所替代。

（2）传统媒体优势犹在。报刊字字入眼，广播声声传情，电视不得不爱。媒体融合，整合传播，共存共荣，和谐唯美是一种趋势，二者互补可形成合力，携手可共渡难关。

讨论：对于这两种看法，你的观点如何？

案例分析

抗震救灾树立全新形象，外电给中国政府加分

中国四川省汶川县特大地震发生之后，中国政府采取了及时有效的救援手段，在危难时刻，政府的积极行动把中华民族凝聚了起来，而且也给在地震灾难中受难的人们提供了强有力的坚实后盾。中国政府的行动不仅感动了国内民众，甚至一些对中国百般挑剔的西方媒体也被中国所打动，它们纷纷转变了以往惯有的报道基调，对灾区充满了挂虑，对中国政府则是褒奖有加。

德国之声：中国政府救灾受国际肯定

中国四川省发生强烈地震后，中国政府在第一时间作出了及时而透明的反应。地震发生后，当北京那些从高楼大厦跑到街头的人们还在惊魂未定地打探消息的时候，中国官方通讯社和电视台已经开始对地震灾情进行追踪报道。中国在本次地震灾害中的表现受到联合国的表扬是当之无愧的。

路透社：地震悲剧加强中国民众凝聚力

路透社评论说，在地震消息传开的刹那间，海外华人，不管来自何处，空前团结，地震悲剧加强了中国民众的凝聚力。一时间"我是汶川人"成为网络流行语，这句话牵动着全球华人的神经，所有人都在为死者默哀，为正在挣扎求生存的人祈祷，为冒死前往重灾区的军队官兵加油鼓劲。

《联合早报》：大地震"震出"中国民众爱国情怀

新加坡《联合早报》报道说，四川汶川大地震震撼了全中国的人心，也震出了中国民众的爱国情怀和民族认同，各地自发捐款献血者络绎不绝。中国政府在灾后的救援行动反应迅速，灾情资讯在媒体几乎全天候的不间断开放报道中向全社会传播，获得了国际舆论的肯定。报道中说，无论是富裕的沿海地区或比较不发达的内地省份，中国各地民众踊跃捐款，经历过导致24万人死亡大地震的河北唐山市，除了捐献10000万元人民币之外，还派出医疗队、抢险队赶赴灾区。报道说，突如其来的大地震激发了中国民众的公民意识和公益行为。官方对灾情报道的开放做法不但稳定了社会民心，也让外界看到了政府应急的效率和能力。

美联社：举国沉寂突显中国政府强音

为纪念那些在四川大地震中逝去的生命，中国政府宣布5月19日至21日为全国哀悼日，19日下午两点二十八分起，全国人民默哀三分钟。中国上一次举行如此长时间的全国哀悼活动是在1976年毛泽东去世之后。史学家表示，这是历史上第一次为纪念平民而非国家领导人举行此类活动。新加坡国立大学（National University of Singapore）东亚研究中心主任杨大力指出，哀悼活动为这个悲痛的国家带来了些许心理寄托，这很重要。哀悼活动不仅表达了中国人民的深切悲痛，也反映出政府希望确保这种情绪能通过合适的渠道得以疏导。

华尔街日报：中国总理为政府救灾反应加分

四川强烈地震发生后仅仅两个小时，中国总理温家宝就乘专机赶赴地震灾区。在接下来的几天里，他视察了一个又一个在地震中被毁的城镇和乡村，安抚幸存者、组织救援队、哀悼死难者。温家宝对灾情的重视程度表明，此次震灾是中国共产党领导层面临的一次重大考验。总体来说，温家宝深入灾区，以及国有媒体对各地救灾工作的报道看来取得了积极效果。温家宝此行巩固了他在许多中国人眼中的亲民总理形象。和以往历次灾害比起来，中国官方媒体本周对地震的报道要密集得多。政府此次对媒体报道所持的开放态度一时间赢得了新闻界和其他人士的称赞。

英国《金融时报》：地震改变中国形象改变执政思维

四川地震正在改变中国的形象，以人为本成为可以落实在生活最实处的措施。中国正在开始举行新中国成立以来最特殊的哀悼日，三天，不是为了某个领袖，而是为了在地震中死去的同胞，他们许多可能是从来没有受到过重视的山民。不仅如此，政府还从善如流，把地震前还视为最高政治的奥运火炬传递暂停三日，这停下来的不是三天的传递，停下来的是一个时代旧的思维模式，展现的是融入国际社会的中国新思维。

思考：结合所学知识分析上述案例，你认为在当今的国际舆论环境下，中国政府应该如何进行有效的公关传播？

实践与操作

实训：某传播媒介形式的调研

[目的]　通过调研加深学生对传播媒介形式的认识和理解。

[地点]　课外+实训室。

[内容与要求]

1. 每班分成4~5人为一个小组的若干小组。

2. 每个小组选择一种传播媒介形式进行调研，调研内容应当包含该传播媒介形式的成长状况、现状、发展前景等内容。

3. 实训步骤：

锁定某传播媒介形式——确定该传播媒介形式的典型企业——深入企业调研——撰写调研报告——课堂展示——课堂交流与讨论——学生点评——教师评估并打分。

项目五

掌握公共关系工作程序

📍 学习目标

知识目标

为了完成本项目,需要的理论知识:
1. 公关调查的程序、内容和方法(重点、难点)。
2. 公关策划的程序(重点、难点)。
3. 制造新闻的方法(难点)。
4. 公共关系方案实施的要求。
5. 公共关系效果评估的意义。
6. 公共关系效果评估的内容、程序和方法(重点、难点)。

技能目标

通过完成本项目,应该能够:
1. 运用各种调查方法进行公关调查。
2. 依据公关调查报告进行公关策划。
3. 依据公关方案目标选择正确的公关活动方式,完成公关方案的实施。
4. 完成基本的公关效果评估并撰写评估报告。

💡 引导案例

法国白兰地的精彩亮相

1957年,美国总统艾森豪威尔生日那天,美国首都华盛顿的主要干道上竖立着巨型彩色标语牌:"欢迎您,尊贵的法国客人!""美法友谊令人陶醉!"整洁的售报亭上悬挂着许多精制的美、法两国的小国旗。报亭主人特意设计绘制的"今日各报"的广告牌上,美国"鹰"和法国"鸡"干杯的画面及"总统华诞日,贵宾驾临时"和"美国人醉了!"等各报大标题,吸引着络绎不绝的路人。白宫周围人山人海,人们笑容满面,挥动着法国小国旗,期待着前来华盛顿庆贺美国总统艾森豪威尔诞辰日的法国"贵宾"光临。

当"贵宾"出现时,人们惊呆了。"贵宾"是谁呢?它既不是政府要员,也不是社会名流,而是两桶法国白兰地。原来,这是法国公关专家精心策划的一幕公关杰作。

白兰地当时在法国国内已家喻户晓,畅销不衰。但酒厂老板并不以此为满足,而是把目光瞄向美国市场,邀集公关专家,慎重研讨公关方案。公关人员抓住法美人民的友好关系大做文章,通过调查,收集了有关美国的大量信息,经仔细分析斟酌,提出了一项颇具新意的公关方案,其重点主要包括以下几点:

(1) 公关宣传的基点是法美人民的友谊,整个策划的主题是"礼轻情义重、酒少情意浓"。

(2) 择定的宣传时机是美国总统艾森豪威尔的67岁诞辰日。

(3) 赠送两桶窖藏达67年的白兰地酒,用专机送到美国,并为之支付巨额保险费。酒桶特邀法国著名艺术家特别设计制作。

(4) 总统诞辰日那天,在白宫的花园里举行隆重的赠送仪式,由4名英俊的身着法兰西传统宫廷侍卫服的法国青年抬着这两桶名贵的白兰地正步前行,步入白宫。

(5) 尽可能广泛地利用法美两国的新闻媒介进行宣传,传播程序是先法国后美国、由内地向外地辐射。

这项耗资巨大的公关策划立即得到公司最高决策者的批准,并获得法国政府的赞赏和支持。白兰地酒厂立即开展了大规模的公关宣传。于是,美国公众在总统诞辰日一个月之前就分别从不同的传播媒介上获得了上述信息,对法国白兰地产生了浓厚兴趣。一时间,法国白兰地成了美国人街谈巷议的热门话题,送酒仪式更加强了人们的关注。当这两桶富有意义的美酒登场亮相时,群情沸腾,欢声四起,有些人甚至大声唱起了法国国歌《马赛曲》。从此,法国白兰地堂而皇之地摆上了美国的国宴和家庭的餐桌上。

树立产品或企业的形象是公共关系的基本任务。白兰地酒厂借助公共关系策划,把白兰地在法国公众中具有的良好形象,成功地推入美国公众的心目中。分析其成功的原因,主要有以下几点:

(1) 这次公关活动方案的设计奥秘在于一个"情"字,以情动人,以感情投资为信誉效果的先导和基础。让两桶白兰地扮演友好使者的历史性角色,有效地缩小了法国白兰地公司与美国公众的心理差距。

(2) 充分利用现代传播媒介,对公关活动的方案进行广泛宣传,较好地发挥了舆论的沟通作用,使白兰地的形象提早进入美国公众心目中,这无疑是制造"新闻事件"的一次成功实践。

(3) 选择最佳宣传推广时机,将作为商品的酒与异国元首的诞辰联结起来,构思奇特,设计精细,既有益于提高法国白兰地的身价,又不动声色地调动美国总统客串了一次高级传播媒介的角色，十分巧妙。

（4）白兰地一举打入美国市场，在美国公众中树立起良好的产品形象，而且是如此的干净利落，整个过程就像一幕气氛热烈、节拍鲜明、引人入胜、富有艺术感染力的话剧。这反映出酒厂决策者不同凡响的公关意识，没有这种强烈的公关意识，满足现状，不思进取，就难以开拓更加广阔的国际市场。

公共关系是现代组织管理工作中一种相当复杂的活动，这不仅是由于各类社会组织面对着不同类型的公众，而且它们所采取的公关手法也是千差万别的。然而，各种类型的公关活动中又有某些共同的规律可循。按照这些规律操作，才能达到预期的效果，发挥公共关系的最佳效益。美国公共关系权威专家卡特里普和森特在其著作《有效的公共关系》一书中首次提出了公共关系的"四步工作法"，将公共关系的工作程序概括成四个基本步骤，即公共关系调查、公共关系策划、公共关系实施、公共关系评估。从整个公共关系过程来看，这四个阶段既相互独立又相互联结，前后连贯构成一个整体。调查是策划的依据，没有策划就没有实施，没有实施就无从评估，没有评估就无法掌握公共关系工作的成效和经验，也就无法进行以后的公共关系工作。在公共关系"四步工作法"中，公共关系调查是公共关系工作的基础，是公共关系策划、公共关系实施、公共关系评估等一系列公共关系活动的前提。四者的关系如图5-1所示。

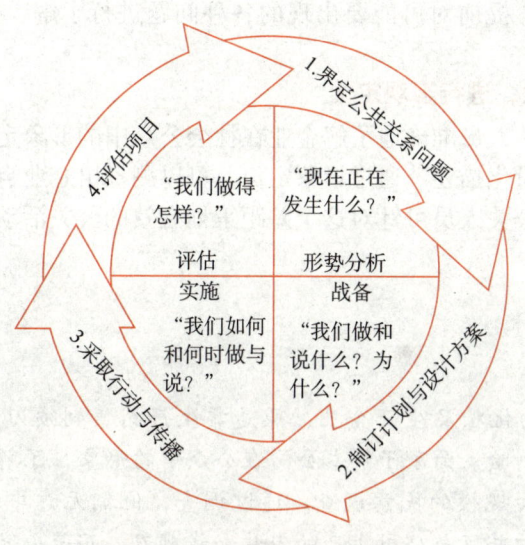

图5-1　公共关系的工作程序

任务一　公共关系调查

公共关系调查是指公共关系人员运用定量分析和定性分析相结合的方法，科学、准确地收集有关社会组织公共关系状态的必要信息，为社会组织解决公共关系实际问题提供必要依据的一种实践活动。据美国《幸福》杂志统计，在美国排名前1000名的大公司中，大约有一半重视开展公共关系调查活动。一些国际著名的公共关系公司为适应这一发展形势，也纷纷加强自己的公共关系调研能力。

一、公共关系调查的意义

"凡事预则立，不预则废。"公共关系调查是公共关系工作的基础，是组织开展公关活动的先导。具体地说，公共关系调查的意义主要有以下几个方面。

（一）收集企业信息，提供决策依据

公关调查的首要任务就是及时地为组织提供决策依据，并能有效地预测和检验决策的正确性。要保证组织的决策正确，调查是最好的方法。只有了解了公众的要求和愿望，才能作出符合公众要求和愿望的决策，从而使企业在公众的心目中树立良好的形象。

（二）实施环境监测，把握公众舆论

公关调查可以对组织当前所处的环境进行检测，把握公众舆论对于组织的看法、评价，并适时地调整公关策略。公众舆论是公众对企业的一种表层的认识，是自发产生并处于不断扩大或缩小的动态之中的。积极的公众舆论有利于塑造企业的良好形象，消极的舆论则有损于企业的形象，甚至会造成企业形象危机。通过公关调查，监测公众舆论，能使企业及时扩大积极舆论，缩小消极舆论。

（三）开展问题预警，消除潜在危机

公关调查本身是对企业活动的一种检测和发现问题的过程。在检测的过程中，往往可以真实反映组织实际情况，提前对可能要出现的各种问题进行了解，并针对性地展开问题预警，消除潜在危机。

（四）塑造组织形象，进行客观定位

公关调查可以使公关人员准确地了解企业在社会公众中的形象定位。企业的形象定位是企业在公众中形象的定量化描述。通过形象定位，可以测量出企业自我期望的形象与其在公众中实际形象的差距。公关人员可针对这个差距策划有效的公关活动方案，由此也可以大大加强策划的目的性。

> **相关链接**
>
> 美国有一家著名的化妆品生产企业，原是靠生产销售剃须刀片起家的。公司的改行，得益于一次民意测验。为了了解本公司在公众中的形象，了解人们对公司产品的意见，他们进行了一次大规模的民意调查。通过调查，他们无意中获得了一条珍贵的信息：最受消费者欢迎的并不是公司生产的刀片和裁剪刀，而是美容用品。这项发现，使得该公司放手生产各种男女化妆品，新产品的销售额竟占到公司销售总额的35%。
>
> 可见，针对特定的目标进行深入的调查和分析，掌握详尽的资料，对一项活动的计划安排、对整个社会组织的发展都具有非常重要的意义。

二、公共关系调查的内容

公共关系调查的范围是十分广泛的，它涉及组织公共关系状态的种种影响因素。一般情

况下，可以将公共关系调查的内容大致分为组织基本情况调查、组织形象调查、社会环境调查、公众调查、传播媒体情况调查和公共关系活动效果调查六个方面。

（一）组织基本情况调查

组织基本情况调查是指对组织内部状况的经常性或专门性的了解与研究。调查主要包括组织经营状况调查和职工队伍状况调查。公共关系人员要想做好公共关系工作，必须对组织的历史和现状了如指掌。

1. 组织经营状况调查

组织经营状况调查内容主要包括：组织建立的时间，组织的经营方针、经营目标、管理方法、生产计划、财务制度、市场占有率、销售水平，组织的产品种类、目标市场分布、销售渠道、营业情况、市场地位及竞争格局，组织产品服务的工艺流程、质量标准、成本价格、商标包装，组织的人事管理、财务管理、物流管理等。

2. 员工队伍状况调查

员工队伍状况调查内容主要包括：组织员工队伍的历史演变；当前员工队伍的基本状况，如员工的年龄构成、文化程度、收入水平、地区分布、家庭状况、技术水平、专业特长、专业技术培训、兴趣爱好等；员工的心态；非正式群体的组成状况；员工对组织决策层、领导层及大政方针的支持程度与意见；对组织有突出贡献的员工的成就与经历；组织主要领导人的经历等。

（二）组织形象调查

所谓组织形象，就是组织在公众心目中留下的印象。换言之，组织形象也就是公众对组织的看法和评价。组织形象调查，是指对公众进行关于组织的认识、看法和评价的调查，是公共关系调查中最重要的内容。组织形象虽然是公众的主观印象，但其反映的内容则是客观全面的，是一个组织的实际表现在公众中的投影，对组织的生存和发展至关重要。广义的组织形象包括组织自我期望形象和组织实际形象；狭义的组织形象特指组织实际形象。在这里要讨论的是广义的组织形象的调查。

组织形象调查包括组织自我期望形象调查、组织实际社会形象调查、组织自我期望形象与社会实际形象差距分析等内容。通过这些调查，可以获知社会公众对一个组织的认识和评价方面的信息。

1. 组织自我期望形象调查

组织自我形象是由组织自己设计并期待建立的社会形象，是一个组织公共关系工作的既定目标和努力方向，也是组织发展的驱动力量。期望值越大，动力越大。组织自我期望形象调查主要是对组织内部公众开展的，一般从以下三个方面入手：

（1）了解组织领导层的期望和要求。组织的领导层对于自己组织形象的期望水平，对于组织目标和理念的形成，对于组织形象的选择和确立，具有至关重要的决定性作用。因而，公共关系调查首先要了解组织领导层对组织形象的期望和具体要求，详尽研究他们所制定的各项目标和政策，认真领会他们的想法和意图，研究他们的经营风格和管理方法，在以上调查研究的基础上进行组织形象的设计。

（2）调查组织员工的要求和评价。组织形象的内涵非常丰富，每位员工每项工作都在构建组织形象。组织自我形象的设计和确立，只有得到广大员工的参与和支持，才有成功的可能。向员工征求对组织自我形象的看法和建议,实际上就是动员他们参与组织自我形象的设计和确立工作,而且以后组织形象工程的大部分具体措施的实施工作都要靠员工去落实。公共关系人员做好这方面的工作是非常有意义的。

(3)分析组织的基本现状和实力情况。开展任何公共关系活动都不能脱离组织的实际情况,同样,组织对自我形象的期望也是建立在掌握组织自身基本情况基础上的,因而,必须全面、完整地掌握组织各方面的基本情况。组织的基本情况主要包括:组织的总体情况,如组织的性质、类型与规模,组织的管理体制、机构设置、主管部门等;组织的经营情况,如组织的发展目标、方针、经营战略等;组织荣誉情况,如组织的光荣历史、组织发展史上的重大事件及影响、组织对社会的贡献、组织获得的各种奖励的情况;组织文化情况,如组织信念、组织精神、组织的道德规范、组织的文化传统及组织的名称和各种识别标志等的文化含义。

2. 组织实际社会形象调查

组织实际社会形象,是指已经在公众心目中形成的对组织的总体印象和总体评价。组织实际社会形象调查,即调查消费者、新闻媒体、社区居民等社会公众对一个组织的真实看法和实际评价,了解该组织在公众中享有的知名度和美誉度。从本质上来说,公众对组织的看法和评价是组织实际状态的客观反映。其调查内容包括两个方面:

首先是组织形象地位的调查。组织实际形象地位的测量主要根据知名度和美誉度两项指标,综合分析公众的评价意见,运用形象评估坐标图,测定组织的实际形象地位。知名度表示社会公众对一个组织知晓和了解的程度,美誉度表示社会公众对一个组织好感和赞许的程度。

如图 5-2 所示,全图分为四个区域(A、B、C、D),分别表示组织形象地位的不同状态。

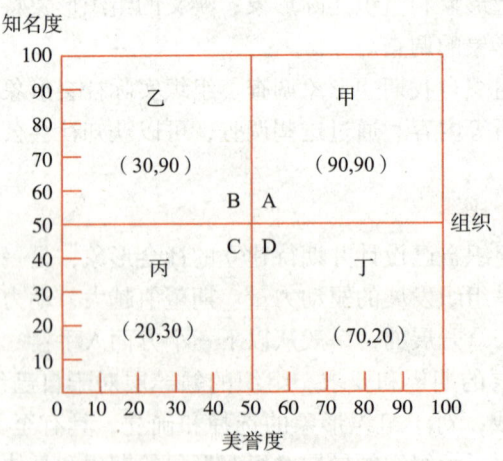

图 5-2 组织形象地位图

A 区表示高知名度,高美誉度。处于这种形象地位,说明组织处于较好的状态,如图 5-2 中的甲组织。

B 区表示高知名度,低美誉度。处于这种形象地位,表明组织处于臭名远扬的恶劣境况，状态极为不佳。公共关系工作应首先扭转已形成的坏名声，踏实改善自身，设法逐步挽回组织信誉，如图 5-2 中的乙组织。

C 区表示低知名度，低美誉度。处于这种形象地位，说明组织形象不佳，公共关系工作首先要完善自身形象，争取提高美誉度，在传播方面暂时保持低姿态，待享有较高的美誉度之后，再着手提高知名度的工作，如图 5-2 中的丙组织。

D 区表示低知名度，高美誉度。处于这种形象地位，说明组织具有良好的基础，公共关系工作的重点应该是在维持美誉度的基础上提高知名度，如图 5-2 中的丁组织。

组织形象地位的调查可以初步判断组织的公共关系状况，为进一步提高组织形象提供决策方向。

其次进行形象要素的分析。组织形象包括的内容是多方面的，如组织的经营方针、产品质量、服务态度、业务水平等，而组织处于某一形象地位的原因也是多方面的。要正确评价组织的实际形象，就需要调查分析、找出形成某种形象的具体原因，以便有目的地策划用以改善公共关系状况的具体方法与措施。

对组织形象的调查，一般可运用"组织形象要素调查表"，把它作为形象要素分析的工具。表 5-1 是丙公司（图 5-2 象限 C 中的丙公司）设计的"组织形象要素调查表"。

表 5-1　组织形象要素调查表　　　　　　　　　　　　　　　　　单位：人

评价 调查项目	非常	相当	稍微	中	稍微	相当	非常	评价 调查项目
经营方针正确		65	25	10				经营方针不正确
办事效率高			25	65	10			办事效率低
服务态度诚恳				15	20	65		服务态度不诚恳
经营工作有创新					20	70	10	经营工作缺乏创新
管理顾问名气大						10	90	管理顾问没有名气
公司规模大					25	55	20	公司规模小

调查人数：100 人

调查对象：丙公司

根据表 5-1 可以看到评价：该公司经营方针正确，办事效率一般，服务态度不够诚恳，经营工作缺乏创新精神，管理顾问没有名气，公司规模小。这恰好解释了丙公司知名度与美誉度处于象限 C 地位的原因。公关策划的方案与措施的选取应针对这些原因去规划和制定。当然，调查表的设计应根据组织的实际需要增删或改变内容。

3. 组织自我期望形象与社会实际形象差距分析

在调查了解了组织的自我期望形象与实际社会形象之后，就要将组织的实际社会形象与组织的自我期望形象进行比较分析，从而找出两者之间的具体差距。弥补或缩小这些差距就是组织下一步所要解决的问题，也是组织公共关系工作的努力方向。

我们可以运用"形象要素差距图"来分析、比较两者之间的差距。"形象要素差距图"是在"组织形象要素调查表"的基础上绘制的。其具体方法是：

（1）将"组织形象要素调查表"中7种不同程度的评价数字化。如图5-3所示，1表示"非常差"，2表示"相当差"，以此类推，7表示"非常好"。

（2）根据"组织形象要素调查表"的调查统计结果，按照加权算术平均法计算公众对每一调查项目评价的平均数值。例如，"丙公司经营方针正确"的得分是：

$$6\times65\%+5\times25\%+4\times10\%=5.55$$

（3）将各项得分标定在"组织形象要素差距图"中，并连接各项得分点，便可得到组织形象要素差距线（图5-3中的实线）。

（4）用同样的方法，在图中标出组织自我期望形象线（图5-3中的虚线）。虚线和实线之间的差距，就是组织的"形象差距"。

从图5-3可以看出，除了经营方针正确一项的形象要素实际评价与自我期望形象接近以外，其他各项形象均有相当差距。缩小和弥补这个差距，就是丙公司近期的公共关系工作目标。

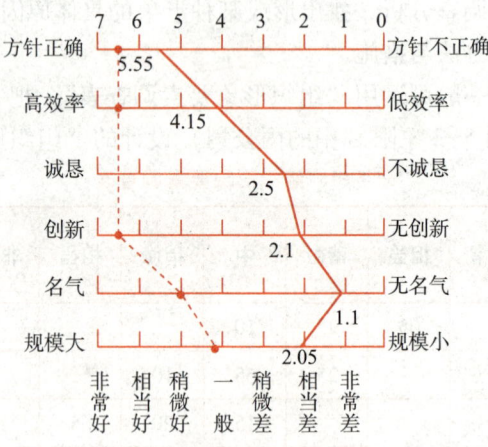

图5-3　组织形象要素差距图

（三）社会环境调查

1. 基本社会环境状况调查

社会环境是指与社会组织生存和发展相关联的外部社会条件的总和。社会环境对社会组织的经营发展具有制约作用，同时也对社会组织的公共关系工作具有重要影响。因此，在公共关系工作中，必须重视做好社会环境状况的调查。社会环境状况调查一般包括以下内容。

基本社会环境一般是指社会组织所处的一个国家或地区的由政治、经济、文化等因素构成的宏观社会环境系统。基本社会环境状况调查的范围如下：

（1）人口环境状况。人口环境状况是指现有人口总量、增长速度、年龄结构、性别比例、地理分布、婚姻状况、教育状况、流动状况、国家的人口控制政策与人口管理措施等方面的情况。

（2）政治法律环境状况。政治法律环境状况主要是指国家或地区的政治体制情况，中央、地方的各种法律、法规、政策的情况等。企业组织应充分掌握诸如《中华人民共和国经济合同法》《中华人民共和国环境保护法》《中华人民共和国劳动法》《中华人民共和国广告法》《中华人民共和国商标法》及有关内容。同时，在全球化时代，国际政治或国内政治方面一些微小的变化，也会对组织的生存和发展产生极大的影响。企业靠自身的力量是无法避免这些影响的,只有事前进行充分的调查研究,及时掌握变化的资料,预测这些变化将对本组织造成哪些方面的影响,制定出合理的对策,才能将由于国际政治形势变化所造成的经济损失减至最小。

(3) 经济环境状况。企业的发展在很大程度上受国家经济发展战略、经济政策的左右。如国家或地区的经济体制及其政策情况,国家或地区的产业结构、消费结构、技术结构及其调整变化情况,国家或地区的经济发展情况及相应的战略与策略的情况等。而这些战略、政策的制定,又是以国家的经济发展趋势、国民经济发展的整体水平、国民收入现有水平、人口总量、资源和能源储存与开发、国际经济大环境等因素为依据的。因此,这些经济信息是企业进行经济决策时必须掌握的资料,企业只有掌握了这些资料才能在竞争中立于不败之地。

(4) 文化环境状况。文化环境主要是指国家或地区的民族特征、文化传统、宗教信仰、风俗习惯、价值观念、教育水平、社会结构、生活方式、社会道德规范与精神文明建设等方面的情况。随着社会政治、经济形势的变化,人们的思想观念也必然发生相应的改变。文化环境将在很大程度上影响社会成员的价值观念、行为方式、消费习惯、审美倾向等。

2. 具体市场环境状况调查

具体市场环境是指与社会组织公关活动相关联的市场因素组成的中观社会环境系统。在现代市场经济条件下,对具体市场环境状况进行调查,是社会组织特别是企业组织环境状况调查的一项重要课题。具体市场环境状况调查主要有以下内容:

(1) 市场需求状况调查。市场需求状况调查包括市场需求总量及其构成;各种商品的需求数量、质量、品种、规格、包装装潢;各种商品的需求地点和时间;各种商品需求的满足程度;市场需求的影响因素等。

(2) 消费者状况调查。消费者状况调查的内容包括:第一,消费者特征调查,如消费者年龄、性别、家庭构成、学历、职业、职位、家庭收入等。第二,涉及民众意见、观念、习惯、行为和态度的任何问题,可以是抽象的观念,如人们的理想、信念、价值观和人生观等;也可以是具体的习惯或行为,如人们接触媒介的习惯,对商品品牌的喜好,购物的动机、习惯和行为等。

(3) 市场竞争状况调查。市场竞争状况调查是指对竞争对手情况进行调查,了解竞争者的市场占有率、营销策略、市场优势,借鉴同行业各组织的成功经验,加强横向联系。市场经济的本质就是一种竞争经济,正是由于有了竞争,整个国民经济才得以飞速发展。因此,每一个企业必须对组织所处行业的情况,组织在竞争中的地位,竞争对手的情况等了如指掌。只有这样,企业才能在激烈的经济竞争中不断发展壮大。

3. 所属行业环境状况调查

所属行业环境是指社会组织所在特定行业的各种组织构成的微观社会环境系统。开展所属行业环境状况调查,可以搜集了解本组织在行业中所处的地位、行业内各组织之间的协作意向、竞争对手的发展态势等。行业环境是组织发展的微观环境,对组织发展有直接而重要的影响。所属行业环境状况调查主要包括以下内容:

(1) 所属行业基本情况调查。如所属行业各种组织的数量、所属行业的整体发展水平、所属行业在国民经济和人民生活中的地位与作用等。

(2) 所属行业特定组织情况调查。所属行业特定组织的经营方针、人员素质、技术力量、资金占用、经营管理水平、产品与服务方面的情况、在公众心目中的形象、在同行业中的地位等。

（3）所属行业横向协作情况调查。如所属行业各种组织之间的协作意向、协作项目、协作类型、协作可能取得的效果，有无同行组织愿与本组织开展协作等。

（4）所属行业竞争对手情况调查。如竞争对手的历史、竞争对手的优势、竞争对手的横向联系情况、竞争对手的公共关系状态、竞争对手的关键技术和关键人物、竞争对手原本已有的竞争对手或合作伙伴等。

（四）公众调查

公众是公共关系活动的对象，公众对组织的态度和意见是一切公共关系活动的出发点，掌握公众信息是开展公共关系活动的基础。公众是一个经常变化的群体，它不断因问题的发展而变迁，不是一成不变的。因此，应经常进行公众调查，其具体的调查内容主要包括以下几个方面：

（1）公众构成情况。开展公众构成调查有利于确定公共关系工作的基本范围和重点对象，避免盲目地开展公共关系活动。对各类公众构成的了解必须细化，如了解公众的年龄、性别、籍贯、住址、文化程度、职业、收入情况、家庭状况等情况，以便进一步搞清楚此类公众都是由哪些人组成的，为今后有针对性地开展工作奠定基础。

（2）知晓度资料。知晓度资料的调查内容主要是了解公众对社会组织基本职能、产品服务、方针政策知晓的情况。

（3）态度资料。当组织面临某一事件时，必须迅速掌握公众对事件知晓的程度，并摸清他们对组织所抱的态度。态度是指被调查对象对组织及所发生的问题所持的立场和观点。公众态度的调查对于企业生产政策的制定和新产品的开发具有不可替代的重要作用。

（4）行为资料。一定的需求产生一定的动机，一定的动机引起一定的行为。获取公众行为资料首先要了解公众的需求类型和变化趋势，了解影响需求的因素（如经济因素、社会因素、心理因素、文化因素），掌握公众消费时尚、消费心理、消费模式的变化周期，进而了解公众对组织的产品、服务、政策、行为已经或准备采取什么行动。

（5）公众需求。市场经济的发展，使我国已经从生产导向型经济发展为消费导向型经济。市场上早已不再是企业生产什么，顾客消费什么；而是顾客需要什么，企业生产什么。顾客究竟需要什么样的产品，需要通过深入、细致的公关调查来掌握。

（五）传播媒体情况调查

传播媒体情况调查，是指对公共关系活动中所使用的各种传播媒体情况的调查。在公共关系活动中，需要有效地利用传播媒体，使组织与公众之间形成相互了解、相互信任和相互支持的关系。传播媒体情况调查的主要内容有：

1. 大众传播媒体情况调查

大众传播媒体是公共关系信息传播的支柱性媒体，它们跨越空间大，影响范围广，传播效率高，深受社会组织的重视。大众传播媒体情况调查的内容主要有：

（1）大众传播媒体的分布情况。如大众传播媒体的地域分布情况、行业分布情况、类型分布情况和数量分布情况等。

（2）大众传播媒体的功能和作用情况。如涉及大众传播媒体功能作用的传播范围、传播内容、传播特色、传播威信和传播效果等。

（3）大众传播媒体所需要信息的情况。如一定时期内大众传播媒体的报道中心、新栏目的开辟、新提供的服务、编辑和记者需要的内容，以及影响大众传播媒体需求内容的社会政治、经济、文化及公众需求传播与政策等方面的现实状况。

2. 专题活动媒体情况调查

公共关系专题活动，又称公共关系特殊事件，一般是指围绕某一主题，采取某些特殊方式开展的一种公共关系专项活动。

在现代社会中，公共关系专题活动已成为一种重要的社会信息交流渠道，是现代公共关系工作中一种具有特殊作用的信息传播媒体。掌握有关专题活动媒体的情况，可以决定组织是否参加某种专题活动，或参考某种专题活动自己举办有关专题活动。专题活动媒体情况调查的内容主要有：

（1）专题活动筹办情况。如某次专题活动是由何种机构举办的，筹备工作的进展如何，将在何时何地举办，举办活动的主题、内容、规模、参加活动的人数、估计影响等。

（2）专题活动效果评价情况。如某次专题活动的经验教训与利弊得失，影响深度与广度，经济效益与社会效益，主办单位的自我评价，参与活动者的印象，权威人士和局外人士的看法和见解，新闻媒体的报道情况等。

（六）公共关系活动效果调查

公共关系活动效果调查主要考察实施公共关系活动实现预定目标的程度，主要包括调查分析已实施的活动在塑造组织形象、公共关系传播效果、解决公共关系问题等方面所取得的效果。公共关系活动效果调查的主要内容有：

（1）调查已实施的活动在塑造组织形象方面取得的效果。通过调查，如果发现组织自我期望形象和组织实际社会形象的差距缩小了，说明所开展的本次专题性公共关系活动取得了积极的效果。

（2）调查已实施的活动在新闻传播方面取得的效果。搜集新闻媒体对组织开展专题性公共关系活动的报道材料，分析报道这次活动的新闻媒体的层次、报道的时机、版面的位置和大小；本组织对媒体提供有关资料的使用情况，公众对该媒体的认可程度以及对报道内容的关注程度。

（3）调查已实施的活动在解决公众关心的问题上所取得的效果。一方面，可对公众的来信、电子邮件、投诉电话进行分析，了解公众对本次专题性公共关系活动的反映；另一方面，可通过开座谈会或问卷调查的方式，了解公众对本次专题性公共关系活动的评价，从中分析公共关系活动的效果。

三、公共关系调查的一般程序

公共关系调查的程序，是指具有一定规模的某项公共关系调查，从调查准备阶段到调查结束全过程的先后次序和具体步骤。一般来说，一项规模较大的公关调查可以划分为五个阶段。

（一）确定调查选题

确定调查选题即确定要研究解决什么问题，是公共关系调查的第一步。选定的题目是公共关系调查的目标和方向，决定着公共关系调查的对象和范围，也决定着公共关系调查的方法，是公共关系调查的第一步。社会组织所选择的调查课题是多种多样的，可以是与经营、销售有关的问题，也可以是社会组织与各类公众之间的关系状况。所调查的内容不同，其使用的方法、技术手段及测量指标也有所不同。

（二）制定调查方案

制定调查方案是公共关系人员根据组织形象的现状和目标要求，分析现有条件，设计最佳行动方案的过程。调查选题确定以后，就要着手制定调查方案。调查方案是完成调查任务的工作方案，是调查的行动大纲。在调查方案中，要具体提出并回答这样一些问题：做些什么、为什么做、由什么人来做、达到什么要求、在什么地点及时间做、用什么方法与技术、花多少钱等。在制定调查方案时，要将完成调查任务所需的调查行动环节具体化和可操作化，越详细越好。一个完整周密的公关调查方案应包括：第一，调查的目的、意义；第二，调查的公共关系范围和目标公众；第三，调查的方式、方法；第四，调查对象的选择方案或抽样方法；第五，调查内容、调查指标和调查项目；第六，调查的场所、时间和进度；第七，调查所需的经费和物质手段的计划与安排；第八，调查人员的选择、培训和组织。

（三）搜集调查资料

搜集调查资料阶段也称为具体调查阶段，是整个公关调查过程中最为重要的阶段。公关调查是否按照准备阶段所确立的调查任务的要求和所设计的调查方案的规定有效地进行，关键是看搜集调查资料阶段的实施情况。搜集调查资料阶段的主要任务有两项：一是实际搜集资料，二是争取多方支持。搜集的调查资料一般分为两类：一类是原始资料，也称第一手资料，这是调查人员通过各种方法进行调查所取得的资料；另一类是现成资料，也称第二手资料，这是由他人搜集的现成资料。在搜集资料时，要充分利用现成资料，能够取到真实可靠的现成资料的，就尽量不再费力去搜集原始资料。当然，就一项较大规模的调查来说，仅有现成资料是不够的，它的主要资料还是要来源于实地调查。可以说，原始资料的搜集是搜集的重点。

另外，在方案的实施过程中，必须注意技术手段的恰当、合理运用。技术手段运用得是否合理，不仅影响调查资料的数量，更重要的是影响资料的质量。没有一定质量保证的调查资料，无法得出准确的结论。

（四）分析处理调查结果

公共关系人员只有将调查收集的资料、数据进行整理分析，才能准确把握存在的问题，指导公共关系活动的开展。由于调查获得的资料大都比较杂乱，所以必须对收集起来的信息资料进行整理审核，以便为进一步分析打下基础。公共关系调查整理阶段的主要任务主要有以下几方面：首先，检查调查资料的回收率，如果回收的调查资料在数量或结构上不足以代表调查对象整体，则不能以这类资料为依据进行研究总结，应做补充调查或重新调查，除此以外还应对调查资料的真实可靠性及调查资料的完整性、准确性、合格性进行检查。其次，要根据调查目的对信息资料进行分类，形成总卷档案，便于下一步分析研究和对资料开发利用。最后，是对信息资料进行编码和登录，便于查找利用。

（五）撰写调查报告

公共关系调查报告是调查者根据公共关系调查活动所获得的信息资料和据此而形成的分析结论所撰写的一种文本。公共关系调查报告有基本文本格式、写作内容方面的要求。调查报告一般分为标题、导言、正文、结尾、署名、附录等几个部分，在具体的写作过程中可针对具体情况，灵活安排写作结构。

四、公共关系调查的方法

公共关系调查的方法是多种多样的，常见的方法有以下几种。

（一）访谈法

访谈法是公共关系调查中常用的信息资料搜集方法之一，它是指公共关系调查者根据一定的调查目的和调查任务的要求，通过向调查对象提问，与调查对象交谈而搜集所需的公共关系信息资料的公共关系调查方法。访谈法按其所采用的信息媒介与手段不同，可分为面谈询访、书面询访、电话询访、电子邮件询访等。

（二）问卷法

问卷法是公关调查法中一种最常用的方法。它是以书面形式向被调查者提问，让他们填写问卷，然后对回答结果进行分析的方法。问卷法是国内外社会调查中普遍运用的一种方法。问卷可分为开放性问卷和封闭性问卷两种。所谓开放性问卷，是指提出问题由被调查者自由回答。所谓封闭性问卷，是指事先编制了答题的选择范围及方式而不能自由回答的问卷。

（三）文献研究法

文献研究法是指利用文献资料来收集、考察、分析和研究公共关系现象和状态的调查方法。因为它不是通过实际调查获取第一手资料的方法，所以又称为间接调查法。它是利用社会组织内部和外部现有的各种文字信息、情报资料、媒体的宣传报道和历史资料，对公共关系现象和状态进行分析研究的一种调查方法，在公共关系调查中经常使用。

（四）观察法

观察法是由调查人员深入调查现场，以公开的身份或隐蔽的身份观察调查对象态度、行为等情况，并形成记录资料的一种收集信息的方法。

观察法有参与观察法和非参与观察法两大类。非参与观察法是指观察者在不进行任何干预的情况下观察并记录客观发生的事实。参与观察法与非参与观察法的不同之处在于：观察者不是从旁进行观察和记录，而是参加到所研究的群体中去，作为群体中的一个普通成员与其他成员一起活动，同时对其他成员的活动进行观察和记录，此时，如果群体其他成员知道他们的行为被观察和记录，那么就是公开参与观察法，如果其他成员完全不知道他们的行为被观察和记录，就是隐蔽观察法。对组织而言，使用比较多的是简便易行的非参与观察法。

观察法是最为常用的一种调查方法，它首先要求观察者应具备较高的素质，有敏锐的观察力，能够洞察事物的本质，迅速捕捉到常人注意不到的问题并作出正确判断。其次，观察法还可以运用一些现代化的技术手段，如录像机、录音机、照相机等，把观察对象的声音和行动等情况保存下来。特别是照相技术和录像技术，使调查对象的表情、神态、动作相关背景等可以真实地保存下来，便于调查者深入细致的研究。再次，观察法也有局限性，主要表现为对观察目标所处的环境无法控制，各种干扰因素可能会影响到观察的效果，而且，观察者的主观因素也会不可避免地影响观察结果。

（五）实验法

实验法是把调查对象置于有意创设的条件和情景中进行分析研究的方法。实验法可以在实验室里使用，也可以在其他场合使用。由于实验的场合不同，控制的方法和程度不同，实验法又分为实验室实验法和自然实验法。实验室实验法是借助一定的设备和仪器对调查对象进行研究的方法。实验室实验法一般用于收集消费者的某些感受信息。其基本特点是对所研究的情景给予很高程度的控制，能最大限度地突出重要因素，防止无因素的干扰。自然实验法是通过创设一定的条件，引起被调查者的某些行为变化，然后对其行为进行研究的方法。例如，有一家组织想调查烟民购买高档香烟的动机，他们找来10名被试者，将这10名被试者分为甲、乙两组。甲组被试者被要求蒙上眼睛品吸3种不同价格档次的香烟，并要求说出3种香烟孰好孰次；乙组被试者被要求不蒙上眼睛品吸，也要说出孰好孰次。结果发现，甲组5人虽然都是"老烟民"，但他们说出的好坏排名与香烟的价格排序并不一致。可乙组对这3种香烟的好坏排名却完全是依据价格的排名而定的。这个实验说明烟民对高档香烟的消费是一种价格感觉，而不一定是一种质量感觉。烟民购买高档香烟并不是因为它质量好、味道好，而是因为它们价格高、有气派。

任务二　公共关系策划

一、公共关系策划的概念

有人说："把一把梳子卖出去叫推销，把一千把梳子卖出去叫营销，把梳子卖给和尚的思维和办法叫策划；在大街上吆喝卖一瓶酒叫推销，在大街上吆喝卖一千瓶酒叫营销，在10条大街上各卖一千瓶酒的思维和办法叫策划。"而美国策划大师科维也曾形象地说："如果把公关活动比作演戏，策划就是创作剧本。一个出色的剧本很容易在演出时获得成功，吸引观众；相反，一个平庸的剧本无论导演和演员如何尽力，也很难化腐朽为神奇。"

◆ **相关链接**

> 1998年，北京大学将举行百年校庆。给母校怎样的献礼，这是北大未名生物工程集团早就开始思考的问题。几位北大人原来曾想过更换未名湖旁的旧椅子，为北大幼儿园添置新设施等方案，但后来都觉得没有发一趟校庆专列好。
>
> 因为北大的百年是与祖国风雨同行的百年，她的每一件大事都与中国的大事件紧密相连，而最能表达这个意境的就是一列列车。这是一列世纪列车，尽管有颠簸，有风雨，但永远是向前的。另外，专列还象征着时代列车。深圳是改革开放的前沿，专列从深圳始发，象征着祖国沿着改革开放之路滚滚向前。
>
> 开这个专列还有一个切实的考虑：校友们毕业后便奔赴四面八方，从事不同的工作。工作繁忙，使他们很难有机会相聚畅谈，专列运行32个小时，校友们可以畅谈交流。
>
> 基于以上的种种考虑，百年校庆专列的大胆想法形成了。这个创意得到了铁道部及下属单位的大力支持。深圳到北京有一次列车，但京九线沿途的省会城市少，乘车不方便，所以决定走京广线。可是京广线的始发站是广州。铁路部门做出一个前所未有的决定：专列始发站改到深圳，然后走京广线。

他们还专门组织召开了有关铁路部门与北大校庆筹委会参加的联席会议，会上专题研究了北大校庆筹委会提出的有关车内彩旗、横幅等宣传布置问题，车上就餐问题，车上广播娱乐活动，老弱病残服务问题以及车上安全问题，对这些问题双方逐一进行了协商。同时为了保证落实，于当日下午，由广州客运段陪同北大校庆筹委会人员到车站实地察看了该次列车，为他们做好准备工作提供了条件。

1998年4月30日20：05，专列在盛大的欢送队伍的注视下顺利发车，激昂的情绪始终伴随着大家。"北大往事"演讲最初由一个车厢推举一人参加，后来，则是大家踊跃报名，抢着要说。一位校友为百年校庆作了几首歌，一上车，他就教大家唱，许多车厢开始对歌。由三节硬座车厢组成的"长明教室"，使很多人回忆起学校彻夜开放的教室。大家聊天、唱歌，久久不肯睡去。在长5米、宽1米的条幅上签名留念，使校友们激动欢喜，这条签名条幅将送到北大校史馆收存。列车每到一站，车上的校友就敲锣打鼓下车迎接上来的校友，北大专列欢迎"新生"的横幅令每一个准备上车的校友倍感亲切。一位已经60多岁的老校友说："'新生'两个字让我想起了刚入学的情景，仿佛自己又是一个无知青年，再次回到北大怀抱。"

所谓公共关系策划，就是公共关系人员在社会环境调查及公众分析的基础上，根据组织的公共关系状态和任务要求，设定公共关系目标，并为公共关系决策和公共关系计划创造性地设计、谋划、构想最佳行动方案的过程。

二、公共关系策划的程序

公关策划的实质始终在于创造性地整合资源。因为整合资源的前提是要有资源，所以策划人员平时一定要注意积累资源和善于挖掘资源。这些资源包括媒体资源、人脉资源、广告资源等。同时注意，创造性地整合资源必须能够为个人、企业或社会带来实实在在的价值，必须符合社会发展需要，否则就不能称其为一项成功的策划。

营销专家认为，在市场上取得成功靠的是：50%的产品因素+20%的策划+30%的执行。因此，我们的策划方案必须是能根据组织自身的状况进行的可行的方案。完善科学的决策和执行程序是将策划中人、财、物、时间、空间等要素进行合理匹配的过程，并最终形成可执行的公关方案。

公共关系策划是一个先后有序、逻辑推进的过程。英国著名的公共关系专家弗兰克·杰夫金斯提出了公关界比较公认的公关策划六步工作法：确定目标、设计主题、分析目标公众、选择媒介和传播渠道、编制预算、审定方案。在本书中，我们将公共关系策划的程序概括为确定公共关系目标、设计公关活动主题、界定目标公众、设计活动项目、预算活动经费和审定活动方案六个步骤。

（一）确定公共关系目标

公共关系目标是社会组织在一定时期内通过公共关系活动要达到的目的。公关目标是公关策划的首要内容，任何公关策划都必须确立公关目标，以控制公关活动全过程。它是社会组织策划、开展各种类型的公关活动所追求和渴望达到的一种公关状态，是在一定时期内能控制社会组织公关活动全过程的总目标和指导实施方案的分目标，社会组织的各项公关工作都要围绕公关目标而开展。公关目标是公关工作完成任务的标准及努力的方向,因而它也是检验公关工作成效的标尺。

1. 公共关系目标的类型

公共关系目标多种多样,按公关活动的类型,一般分为传播信息、联络感情、改变态度和引起行为四个方面的目标:

(1) 以传播信息为目标。这类公关目标是通过信息传播的方式,让公众知晓组织的真实情况,以达到经营管理的目的。如前面所述的"鸽子事件",其公关目标即属此类。纽约联合碳化钙公司通过"鸽子事件"制造的大量新闻,将公司总部搬迁及其新地址的信息迅速传播出去,方便新老客户和相关公众与其联系,实在是高明之举。同样,北京长城饭店在开业之初通过"里根总统的答谢会",使"高档豪华,服务一流"的五星级饭店形象蜚声海内外,也是做了一个微本万利的大广告。

(2) 以联络感情为目标。这类公关目标是通过对公众的感情联络,以获得公众对组织的好感和信任。如长城饭店"可爱的小天使"活动,其公关目标即属此类。

◆ **相关链接**

> 1985年圣诞前夕,长城饭店公关部邀请了一批驻华大使馆的孩子来饭店进行装饰圣诞树的比赛。除供应孩子吃喝外,还给每个孩子赠送了带有长城饭店标志的小礼物。此举使长城饭店几乎与所有的驻华使馆建立了联系和友谊。之后,无论哪一个国家的国庆日、独立日、解放日,或新大使到任,长城饭店都送去总经理贺信及礼物表示祝贺。许多外交官成为长城饭店的朋友,他们国家的来访者,很多成为长城饭店的宾客。

(3) 以改变态度为目标。这类公关目标是通过公关活动,改变公众对组织的心理倾向性。如长城饭店"盛大的集体婚礼",其公关目标即属此类。

(4) 以引起行为为目标。这类公关目标是通过公关活动,使公众产生对组织有利的行动。如比利时某啤酒厂的"免费啤酒"活动,其公关目标即属此类。

◆ **相关链接**

> 某日,比利时某啤酒厂在闻名于世的小便神童莫尼坎皮斯的雕像里灌入400L该厂生产的啤酒,让神童一向排泄的自来水变成了泡沫飞腾的啤酒。布鲁塞尔的市民纷纷携带杯子和瓶子排起长队喝免费啤酒,盛况持续了1个小时。真正吸引市民的,与其说是"免费",还不如说是"神童"——他曾经用自己的小便浇灭了侵略者的炸药引线,挫败了敌人毁灭布鲁塞尔的阴谋,拯救了比利时。小便神童莫尼坎皮斯是民族的象征。电视台和报社的记者及时摄下了这一情景,并进行了报道。

2. 确立公共关系目标的方法

(1) 与组织的整体目标相一致。公共关系是社会组织在完成工作总目标过程中派生出来的工作内容，它必然服从和服务于社会组织的总目标。这就决定了公关目标与社会组织总目标是从属关系，公关目标要从组织整体利益出发，作出通盘考虑。因此，在策划公关活动时，要根据组织的任务和条件来确定公关目标。

（2）塑造组织的有效形象。公关目标的内涵，一方面要考虑公众的共同利益和共同要求，另一方面要考虑组织自身的利益。确定公关目标时，要选择组织利益与公众利益的相交点，塑造组织的有效形象，实现社会效益与经济效益的统一，组织利益与公众利益的统一，特殊形象与总体形象的统一。

（3）把抽象的目标概念化、具体化。公关目标应明确、具体、可行、可控，形成体系，这样既有利于实施，又便于检测。公关目标应有明确的内容和任务要求，含义必须十分清楚、单一，可直接操作。公关目标应具体做到定性、定量、定时间、定空间。公关目标应可行，具有可测性、现实性和激励性。公关目标应可控，除有一定的弹性灵活应变外，还应有一定的应变措施，如备用方案、可替换的同质目标、追加目标等。

（二）设计公关活动主题

公共关系活动主题是对公关活动内容的高度概括，它对公关活动起着指导作用。公关活动中的每一项具体活动乃至演讲稿、宣传画、包装袋、广告等都要体现这一主题。能否提炼出鲜明的公关活动主题，公关活动主题能否吸引公众、抓住人心，是公共关系策划成败的一个重要标志。根据具体的公关目标，设计鲜明、简洁、亲切的主题，有利于逐步推进每一项公关活动的完成和总目标的实现。

公关活动主题的表现形式是多种多样的。它可以是一句鲜明的口号，如"助推岛城新闻业"；可以是一个寓意深刻的警句，如"四百年泸州老窖飘香，七十年国际金牌不倒"；也可以是一种简洁的陈述，如北京申办奥运会活动的主题"绿色奥运、科技奥运、人文奥运"。

公关活动主题看似简单，但要设计出真正能吸引公众注意力的主题却并非易事。一个好的活动主题，一般要考虑四个因素，即公关目标、信息特性、公众心理和语言表达。首先，公关活动主题必须与公关目标相一致，并能充分表现目标，一句话点出活动的目的。其次，表述公关活动主题的语言要新颖独特、个性鲜明，具有强烈的感召力。避免"三化"，即同一化、扩散化、共有化。再次，符合公众心理，切中公众心愿。主题形式既富有激情，又贴切朴素；既奋发向上，又可信可亲；既符合客观实际，又切中公众心愿，反映组织的追求。最后，主题词语注意审美情趣，简明扼要，易记易传。

◆ 相关链接

> 日本精工计时公司为使精工表走向世界，利用在东京举办奥运会的机会，进行了以"让世界人都了解精工计时是世界第一流技术与产品"为目标的公共关系活动，活动的主题是："世界的计时——精工表"。

（三）界定目标公众

组织和公众在数量上的关系是一对多的关系。一个组织所面对的公众很多，有的达到几十种，且有内外远近之分。但一个组织的精力和资源有限，在一定时期内，依据组织所面临的主要问题和已经明确的公共关系目标，只能将一些公众作为组织的重点工作对象，即为目标公众。目标公众是指与特定的社会组织开展的某项公共关系活动相互联系、相互作用的公众。也就是说，目标公众是特定的公共关系活动所针对的具体工作对象。组织将在最近的公共关系工作中，把注意力的焦点聚集在他们身上。而另外一些公众可能为泛化公众，不是组织现阶段的工作重点。因此，在开展一项具体的公共关系活动之前，需要明确目标公众，即对公共关系工作的主要对象作出选择，进行分析，以开展有针对性的公共关系工作。

1. 选择目标公众

选择目标公众的主要依据是公共关系问题和公共关系目标。所谓公共关系问题，就是组织和某些公众的关系存在着的问题，而目标则是对解决问题所能达到的程度要求和抱负水平的描述。比如，一个新成立的组织几乎没有什么名声，知名度很低，目标就是在全国范围内提高知名度。应该让谁知道有这个组织以及它的产品和服务呢？是让所有的中国人都知道呢，还是部分中国人——比如仅仅是城市里的部分收入比较高的女性？又如一个公司因生产事故造成环境污染，引起社区居民的强烈不满，被媒体曝光，这时候公共关系工作的目标公众就主要是社区居民和新闻媒体。

2. 分析目标公众

（1）要搜集目标公众的有关信息。这些信息一般包括以下四个方面：一是目标公众的基本情况信息，如目标公众的地域分布、性别比例、职业类型、收入情况等；二是目标公众的认知方面的信息，如目标公众对组织的产品服务、基本情况等的知晓程度；三是目标公众的态度信息，如目标公众对组织及其产品服务是如何看待的，是喜欢还是讨厌？是支持还是反对？四是目标公众的行为信息，如目标公众是怎样获得组织产品信息的，是通过广告还是由朋友介绍的？他们是如何购买产品的？对于相关问题，目标公众及其代表人物已经采取、正在采取和将要采取什么样的行动？在搜集信息时，要特别注意搜集目标公众代表人物的有关信息。

（2）要鉴别目标公众的需求。首先对目标公众的各种要求进行概括和分析，找出其中的共同点，把满足目标公众的共同要求作为开展公共关系工作的基本出发点。其次还要继续分析目标公众中的特殊要求，满足目标公众的特殊要求，往往是树立组织特殊形象的机会。当然，对目标公众的各种需求应该区分轻重缓急，一般按照其紧迫性、重要性和可行性加以权衡与选择，符合公众最大利益和符合组织的发展理念与发展利益的公众需求问题，应该优先考虑解决。

界定目标公众，有其重要意义。因为只有确定了目标公众，才能选定公关活动项目及实施人员；只有确定了目标公众，才能确定如何使用有限的经费和资源，确定工作的重点和程序，科学地分配力量；只有确定了目标公众，才能更好地选择传播媒介和工作技巧；只有确定了目标公众，才能有针对性地搜集既能被公众接受，又有实效的信息。

（四）设计活动项目

公关活动项目是指围绕公共关系目标在不同时期开展的各种形式的具体活动。

1. 确定公关由头

公关由头是指一项公关活动得以开展的价值和依据。设计公关活动项目时，先要考虑是否具备公关由头。没有公关由头的活动项目,不仅不可能取得良好的公关效果,反而会招致公众的反感。公关由头一般包括以下三个要素:

(1) 符合公众利益。公关活动项目必须能为公众提供信息、知识、服务等。

(2) 符合组织利益。公关活动项目必须与公关主体的工作性质有联系,或与公关主体的总体目标相一致。

(3) 具有新闻价值。公关活动项目必须是具有新闻性、公益性的事件,能够得到新闻媒介的关注和报道。

实质性的公关由头就是公众利益、组织利益和新闻价值的交汇点。寻找理想的交汇点是困难的,这就要求公关策划者反应灵敏,善于挖掘有效时间内公众最关心的话题和机遇。寻找公关由头,是公关策划者建功立业的基本功。

2. 选择公关时机

《兵经百篇·速字》说:"难得者时,易失者机。"意思是说:难以得到的是时间,容易失去的是机会。军事竞争要讲究时机,公关策划也要讲究时机。时机稍纵即逝,公关策划中不迅速看准和抓住时机,事后即使花数倍的精力和金钱,也无法收到时机之效。

公关策划的时机可分为四大类:固定时机、常规时机、偶然时机和组织营运过程中所蕴含的时机。

(1) 固定时机。这种时机常见的有固定节日、重大纪念日和其他有规律的节假日。

- 重大节日。如国际的劳动节、儿童节、妇女节、母亲节、父亲节、护士节等;我国的春节、中秋节、重阳节、教师节、青年节、植树节等;西方的圣诞节、情人节、万圣节等。
- 重大纪念日。国家、机构逢五逢十年的纪念日,伟人、名人逢五逢十年的纪念日,名作、名牌产品逢五逢十年的纪念日等。
- 其他有规律的节假日。如洛阳的牡丹花会、哈尔滨的冰灯节、广州羊城花会、内蒙古的那达慕赛马节、新疆的古尔邦节等。

这些日复一日、年复一年都有的固定节假日,人人都会想到它,因此公关策划必须在形式和内容上不落俗套,富于创新,而且所开展的公关活动要与这些日子有直接或间接的联系,才能取得好的效果。

(2) 常规时机。常规时机是指每隔一年或几年一次的各种文化体育活动,如亚运会、奥运会、锦标赛、博览会、展览会、电影节、青年歌手大赛等。这些常规性机会,是组织塑造良好形象、开拓发展的良好机遇。

(3) 偶然时机。每年每月每天每时总有一些大大小小的偶发性事件发生,公关人员只要具有强烈的公关意识,又善于观察发现,就可以不失时机地借用这些事件策划公关活动。偶然得到的机会,常常是一种真正的大好机会,充分利用它,能获得意想不到的效果。

(4) 组织营运过程中所蕴含的时机。组织营运过程中所蕴含的时机包括两类:一是组织重大事件发生的自然时间,如某工程奠基之时、落成之时,组织创办之际,企业推出新产品或新服务之时,企业销售额达到一个大的整数之时等;二是一些具有隐蔽性的时机,需要公关人员慧眼察觉,如组织运营过程中,可能会出现差错而造成组织形象受损,或者由于信息传播障碍而引起公众误解,或者由于外部某种原因可能引起公众关系恶化等。

相关链接

在确定公共关系活动项目的时间与地点时，应注意以下内容。

◆ 确定时间

确定时间即确定什么时间干、干多长时间的问题。

第一，时间表的确定。公关计划中时间表的确定，应以既定的目标系统为依据，按照目标管理的办法，从最终的理想状态目标、各类的总目标、项目目标，到具体操作目标，以及达到每级目标各需多少时间、各级目标的起止时间、所用时间总量，考虑如何安排最为恰当，然后形成一个系统的时间表。

第二，在确定时间表时要考虑横向关系的问题。公关工作是否能与其他工作同时进行而互不冲突，能否通过时间调配使两类工作的效果相得益彰；公共关系的一系列项目是连续进行，还是分段进行，怎样安排才能取得最佳效果。这些问题都必须在时间策划中加以解决。

第三，特别注意避开时间陷阱。即表面看要完成某项目标用时并不多，但由于预测不准、计划不周，工作展开后不能速战速决，反而越拖越久，耗时费力。

第四，完成各项任务可能需要许多过程，而每一过程又需要不同的时间。我们把完成每件工作所需要的时间做出估计，然后将它们加在一起就是总共所需的时间。

第五，时间预算有弹性。公关计划实施是一个动态的过程，随着情况的变动，计划在执行中很可能需要变动，制定计划时还应对时间预算留有一定的余地，使之保持弹性，一般要留10%~25%的余地。

第六，选择最有利时机。公关人员要注意匠心独具地策划、选择项目推出的最有利时机，争取做到一鸣惊人、事半功倍。

◆ 确定地点

确定地点就是将每次活动的地点确定、安排好。地点选择是否恰当与公关的费用及传播的效果密切相关。确定地点需考虑以下几个方面：

第一，需要选用什么样的场地和多大范围的空间，要由目标公众的活动空间来确定。

第二，应根据不同的公关项目内容来确定。有些活动项目只适宜在室内进行，如一些需要设备较复杂的影视教育和宣传演出活动等；而有些项目则更适宜在户外进行，如野餐联谊活动，对野外作业的工人进行现场调查、现场慰问等。

第三，要根据经济条件来决定开展活动的范围与租用场地的档次。公关工作是以智能取胜的工作，有时布置环境新颖别致、朴实无华，往往会收到意想不到的效果。当我们策划一些临时决定的聚会，如突发事件的记者招待会等，如果一时公众数目难以确定时，应在会场安排上留有一定的余地，或者在附近准备一个备用地点和备用方案，以防万一。

第四，根据自然条件允许来确定。某世界著名啤酒品牌打入北京市场时，请了某外国公司来策划，准备在北京国贸大厦广场做2000人的露天烧烤活动，意欲破吉尼斯世界纪录。该活动准备了100个新烤炉，也备好了乳猪、鸡腿，请了上百个厨师，却没有注意收听天气预报。活动当天下了一天雨，室内又无法烧烤，策划出了明显漏洞。因此在策划室外活动时，总要先确定天气情况。

3. 选择公关活动模式

公共关系活动的开展，可以采用多种方法和技巧。公共关系人员应根据本组织公共关系活动的特点，对公共关系活动中将采用的方法和技巧进行正确的选择。只有这样，才能使公共关系活动收到事半功倍的效果。

国内外的公共关系专家对各类社会组织开展的公共关系活动进行分析和研究后，归纳出许多种公共关系工作方法系统，即公共关系活动模式。这些模式为公共关系人员提供了可供选择的各类方法，对公共关系活动的开展具有指导意义。但是，我们应牢记：任何模式的选用都应充分考虑组织的具体特点，决不能生搬硬套，而是应根据组织的特点、组织发展的特定要求、社会环境所提供的具体条件以及公众的不同类型和不同要求，创造性地选用不同的模式，或在原有模式基础上创造出更有效的公共关系工作方法。

公共关系活动模式有两大类别十种类型。战略型公关活动包括五个类型，分别是建设型公关活动、维系型公关活动、进攻型公关活动、防御型公关活动、矫正型公关活动。战术型公关活动包括五个类型，分别是宣传型公关活动、交际型公关活动、服务型公关活动、社会活动型公关活动、征询型公关活动。

(1) 战略型公关活动。

- 建设型公关。建设型公共关系是指社会组织为开创新局面而在公共关系方面所做出的努力。即组织采用高姿态的传播方式，力图尽快打开局面，形成舆论，扩大影响。它适用于组织的开创时期，推出新产品、新的服务项目时期。如开业庆典仪式、剪彩活动和开业广告等。

- 维系型公关。维系型公共关系是指社会组织在稳定发展之际用来巩固良好形象的公共关系活动模式。适用于组织机构稳定、顺利发展时期。它有两个特点：一是采取中低姿态用渐进的方式向目标公众施加影响，从而达到期望的目标和要求；二是利用公众的心理特点使组织的形象慢慢渗透到公众的心目中，这种经过长期形成的观念，一旦发挥效能是不会轻易改变的。

- 防御型公关。防御型公共关系是指社会组织，为防止自身的公共关系失调而采取的公共关系活动模式。适用于组织出现潜在的公共关系危机的时候。其特点是：以防为主，防患于未然，避免矛盾尖锐化，同时防御与引导相结合。

- 进攻型公关。进攻型公共关系是指社会组织采取主动出击的方式来维护和树立良好形象的公共关系活动模式。适用于组织与环境发生某种冲突、摩擦的时候。其特点是：以较高的姿态、较强的频度、进攻的方式开展工作。

- 矫正型公关。矫正型公共关系是指社会组织在遇到问题与危机、组织形象受到损害时，为了挽回影响而开展的公共关系活动。适用于组织的公共关系严重失调、形象受到严重损害的时候。其特点是：及时发现存在的问题或潜伏的危机，并通过努力改变或消除这些不利因素，重塑组织形象。

(2) 战术型公关活动。

- 宣传型公关。宣传型公共关系是指运用大众传播媒介和内部沟通方法，开展宣传工作，树立良好组织形象的公共关系活动模式。其特点是：主导性强、时效性强、传播面广、推广组织形象效果快。其活动项目有：记者招待会、竞赛活动、庆典活动、展览会、信息发布会、印发宣传资料、制作视听资料、宣传橱窗、新闻报道、专题采访、经验介绍等。

● 交际型公关。交际型公共关系是指在人际交往中联络感情、广结良缘、深化交往层次、建立社会关系网络的公共关系活动模式。其特点是：节奏快、灵活性强、人情味浓。其活动项目有：招待会、座谈会、工作晚餐会、宴会、茶话会联谊会、会晤、信函往来、开放日活动等。

● 服务型公关。服务型公共关系是指一种以提供优质服务为主要手段，获得公众信任与好评，树立良好组织形象的公共关系活动模式。其特点是：为公众提供实实在在的服务。其活动项目有：咨询服务、售后服务、消费教育、消费指导、优质服务等。

● 社会型公关。社会型公共关系是指组织利用举办各种社会性、公益性、赞助性活动塑造组织形象的公共关系活动模式。其特点是：公益性和文化性。其活动项目有：节日庆祝活动、公益赞助活动、慈善活动等。

● 征询型公关。征询型公共关系是指通过舆论调查、民意测验的办法采集信息、分析研究信息，为组织决策提供参考意见的公共关系活动模式。其特点是：长期性、复杂性和艰巨性。其活动项目有：公关调查、民意测验、征集意见、征集方案等。

4. 设计公关活动项目应注意的问题

①针对性。公关活动项目要符合组织的性质和特点，要针对公关目标和目标公众对象。②可行性。公关活动项目要考虑到组织的需要与可能，以最小的投入获得最大的效益。③适应性。公关活动项目要考虑到执行过程中可能会出现的异常情况，使之具有一定的弹性和适应性，避免出现不良后果。④合理性。公关活动项目要注意适当分配各项目的活动时间，使之张弛有度。⑤连续性。公关活动项目要注意保持各项目的连续性，以利于积累成果，使每一个项目都成为表现、烘托主题的有用要素。⑥吸引力。公关活动项目要具有特色和竞争性，能充分吸引公众的注意力，引起公众的兴趣，给公众留下深刻的印象。

◆ **相关链接**

公共关系活动项目设计完成之后，公关策划人员还要按照活动开展的时间顺序和活动内容的内在联系，对公共关系活动项目进行合理的编排。编排公关活动项目时，每一个活动项目大致包括下列内容：
(1) 项目名称及目标。
(2) 项目的负责人、实施者及各自的责任。
(3) 项目的筹备、实施程序设计及时间表。
(4) 项目涉及的公众对象及必要分析。
(5) 项目所需的传播媒介、器材设备、外部环境等。
(6) 项目所需经费预算。
(7) 项目公关效果的考核标准和考核方法。

（五）预算活动经费

公关活动经费指实施公关专题活动所需的费用。任何一项公关活动都要花费一定的人力、物力和财力，预算公关活动经费对于公关活动的顺利开展是十分重要的。

1. 预算公关活动经费的重要性

（1）保证活动方案的可行性和现实性。预算公关活动经费，可以预先清楚地知道公关活动需要投入多少经费作为保障，做到心中有数，使公关活动方案具有可行性和现实性。

（2）统筹安排活动项目。预算公关活动经费，可以根据人力、物力和财力，统筹安排公关活动方案中的每一个活动项目，避免因陷入"财政陷阱"而使方案无法实施。

（3）严格控制经费使用。预算公关活动经费，可以给公关活动费用的分配提供一个坐标系，严格控制经费的使用，把钱花在刀刃上。

（4）便于活动效果评估。公关活动方案实施完毕后，可以根据公关活动的效益同成本预算之比来检测评估公关活动的花费是否值得，并且可以考核预算内各个项目之间的分配比例是否合理，为以后的公关策划提供参考依据。

2. 公关预算的基本构成

（1）行政开支。行政开支主要包括以下几点：

- 劳动力成本。公关人员的工资和其他酬金在公共关系费用中占有很大比重，是主要费用之一。这里所指的公关人员既包括公关专家，也包括在公关部门工作的一般人员，如秘书、接待人员等。在劳动力成本中，不但包括工作人员的基本工资、职务工资、奖金、福利补贴等，还包括外聘专家和劳务人员的开支。

- 管理费用。指维持公关部门的日常工作需支付的费用，通常包括房租、水电费、保险费、取暖费、电话费、上网费、办公文具费、交通费、维修费、折旧费、差旅费等费用。

- 设施材料费。设施材料费依据公共关系活动运用的技术手段而定，一般包括各种摄像视听设备及材料、展览设施和所需的各种实物等。

以上费用属于基本固定的日常开支。

（2）项目开支。指实施各种公关项目所需的费用，如赞助费、出资举办某项国际体育邀请赛及重大庆典的活动经费、转播车租用费、重大项目的专家咨询费、调研费、专项组织形象广告费等，还要为其他不测事件、偶发事件和突发事件准备一定的经费。这类费用的预算需要有较大的弹性。

（3）机动经费。在预算总额已定的情况下，应当计提一定比率（比如5%~10%）的机动经费，以备计划不周或出现偶然事件而造成经费紧张。

要科学、合理地预算公关活动经费，必须具备收集活动物品市场信息、劳动力市场信息、活动项目经费信息等方面的能力。

（六）审定活动方案

公共关系人员在进行公关策划时，通过分析组织内外的具体条件，可能提出了若干活动方案。在审定活动方案时，要对这些活动方案进行比较、择优，最后确定能够达到目标要求的最适当、最有效的活动方案。审定公关活动方案一般要经过以下三个步骤：

（1）方案优化。方案优化是提高方案合理值的过程，目的在于寻求尽善尽美的方案。

优化方案一般可从增强方案的目的性、增加方案的可行性和降低消耗三个方面去考虑，其方法有以下四种：

①重点法。当我们对同一方案进行优化时，可先分析目的性、可行性和耗费三个方面，哪一方面增加或减少对该方案的合理值影响最大，就把它定为重点，着力去突破这一薄弱环节，以使方案整体优化。②轮变法。在影响整体的要素中，将一个要素作为变数，其他作为定数，对作为变数的要素作数量的增减，以期在其他要素不变的情况下提高合理值，直至不能增加。然后，一个要素作变数，又将原来那个要素与其他要素一起作定数，依此类推，直至合理值不能提高为止。③反向增益法。在影响整体的要素中，以一个要素的较小变动去求得其他要素的较大变动，达到"舍寸进尺"的效果。④优点综合法。将各个方案中可以移植的优点综合到被选方案中，使被选方案优上加优，达到最优化。

（2）方案论证。方案论证是公关活动方案制定好后所进行的可行性论证。一般由有关领导、专家和实际工作者对方案的可行性提出问题，由策划人员答辩论证。方案论证的主要内容有：①公关目标论证。分析公关目标是否明确、能否实现以及对实现组织目标的意义。②限制性因素分析。分析公关活动方案在哪些条件下可以实施，在哪些条件下不可能实施。③潜在问题分析。预测公关活动方案实施时可能发生的潜在问题和障碍，分析防止和补救的可能性。④公关活动效果预测。对公关活动方案实施的预期效果进行综合效益评价，判断该方案是否付诸实施。

（3）书面报告与方案的审定。公关活动方案经过论证后，必须以书面报告，即策划书的形式报公关主体领导审核和批准。策划方案一经审定通过，便可以组织实施了。

任务三　公共关系实施

一、公共关系实施的意义

公共关系实施是指公共关系主体为了实现既定公共关系目标，充分依据和利用实施条件，对公共关系活动计划实施策略、手段、方法设计并进行实际操作与管理，力求达到计划目标的过程。任何未经实施的计划都是无实质意义的，从某种角度讲，即使科学、合理的计划也需要通过"有效"的实施才能体现其科学性与合理性。因此，公共关系计划的实施在公共关系活动中起着举足轻重的作用。

实施阶段是公共关系工作相对集中、具体的传播过程，其意义是显而易见的：

（1）把公共关系策划方案按计划转化为现实的公共关系活动，使之接受目标公众和实践的检验，可充分展示公共关系人员的实际操作能力和专业水平。

（2）按预定计划向公众集中地传播某些方面的信息，引起目标公众的关注，使他们加深对该组织的了解，形成组织所期望的态度与行为。

（3）解决组织公共关系方面存在的具体问题，实现公共关系工作的既定目标。

（4）实施阶段公众反馈的信息、取得的成效、出现的问题，既可以用来监测、评估公共关系活动的效果以及组织的公共关系状态、环境变化和无形资产的质量，同时可为开展后续的公共关系工作创造新的条件，提供新的奋斗目标。

二、公共关系方案的实施要求

一项公关方案在实施时能否真正达到预期效果，要把握以下几点：

（一）有效排除实施中的沟通障碍

公关方案的实施目的在于实现组织和公众之间的双向沟通。但在沟通过程中有不少障碍因素，如语言障碍、习俗障碍、观念障碍、心理障碍、组织障碍等。这些障碍都会影响信息的传播真实性，使组织无法顺利实现与对象公众的沟通。如不同民族习俗差异容易造成对信息的误解，封闭、极端观念能够造成对信息的排斥和沟通的破坏等。因此，在公关方案实施过程中，必须把这些障碍因素考虑到，并采取有效的措施予以避免和排除。

（二）及时妥善处理实施过程中的突发事件

对公共关系方案的实施干扰最大的莫过于重大的突发事件。如果组织不能及时、妥善地处理，不但使整个方案无法实施，甚至会给组织带来巨大的危机。面对突发事件最为关键的是应当保持头脑冷静，防止感情用事，认真剖析原因，正确选择对策。

（三）正确选择方案实施时机

公关方案实施时机的选择，对实施效果影响也很大。正确选择时机是提高公关方案成功率的必要条件。不同的公关方案，时机的选择也会不同。公关时机的选择一方面要服从组织整体公关策划；另一方面要使公众的心理期望得到满足。如果在方案实施过程中对时机进行精心选择与安排，整个公共关系方案将会借助于恰当的时机而受到良好的效果。那么，在公共关系方案实施过程中，应如何选择正确的时机呢？

（1）避开或利用重大节日。凡是同重大节日没有任何联系的活动都应该避开节日，以免公共关系活动色彩被节日活动冲淡；凡是同重大节日有直接或间接联系的公共关系活动方案，都应当考虑利用节日烘托气氛，扩大活动影响的辐射范围。

（2）避开或利用国内外重大事件。凡是需要广为宣传且与重大事件无关的公共关系活动都应避开国内外重大事件，以免活动被重大事件所冲淡；凡是需要广为人知又希望减少震动且与重大事件有关的活动，都可选择在重大事件发生期间，这样可借助重大事件的影响减少社会舆论的压力和关注。

（3）杜绝重大公关活动的同时开展。不应同时进行两项以上重大的公共关系活动，以免分散人们的注意力，削弱或抵消应有的效果。

（四）坚持目标导向，控制活动进度

目标导向和活动的控制是相互联系的，只有把握好目标导向才能控制活动进度。

在公关方案实施过程中，必须保证活动不能偏离公关方案目标，实施人员可利用目标对整个实施活动进行引导、制约和促进，以把握实施活动进程和方向。同时，在公关方案实施过程中，由于分工不同，实施人员各负其责开展工作，往往会出现多方面工作不同步的现象。因此，在公关活动进程中，应经常检查各方面工作的进度，及时发现超前或滞后的情况，搞好协调，使各方工作同步进行或平衡发展。

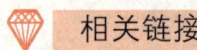
相关链接

> 美国一家牛奶公司意欲将该公司消毒牛奶打入日本市场，但在整个过程中遇到日本消费者、消费者联盟、销售商、牛奶场主、卫生部门和农林部门不同程度的障碍。公司第一步行动是与日本卫生部门联系，使之批准销售该产品；第二步是说服大销售商来经销消毒牛奶；第三步是与牛奶场联系；第四步是对消费者进行消费指导。每一步均在前一个行动取得成功的基础之上迈向新的目标。

（五）正确选择公共关系活动模式

公共关系活动模式有两大类别十种类型。根据公关工作的业务特点，可以将公共关系活动模式分为五种战术类型：宣传型公关、交际型公关、服务型公关、社会型公关、征询型公关。根据不同的组织环境和公共关系的具体状态，可以将公关活动模式分为五种战略类型：建设型公关、维系型公关、进攻型公关、防御型公关、矫正型公关。

公共关系活动模式是公关工作的方法系统，是由一定的公共关系目标和任务、数种具体方法和技巧构成的有机整体。公共关系的工作办法是多种多样的，不同类型的组织机构或同一组织的不同发展阶段，或同一阶段中针对不同的公众对象及公关任务，都需要选择不同的公共关系活动模式来进行活动。

（六）及时调整行动方案

由于公关方案实施的环境及目标公众的情况是复杂多变的，因而在实施过程中，必须不断把公共关系目标进行对照，如有偏差，应及时对方案、行动或目标做出相应调整。要依靠各种形式的信息反馈渠道，把方案实施的各种信息及时、准确地搜集汇总上来，研究分析并作为调整行动的根据。

任务四　公共关系效果评估

一、公共关系效果评估的意义

公共关系评估也叫作公共关系评价，它是根据特定的标准，对公共关系计划、实施及效果进行检查、评价，以判断其优劣、得失的过程。公关效果评估可以使组织对所进行的公共关系活动有一个客观的判定，通过效果评估可以进一步促进组织公关工作的开展。其意义主要表现在以下几个方面：

（一）通过效果评估，可以寻求领导的支持

通过公共关系的评估工作，可以使组织的领导者清楚地看到公共关系活动的作用与效果，充分认识到公共关系活动对塑造组织形象、提高组织的经济效益和社会效益的作用，从而进一步理解和支持公共关系的活动。通过效果评估，可以激励组织内部成员

公共关系工作的成果，通过专家的评估和社会舆论的评估，具有一定的客观性和权威性。因此掌握这些评估的结果尤其是比较好的一些认可，对组织内部成员来说可以达到鼓舞

士气的作用，有利于增强组织的凝聚力。

（二）通过效果评估，可以及时反馈信息，调整公共关系的策略

公共关系的评估，也是一个信息反馈的过程。在公共关系计划实施中，公共关系人员运用何种传播手段作用于公众，其效果如何，哪些方面工作做得好，哪些方面工作做得还不够且有待于继续努力改进，这些都是通过评估所得到的大众数据资料的信息反馈。这些信息反馈可以给决策者提供较有力的决策依据，也为调整公共关系的策略做好一些基础性的准备工作。

（三）通过效果评估，可以提高公共关系人员的能力和水平

通过评估工作得到的信息能使公共关系人员总结经验教训，找出失利或失误的原因，从而为进一步制定改进的措施与提高公共关系人员自我的公关能力与水平提供科学的、第一手的借鉴资料。

二、公共关系效果评估的内容

公共关系效果评估是对公共关系活动的全方位检测，公共关系组织希望得到的不仅是总体的印象评价，而且是非常具体和精确的评价。因此，对公共关系效果评估内容应当进行具体的分解。一般来说，公关评估的主要内容包括公关策划是否合理、方案实施是否到位、实施效果如何等。

（一）策划方案评估

在策划方案评估阶段，具体的公关活动尚未正式开始，评估的主要任务就是检验公关活动的前期准备工作。此阶段，应重点分析的项目有：公关策划方案是否合理；公共关系活动中准备的信息资料是否符合问题本身、目标及媒体的要求；沟通活动是否在时间、地点、方式上符合目标公众的要求；相对任务本身而言，人员与预算资金是否充分；有关资料及宣传品的设计是否合理、新颖；活动本身是否能达到引人注目、给人以深刻印象的要求等。

（二）实施过程评估

评估不仅仅是对公关效果的评估，更主要的是在公关活动的实施过程中发挥其监控、反馈的作用。如发现哪些决策是正确的、哪些决策是错误的、哪些决策不利于公众产生对组织的信任，以及发现决策实施过程中出现的偏差等。在这个阶段中，有4个不同层次的评估标准。

（1）检查发送信息的数量。组织在实施公关活动中的电视广播讲话次数、发布信件、其他宣传材料以及新闻发布的数量。

（2）注意该信息的公众数量。调查信息传播的效果，即有多少人注意到了这一信息。报纸杂志的发行量可以作为评估组织信息传播效果的潜在参考数据，事件、会议、展览的出席人数也可以作为这种评估的参考数据。

（3）接收到信息的目标公众数量。将收到信息的各类公众进行分类统计，从中找出目标公众的数量。对于公关组织者来说，收到信息的公众的绝对数量并不重要，而重要的是这些公众的结构。

（4）信息被传播媒介采用的数量。报刊索引和广播记录一直被用来作为查对传播媒介采用信息资料数量的依据。

（三）实施效果评估

实施效果的评估是一种总结性的评估。由于各次公关活动的目标不尽相同，除了力求从可观察与测度的角度将目标具体化以外，还有选择适当的评估标准的问题。这一阶段的评估标准有以下几点：

（1）检查"了解信息内容的公众数量"。公共关系活动的目的之一是为了增加目标公众对组织的认识和理解。公众没有了解或没有完全了解所有关于组织的问题，都会影响他们对组织的看法和行为。

（2）改变观点和态度的公众数量。这是评估实施效果的一个更高层次的标准。

（3）发生期望行为和重复期望行为的公众数量。

（4）达到的目标和解决的问题。

（5）对社会和文化的发展产生的影响。这种影响同其他各种因素共同起作用，并在较长时间里以复杂、综合的形式表现出来。

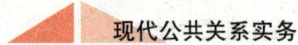 相关链接

> 如果一个企业将"让公众了解自己，支持当地福利机构，以改善自己的形象"作为公共关系活动的目标，那么，评估这样的公共关系活动的标准就不应该是了解公众是否知道当地报纸上哪一个专栏报道了这一消息及占用了多大篇幅，而应该是了解公众对企业的认识情况，以及观点、态度和行为的改变。

三、公共关系效果评估的程序

（一）确定统一的评估目标

公共关系评估必须有统一的评估目标，否则评估就失去方向，具体操作时就会无的放矢或偏离评估目标，从而影响到评估的效率与效果。评估目标还必须明确，必须合理并有量化指标体系，否则实施的效果就无法评价。确定了统一的评估目标，并将目标具体化，则会避免无用资料的搜集。此外，评估人员要将有关问题如评估重点等写成书面资料，以保证评估工作的正确方向。

（二）组建评估机构

评估工作是一项细微而又复杂的工作，因此要确定专职和兼职的评估人员，组建一个评估机构。评估人员的覆盖面要广，既要有专职的公关人员，又要聘请有关的兼职人员，如专家、同行、外部公众代表、内部公众代表等。

（三）选择评估标准

公共关系目标是组织的期望效果，也是公共关系评估的基本标准，比如组织知名度和美誉度的提高指标。如果一个企业公共关系活动的目标是通过一项社会公益活动来改善组织形象，那么评估的标准不只是大众传播媒体对这一活动做了多少报道，还应包括目标公众态度

的变化。

（四）全面实施评估

实施评估的过程实际上就是搜集信息、汇总资料的过程。通过实施评估，可以获取与此项公共关系活动有关的大量信息和资料，信息资料是评价效果的基本材料和依据。这里特别强调，要注意选择搜集评估资料的最佳途径。搜集评估资料可供选择的途径很多，主要依据评估目标以及评估标准来选择。资料搜集要全面、客观，要能反映公共关系工作各方面的情况，并尽可能做到准确无误。

（五）撰写并提交评估报告

公共关系评估报告是将公共关系活动的结果提供给组织的一种正式的公正性文本。它是通过文字、图表或相应的其他形式来体现开展公共关系工作的成绩、经验、教训、建议等评估工作的成果形式。它具有业务性强、理论性强、经验性强等特点。撰写时要遵循科学性、公平性、真实性、针对性、完整性、及时性、客观性、独立性的原则。

公共关系评估报告的内容主要包括：评估的目的及依据、评估的范围、评估的标准和方法、评估过程、评估对象的基本情况、内容评估、分析与结论、存在的问题及建议、附件、评估人员名单、评估时间等。

公共关系评估报告的撰写、提交为公共关系评估成果的运用提供了依据，并能保证组织管理者及时掌握情况、进行全面协调。

◆ 相关链接

"文无定法"，评估报告书没有固定的结构格式。按照评估的目的与要求，公关评估报告的结构可以采用不同的格式，灵活安排。结构服从于内容表达的需要。公关评估报告书的基本格式包括以下七个部分：

（1）封面。封面的主要内容包括评估书或项目的题目、评估时间、评估人以及保密程度、报告书编号。题目要反映出评估的范围和对象，排版应醒目、美观。

（2）评估人员。反映哪些人参加了评估工作，负责人是谁。

（3）目录。用来方便阅读报告书的人。

（4）前言。反映评估任务或工作的来源、根据，评估的方法、过程以及其他特别需要说明的问题。也有的评估报告书把评估的方法、过程等写进正文部分。

（5）正文。正文是评估报告书最重要、最主要的部分，也是评估报告书的主体。它包括评估的原则、方法、范围、分析、结论、存在的问题、建议等。

（6）附件。附件内容是对正文内容的详细说明和补充，是正文的证明材料。

（7）后记。主要说明一些相关的问题。如报告书传播的范围，致谢参加人员及相关单位等。

四、公共关系效果评估的方法

公共关系效果评估的方法有许多种，每一种都各具特色。在实施公共关系评估时，要根据所确定的评估的对象、目标、时间要求等选定与之相适应的评估方法。常用的方法有以下几种。

（一）自我评估法

所谓"自我评估法"，就是公共关系活动主体通过自己的亲身感受和体验而对公共关系活动给予的评价，也可以称之为"自我感觉"。当某一项公共关系活动结束后，社会组织应组织参与本次公共关系活动的有关公关人员对本次公共关系活动进行自我评估。总结一下做得怎么样，是否达到了预期的效果，自己所扮演的"公关"角色在公关活动中是否得体，还存在哪些不足，这些不足造成了哪些损失。因为公关人员是公共关系活动的直接组织者和参与者，他们处于公共关系活动的第一线，对整个活动的过程最了解，体验也最深刻。正是由于这个原因，决定了当事人对评估结果的理解更具独特性，这也是其他评估所不能替代的。而且通过公共关系机构和公关人员的自我评定，利于公关人员直接总结经验教训。当然，不可否认，这种评估往往带有公关人员的主观色彩，容易出现"自我感觉良好"和"报喜不报忧"的现象，与实际情况有差距。这就要求社会组织和公关人员在自我评估时要坚持实事求是的原则，从客观实际出发，力求做到全面、公正、合理。

（二）专家评估法

所谓"专家评估法"，就是聘请具有丰富公关经验和较高公关理论水平的专家对本组织公共关系活动进行的评估。请专家评估的理由是，一方面他们具有丰富的公关经验，是"旁观者"，他们能够越过组织环境的局限，使评估工作有较强的针对性；另一方面，由于他们各有特长，能够解决社会组织由于知识和专业限制不能做出正确评估的问题，更能够比较客观地找出存在的问题和差距。因此，采取咨询、座谈、评估等方法，聘请有关方面的专家，对社会组织的公共关系活动做出各自的评价，然后将专家的意见进行综合整理，能够从中得出比较科学的评估意见。专家评估的方式很多，可以直接聘请专家对本组织公共关系活动进行评估，也可以采取专家咨询法、同行评论法，还可以召开座谈会听取意见或者非正式地进行私下谈话等。

（三）公众评估

自我评估和专家评估很难真正代表公众的意愿，从某种意义上讲，公众的评价才是最现实的评价，公众的舆论才是最重要的舆论。特别是对公共关系公众而言，忽略了公众的舆论和评价，那么自我评估和专家评估也就失去了应有的意义和价值。在实践中，往往有这种情况，某项工作经过社会组织的自我评价，甚至通过了上级部门的检查验收，获得了有关专家及有关方面的肯定和好评，然而公众对此却并不认可，反而会产生反感情绪。这说明，公众的评价与组织自己的评价、专家的评价并不一致。公共关系是沟通公众的活动，公共关系评估不能不考虑公众的评价和意见。收集公众的意见，请公众为公共关系活动"打分"，通常使用的方法有：

（1）舆论调查法。主要是通过舆论调查的方式，了解公共关系活动对公众的认知、态度、观念所产生的可度量的效果。

（2）民意测验法。也叫民意调查法，是 20 世纪初美国公关专家盖洛普博士创立的。当时主要运用于收集总统选举的社会舆论，以后逐步运用于政治、经济以及社会问题的调查。民意调查，主要是运用问卷调查的方式，采取普查或抽查等方法对公众进行调查。通过汇集整理调查结果，可以比较客观地评估公共关系活动实施的情况。

（3）意见征询法。即通过与公众代表的对话，征询广大公众的意见和观点、建议。一般有公众代表座谈会和公众询问法两种形式。前者可以制度化，关键是确保与会代表的代表性；后者以口头、电话等方式，就一些设计好的问题，随机向被调查者提问，然后将收集到的被询问公众的意见进行汇集、整理和分析，之后形成综合意见。

（四）新闻媒介评估法

新闻媒介评估法是一种通过新闻媒介的报道和传播情况来间接评估组织公关活动的效果的评估方法。它包括：统计新闻报道的数量、评估新闻界对本组织的重视程度；分析新闻媒体的级别层次，评估本组织的影响范围；研究新闻报道的方法，评估所产生的社会效果；了解新闻报道后的反响程度和方向，评估组织在各类公众中的知名度和美誉度的升降变化。

（五）其他评估方法

这里，重点介绍目标对照法和形象比较法。

（1）目标对照法。所谓"目标对照法"，就是社会组织在某一项公共关系活动实施以后，将测量到的结果与原定的目标进行对照，以此来衡量和评估公共关系活动的成果。采用这种方法时，社会组织在制定计划时就要考虑到评估效果的测定。在确立公共关系活动目标时，最好能把目标具体化，用可以度量的方式明确规定下来，形成一个参考系。有了参考系，才能通过对比、衡量的方法，评估公共关系计划和实施的好坏与优劣。

（2）形象比较法。形象比较法即社会组织选定若干个竞争对手，然后进行形象比较调查。调查者一般不暴露自己的组织身份。回答者要对若干对象（包括本组织）的知名度、美誉度、产品价格、产品质量、售后服务、经营特点等项目进行比较评价，由此可以比较客观地了解到本组织在同行中的形象地位。

采用什么方法进行公共关系的评估，要依据评估的目标、条件、内容、时间要求、预算经费等方方面面的具体情况而定。可以针对这一项评估使用这一种方法，针对另一项评估使用另一种方法；也可以几种方法综合运用。必须因时制宜、因地制宜地灵活运用评估方法，更鼓励与时俱进地创新评估方法。

通过以上的公共关系效果评估，可将评估的结果写成正式报告。一是报告决策层；二是留档备查；三是在可能或必要的情况下，通过新闻媒体或内部刊物加以传播，以进一步扩大影响。

总之，公共关系工作就是循着调查——策划——实施——评估这样一个基本程序展开的。从整个过程来看，上述各个阶段是紧密联系、环环相扣、不得间断的。每一个循环的结束，又是下一个循环的开始。

> **相关链接**

公关效果评估的关键包括以下六个方面。

1. 覆盖率（Gross Impression）

覆盖率是广告效果评估中常用的一个词语，用在公关中也一样，特别是对传播活动的效果评估，必须搞清楚覆盖到了多少人群，如果不清楚覆盖率，做出来的媒体计划以及活动都是盲目的。

所谓的覆盖率也不仅仅是指一家媒体的覆盖率，比如一家企业的市场遍布全国，通过中央媒体的宣传是不是就能覆盖率100%呢？当然不是。一家发行量才5万的中央媒体，肯定不如一家发行量10万的区域媒体的覆盖率，前提是企业在那个区域有市场。

可以用这样一个的公式来表达覆盖率：覆盖率＝传播受众/市场所属区域的受众。

传播受众就是我们通过媒体影响到的受众，包括直接影响和间接影响。而市场所属区域的受众要这样理解，如果企业只在北京有市场，就不必要把宣传做到河南去，或者用中央媒体在全国范围内宣传。

2. 有效率（Effective Reach）

有效率是指虽然覆盖到了，但有可能重复覆盖，或者覆盖是不一定有效的。针对不同的企业，每份报纸杂志都会有其不同的有效率，企业当然要选有效率高的媒体。通常，企业顾及了有效率，却又忽略了覆盖率，需要两者兼顾。

另一个相关概念叫品牌发展指数，是指品牌在该地区的销售（消费者人数）占全部销售（消费者人数）的比例，用以评估品牌在该地区的相对发展状况。山区的消费能力是不能和城市相提并论的，在某些经济发展落后地区发行量很大的媒体，其有效率就很低。光看发行量，不问有效率，亦不可取。

综合覆盖率以及有效率，即可得出有效受众，它的作用可以直接用来表述宣传效果。

3. 千人成本（CPM-Per Thousand）

媒体每接触1000人所需支付金额，在计算上是以媒体单价除以接触人口，再乘以1000。

以千人成本能计算出企业推广需要的总费用，以企业的总目标受众除以千人成本，就是宣传总费用。企业在做年度宣传预算的时候，可以以此为依据进行推算，费用要求达不到时选择重点市场进行建设。

4. 准确性（Correctness）

失之毫厘，谬以千里。准确性的评估，是不可缺少的一个内容。做到覆盖率、有效率，还是效果不好，原因可能就是准确性差。信息被有效覆盖了，不等于被有效传递了。准确性包括的主要内容有传播定位的准确性、媒体策略的准确性、发布内容的准确性、传播方法的准确性等。

5. 传播力度（Power）

业内也有人称之为爆破力，或者说引爆。当然，这不能说明全部问题，爆破力只能说明在某段时间内的爆破，但传播力度还包括长时间的影响。针对爆破力而言，主要是指在某段时间内让企业的信息迅速充满媒体，并持续一段时间，这也是公关常用的一种方法，通常的一个事件营销就属于此类。通过对信息的占领，可以一下子吸引关注，并加强人们的记忆或者好感，从而达到公关的目标。关于爆破力的统计，可以选取一段时间，以媒体发布的数量、转载的数量、媒体跟进报道的数量进行统计分析，其中媒体跟进报道的数量能集中体现传播力度。

6. 公关指数提升（Improve of PR）

以上多是以传播为主的一些效果评估，当然公关绝不仅仅是传播，比如一些公众关系维护、项目游说、危机处理也都属于公关的范畴，对于这些内容的效果显然需要特殊的方法，而公关指数是一个较好的评估方法。比如，很多企业都需要建立和维护媒体关系，通过与公关公司的合作，以在媒体关系层面获得一定的提升。如果企业不能做到媒体在刊出负面报道之前就得到相关消息，说明媒体的关系还不够到位。这可以量化为一共建立了多少家核心媒体的关系，也可以从单家媒体的关系提升上取得评估。可见，在公关效果的评估时也要考虑这一点——公众关系是否有下降，这也回归到了公关的本质，否则，对于企业来说将得不偿失。

 增值阅读

微软的信息采集体系

微软公司有非常成熟的信息采集体系，采集渠道遍布各种媒介，任何手段都可能成为信息源。微软与美国国家统计局保持了紧密的合作，可以获得经济发展水平、各行业发展状况、地区发展水平及国内各地计算机及网络应用状况等宏观统计报告。由于美国本土的信息统计机构的运作方式非常发达，所以总部还积累了各国家和地区的宏观市场信息。在中国微软公司，以前较多关注总部的动态，而随着本土化策略加深，中国市场的环境成为关注的对象。微软的各分公司对信息有上载的义务，并定期生成当地市场情况分析报告，与美国总部的策略保持一致，这就保证了整体公司的信息吸取性。

微软在中国的信息获取70%以上来自互联网。这种网上信息拦截是通过合作伙伴实现的，根据政策环境、软硬件行业动态、网络业环境、竞争对手、到合作伙伴和终端市场动态等方面订制关键词，信息就会自动发至指定的链接。当然这种网上信息的拦截是定期更新的，有时甚至增加或减少。这是目前公司获取信息最快捷的方式了。为了保持信息的精准性，微软对合作伙伴的要求比较苛刻，经常对网上锁定的信息给予精准性测试。

随着微软本土化程度加深，对专项信息的需求朝着专业性、相关性、整合性的趋势发展，这样就需要与市场研究机构有更多的合作。但微软提倡各分支机构与美国咨询机构进行合作，这样可以保障专项调研的权威性和内部信息的共享性。例如微软中国与盖勒普公司有长期合作关系。每次微软有新的产品上市或新的开发计划都会有一手的市场调研资料作支持，在中国平均一年调研的频率是 5 次左右。但市场调研不光是量化样本的过程，在每次调研前，公司内部的技术人员、需求制定者、调研项目负责人会达成充分沟通，精心锁定每个样本，并就项目进行的原始相关信息进行汇总，为量化样本的信息采集提供原始背景资料。

微软公司的另一个信息来源就是自身的咨询顾问及公关公司，这一部分服务主要弥补深度性信息的不足。他们将许多报刊和行业资料进行整合，形成微软内部独有的信息服务机制。当然，微软是不会放过老对手的，他们的拓展专员、市场专员都有可能成为某一对手的专职信息员。他们嗅觉异常敏感，展会、研讨会、厂商推广等各种场合都成为他们获取信息的重要机会。

微软公司信息来源多种多样，文件的格式也是多元的。为了方便信息管理和分类，合作伙伴提交的信息以电子文件为主，对于纸质文件，微软公司会请很多兼职人员进行文字录入，公司信息资源全部统一为电子文档保存。网络系统是微软信息流转的最大财富，内部网中有大约 10 个专门的信息链接，网管员会对网站设立级别许可，可以随时查到美国宏观经济、行业统计信息，近 300 个国外公司的战略及市场动态等。内部信息网对不同的分公司设有专门上载文件的接口，这样总部可以随时掌握各地动态。服务于微软的公司首先须签订不扩散协议，由专门咨询机构定期负责信息上载和网站更新。所以说，微软的信息管理完全基于网络进行的。

另外，微软独特的企业文化氛围促进了内部的信息互动，这主要表现在企业内部信息上。在内部网的论坛里常有员工进行交流，其中不乏重要信息。各个员工对信息均给以关注，并通过内部邮件向相关人员发送，以尽快明晰对每一策略的影响。

微软公司的信息分外部信息和内部信息及内外交叉状信息。因为微软业务脉络比较庞杂，所以外部信息来源较广；而内部则需要知道总部的战略决策、市场总体动态、产品开发进程、最新的市场活动、产品最新决策等，内外交叉的信息是比较敏感的，主要指针对微软具体策略的分析报告、市场咨询结果等，也有些是公司内部决策边缘的动态。这样，整体形成了不同的信息树，并按重要度分为等级，按主题、时间、来源等都可实现信息的检索。

由于信息流转的时效性，微软公司的内部信息通过邮件交流的机会非常大。当信息专员按决策层情报议题搜集完毕，或整理出周期性策略参考后，通常以邮件形式发送到决策层。这样，参与整个信息流程的是三个方面，战略发展层负责方向性决策；而中层根据信息分析，产生对于目标的具体决策；执行层、销售部或拓展专员们做出相应的行动反映。在微软内部，信息渗透率很高，因为有效的信息采集与分析相配合，才能最终产生决策和市场行为，这也体现了信息的价值。在微软内部经常会有主题型例会，大家共同讨论某一竞争信息的对策。当然每个企业组织和文化不同，沟通机制虽然不同，但信息流转规则是相似的。对于像微软这样的重量级公司而言，健全的内部网络，合适的角色分工，战略层对信息有效的响应是公司信息运作的几个必备要素。只有信息流转顺畅，才可能提高整体公司的活力。

过去用于军事的信息叫谍报；而如今的商业信息才是真正产生价值的源头——"信

息比导弹更重要"。在当今社会中，企业获得了市场信息才能获得发展壮大的机会。若失去了市场信息，企业就失去了发展乃至生存的可能。许多企业在经历了价格竞争、质量竞争、服务竞争、品牌竞争后，越来越开始意识到，市场信息在企业信息化中具有不可替代的作用。因此，像微软一样，建立完善的信息渠道，善于利用调查的方法提高信息的利用率，是企业制胜的重要法宝之一。

项目小结

1. 公共关系调查是指公共关系人员运用定量分析和定性分析相结合的方法，科学、准确地收集有关社会组织公共关系状态的必要信息，为社会组织解决公共关系实际问题提供必要依据的一种实践活动。

2. 公共关系调查的内容大致分为组织基本情况调查、组织形象调查、社会环境调查、公众调查、传播媒体情况调查和公共关系活动效果调查六个方面。

3. 一项规模较大的公关调查可以划分为五个阶段：确定调查选题、制定调查方案、搜集调查资料、分析处理调查结果和撰写调查报告。

4. 公共关系调查的方法主要有访谈法、问卷法、文献研究法、观察法和实验法。

5. 公共关系策划是指公共关系人员在社会环境调查及公众分析的基础上，根据组织的公共关系状态和任务要求，设定公共关系目标，并为公共关系决策和公共关系计划创造性地设计、谋划、构想最佳行动方案的过程。公共关系策划的程序可概括为确定公共关系目标、设计公关活动主题、界定目标公众、设计活动项目、预算活动经费和审定活动方案六个步骤。

6. 公共关系实施是指公共关系主体为了实现既定公共关系目标，充分依据和利用实施条件，对公共关系活动计划实施策略、手段、方法设计并进行实际操作与管理，力求达到计划目标的过程。公共关系方案实施有具体要求。

7. 公共关系评估也叫作公共关系评价，它是根据特定的标准，对公共关系计划、实施及效果进行检查、评价，以判断其优劣、得失的过程。通过效果评估，可以寻求领导的支持，可以激励组织内部成员，可以及时反馈信息以调整公共关系的策略，可以提高公共关系人员的能力和水平。公关人员对公关活动的策划方案、实施过程、实施效果要进行评估。公共关系效果评估的程序为：确定统一的评估目标、组建评估机构、选择评估标准、全面实施评估、撰写并提交评估报告。常用的公共关系效果评估方法有：自我评估法、专家评估法、公众评估、新闻媒介评估法、目标对照法和形象比较法。

关键概念

公共关系调查　公共关系策划　公共关系实施　公共关系评估

教、学、做一体化训练

即测即评

请扫描二维码,在线测试本项目学习效果。

选择题

判断题

思考与练习

1. 简述公关调查的意义和程序。
2. 简述公关调查的主要内容。
3. 常用的调查方法有哪些?其各自的特点是什么?
4. 简述公共关系策划的程序。
5. 公共关系方案的实施有哪些要求?
6. 公共关系效果评估有何现实意义?
7. 简述公共关系效果评估的内容、程序和方法。

课堂讨论

1. 给猫挂铃铛

在一座古老的城堡里,生活着一群快乐的老鼠。他们在这里谈情说爱,安居乐业,过着神仙一样无忧无虑的日子。一只有学问的老鼠感叹说,这里简直就是老鼠的天堂。忽然有一天,尖利的猫叫打破了老鼠天堂的宁静。一只流浪的黑猫来到这里,给老鼠们带来了朝不保夕的恐惧和灾难。于是,老鼠们聚在一起召开动脑会议,商量怎样对付这只可恶的黑猫。老鼠们纷纷控诉黑猫的残暴,要找一个有效的方法来逃避猫的魔爪。那只有学问的老鼠摸了摸胡须,说:"我有一个主意,只要在猫的脖子上挂一个铃铛,就万事大吉了。这样,每当猫儿走近,我们就能听到铃铛的响声,及时地逃之夭夭了。""这个主意太好了!"全体老鼠欢声雷动。"可是,"另一只老鼠疑惑地问道,"怎样才能将铃铛挂到猫的脖子上去呢?"刹那间,所有的老鼠都闭上了嘴。(据《伊索寓言》改编)

讨论:老鼠们策划的方案存在的主要问题在哪里?你从这个方案中得到哪些启示?

2. 女总统的笑

时任马耳他女总统巴巴拉访问上海期间曾下榻锦江饭店。锦江饭店公关部的同志在接到任务后查阅了大量资料,进行了周密的准备。但巴巴拉一走进总统客房时,意外地发现了化妆台上放置了全套"露美"化妆品、烘发吹风机和珠花拖鞋,房内还放置了一架昂贵的钢琴。面对这极为中意的一切,她笑了,并高兴地弹起了钢琴。临行时她亲笔留言:"在上海逗留期间,感谢你们给予我第一流的服务!"

讨论: 上海锦江饭店公关部的人员采用哪种调查方法了解马耳他女总统的爱好?这种调查方法的优点是什么?

案例分析

潘婷——爱上你的秀发

1. 项目背景

创始于1837年的宝洁公司是世界最大的日用消费品公司之一。该公司凭着骄人的业绩跻身《财富》杂志评选出的全球500强企业前二十名,属下产品包括食品、纸品、洗涤用品、肥皂、药品、护发及护肤用品、化妆品等。

自1988年宝洁公司在广州成立其在中国的第一家合资企业——广州宝洁有限公司起,宝洁在中国已有二十多年的投资历程。其属下的一些著名品牌可谓家喻户晓,如潘婷、飘柔、玉兰油、佳洁士、碧浪等。

1999年5月,宝洁旗下的著名洗发水品牌潘婷打算于1999年8月在上海及浙江市场全面推出其最新的护发产品——潘婷润发精华素,从而带动一种全新的护发新理念,即:从简单护发到深层润发的重大改变。为配合该产品的发布,需要策划及展开一系列既新颖又有力度的公关活动。经过层层的筛选与比较,宣伟公关公司终于凭借有创意的策划及优秀的工作班子在众多竞争对手中脱颖而出,取得了推广潘婷润发精华素的任命资格。

2. 项目调查

在策划活动之前,宣伟进行了详尽的市场调查。由于潘婷润发精华素产品是美发领域的一项新突破,且其上市的时间1999年又正是新旧世纪交替的特殊时间段,再加上1999年10月1日又是我国建国五十周年的大日子,考虑到这一特殊阶段正是对文化、历史等领域进行回顾展望的好时机,而此类活动又比较容易引起媒介及大众的兴趣,宣伟最后决定举办一个名为"潘婷——爱上你的秀发"中国美发百年回顾展活动。该活动将是中国首次举办的有关美发技术及美发历史的回顾展,在吸引大众关注的同时,也能缔造潘婷品牌在美发界的先驱地位。潘婷在与大家一起回顾百年间秀发的时代变迁的同时,也能帮助消费者更好地了解不同时代的美发、护发产品及技术,并展望21世纪美发、护发的最新潮流及产品。

3. 项目策划

(1)公关目标。在上海及浙江地区的媒体中提高潘婷润发精华素的知名度,并通过举办中国美发百年回顾展树立潘婷业界护发先驱的形象。

(2) 关键信息。潘婷润发精华素倡导护发新习惯，潘婷润发精华素由内而外彻底改善发质，使用一次就有明显效果，潘婷润发精华素是新一代护发产品。

在制定了以上的关键信息后，宣伟策划将整个项目分三大部分完成：前期宣传、活动本身及后期善后工作。

前期宣传将侧重于争取各领域权威人士的支持并为产品发布活动做好铺垫工作。宣伟策划将潘婷润发精华素产品礼盒及使用反馈表发给上海及浙江地区的媒体及美发界、演艺界等领域的社会知名人士，首先争取他们对产品的认同和支持。在对产品有了一定认识的基础上再邀请各主要媒体召开一次媒介研讨会，为将来的正式活动打下伏笔。与此同时，一些前期活动的宣传工作也是必不可少的，如：在报纸上刊登一系列软性宣传文章及电台节目宣传等。

活动部分的重点将是展览会的组织，其中展览会开幕式活动又是重头戏，内容包括潘婷润发精华素产品上市记者招待会、纪录片播映、不同时代发型表演及有奖问答等。

后期工作将集中在与媒体的联络、文章剪报的落实及整个活动的总结分析报告。

4. 项目实施

(1) 前期活动。为了争取各领域权威人士的支持并为产品发布活动做好铺垫工作，将装有潘婷润发精华素产品及使用反馈表的礼盒发给上海及浙江地区的媒体及美发界、演艺界等领域的社会知名人士共330人。在这三百多位产品试用者中有超过一百多位回复了使用意见反馈表，所有人都给予潘婷润发精华素很高的评价，其中大部分试用者还表示在使用了该产品一次后，头发在柔顺度、光亮度方面就有明显的改善。

在对产品有了一定认识的基础上，再邀请各主要媒体于1999年8月5日在上海召开了一次媒介研讨会，为将来的正式活动打下伏笔。将近20位来自上海及浙江地区的记者参加了研讨会。为了增加信服力，潘婷还特别从日本邀请了研究发展部的潘婷护发专家为大家介绍护发的基本知识，并向大家当场演示了使用润发精华素产品的即时效果。为了活跃现场气氛并增加记者们的兴趣，护发专家还特别为每个人都作了头发测试，记者们透过头发测试仪了解了自己的发质并对怎样保养头发有了心得，可谓收获不小。

(2) 前期宣传。为了加强宣传的覆盖面及影响力，并直接影响到产品的目标消费群18～35岁女性，宣伟特别选择与在华东地区非常热销的生活类报刊《上海时装报》及拥有一大批年轻听众的上海东方广播电台合作，进行了一系列宣传活动，例如，在《上海时装报》上连续六周刊登了"潘婷——爱上你的秀发"中国美发百年回顾展系列关于头发故事的软性文章，与读者一起回顾百年来的美发变迁、分享护发小秘诀并对潘婷润发精华素及展览会情况做了介绍，以提升展览会的吸引力。

(3) 活动部分。"潘婷——爱上你的秀发"中国美发百年回顾展于1999年8月25日在上海图书馆一楼展厅举行。当时在选址问题上的确让人绞尽脑汁，由于展览会的地点既要外观有气派，又要交通方便，更要与展览会主题相符而具文化气息，几经周折最后终于选定了既具文化底蕴又地处闹市区的淮海路上新建的上海图书馆。

展览会的开幕式暨潘婷润发精华素上市会非常隆重，宣伟安排在展厅外悬挂了巨幅的宣传横幅以提高影响力及吸引力。来自上海、杭州、温州及宁波的80多位媒体代表参加了活动，其中包括大众媒体、商业/消费类媒体、生活及美容美发等不同类型的媒体，更囊括了上海6家电视台及浙江省各城市的4家电视台，真可谓盛况空前。

（4）后期工作。活动结束后，宣伟分别致电所有与会媒体进行交流，以不断改进今后的工作。更有其他省市的媒体在观看了有关报道后对该选题发生了浓厚的兴趣，并致电宣伟索取详细资料和图片供发稿之用。其中，中央电视台2套的生活栏目还特别选用了宣传的素材，在庆祝共和国成立五十周年的一系列回顾报道节目中，特别制作了一档长达15分钟的有关美发、护发专题的节目，造成了相当大的社会影响。

5. 项目评估

（1）综合评估。据统计，在全国范围内共收到相关报道64篇，其中包括4家电台及8家电视台。所有这些报道折合广告价格高达人民币230多万元。

活动结束后仅三个月，潘婷润发精华素就荣登上海最大的连锁店——华联集团的护发产品销售额榜首。该活动在造成一定社会影响的同时也提升了产品的销售表现。

（2）新闻报道分析。基本上所有媒体都提到了关键信息，占报道总数的95%。

有3篇报道只介绍了百年回顾展本身，但没有提到潘婷润发精华素产品。然而，这些报道都使用了潘婷润发精华素上市会的有关照片，读者很容易从照片上及其他媒体的报道上意识到潘婷是该活动的主办者，从而提高了潘婷的知名度。

较积极的正面报道数量占总数的95%，客观的中性报道数占5%，负面报道为0，这样的结果是令人满意的。

思考：
（1）这一公关活动属于哪种形式的公共关系？请你对这次公关活动进行评价。
（2）为什么要进行公关活动的前期调查？调查的重点是什么？

实践与操作

实训：公关策划

[目的]　本任务是公共关系课程中最关键也是技能性最强的一部分，而公关策划贯穿整个公共关系工作程序，它既要求展开调查分析、撰写调查报告，又要求针对调查报告发现组织存在的问题或潜在的机会，确定策划方案目标，完成策划方案；既要求依据策划方案落实方案，又要求根据整个公共关系工作程序进行量化评估。

通过实训可以巩固学生对公关调查、公关策划过程的知识点掌握，增强收集公关信息资料能力、统计和分析信息的能力、创新思维能力、写作能力、团队合作能力；加深对公关实务的理解，实现理论与实践的有效结合。

[地点]　课外+实训室。

[内容与要求]
1. 每班分5~6人为一个小组的若干小组。
2. 各小组确定策划对象，完成下列工作。
（1）确定策划类型：企业新形象策划、企业旧形象改造策划、产品推广策划、市场开拓策划、危机公关策划。
（2）展开调查分析：包括公关活动条件调查（组织现状、市场动态、竞争对手情况等）、企业形象调查（知名度和美誉度）、公众意向调查（公众构成、需求和评价）、传播媒介状况调查（大众传播媒介情况、专题活动媒介情况）
（3）撰写2000字左右的公关策划方案。

[策划格式要求]
1. 封面：题目、策划者单位或个人名称、策划方案完成时间、编号。
2. 序文：用简洁的文字作一个引导。
3. 目录。
4. 正文：活动背景分析、活动宗旨与目标、活动主题、基本活动程序、传播与沟通的方案、经费预算、效果预测等。
5. 附件：筹备工作日程推进表、相关人员职责分配表、经费开支明细预算表等。
6. 实训步骤：
分组并确定小组负责人——确定策划对象——确定策划类型——展开调查分析——撰写策划方案——班级交流与讨论——学生点评——任课老师点评打分。

项目六

策划实施公共关系专题活动

学习目标

知识目标

为了完成本项目，需要的理论知识：
1. 公共关系专题活动的含义、特点及主题。
2. 公共关系专题活动策划的要求（重点）。
3. 各种公共关系专题活动的形式及要求（重点）。
4. 四大类型公共关系专题活动的组织实施方法（难点）。

技能目标

通过完成本项目，应该能够：
1. 运用各种公共关系专题活动的理论知识分析案例。
2. 模拟策划和实施新闻发布会、展览会、赞助活动、开幕典礼等活动。

引导案例

香格里拉：让消失的地平线浮出水面

"香格里拉"是1933年英国著名作家詹姆斯·希尔顿在小说《消失的地平线》中所描绘的中国西南部藏区的一个永恒、和平、宁静之地。它寄托了人们对美好生活的憧憬，表达了人类寻求和平、文明与幸福的理想社会的热切愿望。半个多世纪以来，"香格里拉"始终是令许多人神往的地方，吸引了世人在中国西藏地区以及昆仑山、印度、尼泊尔等地苦苦寻找。但香格里拉究竟在哪里，人们一直众说纷纭。

而云南省从这一现象中注意到了品牌的商机。经过科学严谨的调研和论证，向外界

> 高调宣布："香格里拉就在迪庆！"
>
> 　　为了将香格里拉的品牌成功地传播出去，迪庆州开展了一系列营销公关活动。主要作为就是将小说中虚拟的香格里拉在迪庆藏区"域化"，这需要对香格里拉文化精髓的探究，需要对现存有关资料的详细收集与整理，更需要广泛地传播和促销以提升知名度。由此，他们采取了一系列的行动。
>
> 　　（1）由政府牵头，开始了规模浩大的"香格里拉"问题的学术研究论证。数十名专家查阅了大量藏、汉文献档案资料，从民族学、文学、宗教学、语言学、历史学、地理学等方面进行了充分论证，得出"香格里拉就在迪庆"的充分结论。
>
> 　　（2）政府召开新闻发布会，由省政府领导向外界宣布：香格里拉就在迪庆！并通过国务院批准，设立"香格里拉县"。这一新闻轰动了全世界，引起了外国媒体的广泛报道，成功地塑造了香格里拉的形象。
>
> 　　（3）对外界采取开放态度，热情接待国外来访者，并组织新闻媒体采风活动，掀起所谓"香格里拉"旋风，形成了"墙外开花墙内香"的有效传播途径。
>
> 　　事实证明，"香格里拉"旅游品牌产生了重大的社会影响，对迪庆州经济社会尤其是旅游业的发展起到了巨大的推动作用。如今，"香格里拉"已成为中国最热的旅游线路之一。
>
> （资料来源：《公关世界》杂志2011年1期）

　　在这一活动中，为了更好地让香格里拉"浮出水面"为世人所知，云南迪庆州由政府牵头，举行了规模浩大的"香格里拉"问题学术研讨会，召开了新闻发布会，并且还组织新闻媒体采风，开展相关的摄影比赛。其针对目标公众巧妙设计的公关活动，与传播手段相结合，形式多样、内容丰富，取得了良好的公关效益。

　　大型活动是公共关系活动最常见的一种形式，也是企业最容易达到其公关目标的手段。它的社会影响大、针对性强、沟通效果好，同时实施难度也较大。

任务一　公共关系专题活动概述

一、公共关系专题活动的含义及特点

　　公关专题活动是指社会组织为了某个公共关系主体的有效传播，有目的、有计划、有步骤地组织众多人参与、协调的社会活动。

　　专题活动通过同某一部分公众进行重点沟通和协商，达到树立良好的组织形象，扩大社会影响的目的。这是组织中公关人员经常采用的、成效比较明显的一种公关活动方式。

　　公关专题活动与其他一般性活动相比，具有以下明显的特点。

（一）针对性

　　公关专题活动突出专题的概念，重点强调公共关系对某一主题的针对性，即每一个公关活动应该传送一个鲜明的主题：为什么要举办这次活动？活动的目的，就是要通过活动把信

息传播给参加活动的公众，再通过大众传播媒介的宣传，影响更多的公众。

◆ 相关链接

青岛市多年来举办的国际啤酒节活动，目的明确、针对性强、影响力大，是一项非常成功的公共关系活动。通过这一活动，吸引了来自世界各地的朋友，宣传了美丽的青岛风光和美味的青岛啤酒，展示了青岛的旅游资源和商品资源，一举两得。

（二）传播性

公关专题活动的策划者把活动本身作为一个信息传播的载体，通过活动把信息传播给活动参加者，并且进一步通过参加者把信息传播到更广的范围。

◆ 相关链接

2001年7月13日，中国申办奥运会成功。中国申奥代表团在国际奥委会第112届全会上的一系列公关活动，成功地向世人展示了中国的实力，树立了中国的伟大形象，赢得了国际奥委会的赞扬，取得了奥运会的申办成功。

（三）协调性

公关专题活动是有组织、有计划、有步骤的协调行动。这种协调性表现在专题活动过程的各个方面和各个环节。一是目的与内容的协调，通过适当的内容来表达特定的活动目的。二是内容与形式协调，采取适当的形式表现内容。三是实施操作过程的协调，这是更明显的特点。尤其是大型专题活动在实施管理过程中，管理事项纷繁复杂，各个实施项目如果不能综合协调，就会影响专题活动效果，影响公关目的的实现，甚至造成一些相反的结果。

（四）效率性

任何一项专题活动，从策划开始到实施结束，都要动用人力、物力和财力，都要花费时间和精力，大型专题活动更是如此。因此，专题活动更注重效率性，讲求投入与产出的比率。需要说明的是，这种投资率一般不是立竿见影的，它需要经过一段时间、一定的过程才能反映出来。这是因为信息的传播需要一个过程，人们的认知也需要一个过程。

◆ 相关链接

公关专题活动又名"公关专门事件"或"公关特别节目"，美国策划家罗思在对公关专题进行解释时说："专题活动是一种能给人以直接刺激的媒介，这种直接性是报纸、杂志、广播、电视等媒介所不可比拟的。因此，专题活动是指为达到一定的目的，在一个特定的时期、特定的场合下，使成为对象的每一个人都能亲身体会到直接针对性的某种'刺激'媒介。在文化成熟、信息泛滥的今天，人们一方面要求通过大众信息达到一种平衡，而另一方面也开始追求通过特别信息以产生与他人有所不同的差别感。在这种新时代的潮流下产生的专题活动，是以其特别交流媒介的新职能而出现的。"

二、公共关系专题活动的主题

每一次公关专题活动都要有一个与企业公关总目标密切相关的明确的主题。主题应对活动内容高度概括,指导整个专题活动,一切具体操作都必须紧紧围绕主题进行。主题设计要确切、精彩,体现鲜明的目的性,其表现形式多种多样,可以是一个口号,也可以是一句陈述。

确定公共关系专题活动的主题时应考虑下列因素:

(1) 要能充分体现专题活动的目的,以实现目的为宗旨。任何有悖于目的实现的主题,设计得再精彩也是败笔,结果只能导致专题活动的失败。

(2) 要在分析公众的基础上加以设计,了解公众的需求和兴趣,要充分适应公众的心理需要,增强公众对企业的亲切感,从而易于接受。

(3) 要能突出专题活动的特色,既富有激情,同时又要具有鲜明的个性,切忌空泛和雷同。主题的设计要简明扼要,容易记忆,用通俗易懂的简要文字表达内涵丰富、鲜明生动的主题;否则不仅不易宣传,还会使人厌烦或产生理解上的歧义。

(4) 设计主题还应考虑本次专题活动与前后活动的连续性,给人以连贯、整体的感觉和印象,以便收到理想的效果。

三、公共关系专题活动的要求

专题策划的成功与否,直接决定着专题活动的效果。无论策划哪种形式的专题活动,都不应偏离一些基本要求。

(1) 主题鲜明突出。主题是策划的灵魂。主题选好了,策划就成功了一半。因此,策划的主题要求鲜明、突出,以求引起社会的广泛认同、支持和关注。

(2) 活动富有特色。公共关系专题活动的特色应主要体现在形式多样化、方式新颖独特上,力戒平淡、雷同。手法要多样、奇特。可以是晚会、比赛,也可以是灯谜、竞猜。

(3) 把握活动机会。开展公共关系专题活动要把握适当的时机,如重大事件发生时、中外重要节日、组织的特殊纪念日、偶然的时机等。重大事件往往能引起社会各界尤其是新闻媒介的广泛关注,而与此相关的活动也会成为新闻界关注的焦点,所以应抓住这些时机策划好公关专题活动,扩大组织的影响,增强公众与组织之间的情感沟通。

(4) 策动媒介配合。举办专题活动,目的就是让更多的公众认识企业。虽然专题活动本身就是一种媒介,但要想发挥专题活动的辐射功能,还需要借助各种大众传播工具。如印制传单、出版物、请名人出场,在电视台播放专题片,举办记者招待会,悬挂大幅标语等。

(5) 方案切实可行。举办专题活动耗资巨大,策划者要充分考虑其可行性,在活动开展前要做好可行性分析与论证,切忌盲目。如,日本一家商店于猪年新年,在店门口举办猪短跑比赛,结果铃声一响,猪四处乱窜,主人急得大汗淋漓,公众则感到此举无聊、好笑。

(6) 有效控制活动。控制过程就是活动的设计者、组织者根据所要达到的目的对整个实施过程进行导向性的进程把握。一次成功的专题活动,绝不可能是被动等待、任其自由发展的结果;一个优秀的设计组织者也绝不会放弃包括控制在内的管理手段。然而这种控制不是凭借任何人的主观想象去加以干预，而是严格按照预定的计划方案来加以实施。

（7）活动立足长远。组织策划公关专题活动要树立立足长远、服务公众的意识，不能采取为获得眼前利益而欺骗公众的短期行为，否则将因小失大。

公共关系专题活动有多种类型，如新闻发布会、社会赞助、庆典、展览会等，每项专题活动都应按要求进行。

任务二　常见的公共关系专题活动

现代企业为了让公众了解自己，沟通与公众的感情，或者为宣传目的，经常采用专题活动的方式来实现其公关目标。公关专题活动对于改善企业的社会环境，争取社会公众的理解和支持，加强企业之间的交往与合作，具有非常重要的作用。

一、新闻传播型公关专题活动

新闻传播型公共关系专题活动是以传播新闻信息为目的的公共关系活动。此种类型的公共关系专题活动包括以下基本内容：主动向新闻媒体提供本组织的信息，如企业文化建设信息、体制改革信息、产品与服务信息等，以便新闻媒介对组织产生良好而深刻的印象，并帮助宣传组织；巧妙地制造新闻事件，吸引新闻媒介及时报道，以便引起社会公众的普遍关注；举办新闻发布会，以便及时而广泛地发布重大新闻、扩大社会影响、提高本组织的知名度；与新闻媒介人士建立联系并经常沟通，以便通过他们了解社会动态和经营环境，掌握消费者需求变化，预测市场的发展趋势等活动。

（一）制造新闻

1. 制造新闻的概念

制造新闻也叫谋划新闻事件或策划新闻，是指社会组织以组织中发生的真实事件为基础，有计划、主动地策划并举办有新闻价值的事件活动，以吸引新闻媒介和公众的注意力，争取被报道的机会，从而把组织信息或组织形象传播出去的活动。它可以说是组织的传播者（公关人员）用特有的新闻敏感将原本普通或一般的事件挖掘出来，赋予浓厚的新闻色彩，使其具有新闻价值。制造新闻是公共关系工作中艺术性、技巧性最高的活动之一，要靠公共关系人员广博的知识、超凡的想象力和丰富的实践经验来完成。

制造出来的新闻是公共关系人员精心策划的结果，比一般新闻更能迎合新闻界及公众的兴趣，能明显提高组织的知名度。但制造新闻必须遵循公共关系的基本原则，不能愚弄和欺骗公众，损害公众利益和社会利益。

2. 制造新闻的方法

（1）就公众某段时期最关注的话题制造新闻。每一段时间总有公众比较关注的话题，如重大体育比赛、重大灾情事件、国内重大政治活动等，结合这些话题制造新闻，往往能引起新闻界的关注。如2001年是确定2008年奥运会举办城市年，北京申办奥运会是全中国人向往已久的大事，许多组织利用申奥开展大规模的公共关系活动，宣传效果非常好。

（2）抓住"新、奇、特"制造新闻。新、奇、特是新闻价值的要素，策划具有这些特点的活动，可以吸引公众注意力。

（3）有意识地将组织与社会名流联系在一起。通过邀请名人主持剪彩、参加组织庆典、参观组织活动等，利用名人的知名度吸引记者前来采访。

◆ **相关链接**

> 1978年，天津墨水厂试制成功了一种适合中国书法和中国水墨画用的高级书画墨汁，命名"鸵鸟墨汁"。由于墨汁是瓶装液态商品，仅凭看一看、闻一闻无法鉴定其质量，显示特色。为了使这种新产品能尽快为消费者所了解、接受，天津墨水厂采用了借用名人的做法。他们邀请北京、天津两市30多位书画家挥毫试墨，墨汁运笔流畅、墨水纯正、纸张不皱、宜于托被、不渗墨汁，质量非常好，各书画家纷纷作画赋诗赞誉，"鸵鸟墨汁"因此赢得了顾客。

（4）利用传统节日、纪念日举办公共关系活动。传统节日、纪念日活动年年都是新闻报道的重点，联系传统节日、纪念日开展有新意的公共关系活动，容易引起新闻界的关注。中国的传统节日主要有春节、元宵节、清明节、端午节、中秋节等；现代节日有元旦、国际劳动节、妇女节、植树节、青年节、儿童节、建军节、教师节、国庆节、老人节等。近几年，西方国家的一些节日如圣诞节、情人节、母亲节等在国内也流行起来。每一个节日都是组织开展公共关系工作的好机会。

（5）与新闻机构联合举办公共关系活动。与新闻机构联合举办活动，也是组织扩大自身影响的大好时机，新闻机构出于自身利益必将全力以赴。组织可与新闻界联合举办知识竞赛、联谊活动、文艺晚会、各项评选活动等。

（二）新闻发布会

由组织举办的新闻发布会，一般由组织负责人或公关部负责人直接向新闻界发布有关本组织的重要信息，然后通过新闻界把消息传递给公众。新闻发布会是公关人员用来广泛宣传某一消息的最好工具之一，是相互理解和良好沟通的宣传型公关活动。

1. 新闻发布会的特点

（1）正规隆重。以新闻发布会发布消息，其形式比较正规、隆重，规格较高，且参加者有身份和地位，容易引起社会广泛的关注。

（2）沟通活跃。新闻发布会上，为了更好地挖掘信息，记者可以根据自己感兴趣的方面进行提问，组织也可以通过会议增进对新闻界的了解。在这种形式下实行的是双向沟通，是其他形式活动所不能比拟的。

（3）信息传递快速、准确。举办新闻发布会一般是在组织发生重大事件需要对外发布信息的情况下进行的，要求紧迫，如组织拟定重大发展规划或新决策即将付诸实施时；新产品、新发明研制成功之日；突发事件发生时等。要求信息快速、准确地对外公布，降低公众的误解、疑虑。同时，在新闻发布会上，记者可以根据自己感兴趣的方面进行提问，加深对于信息的挖掘，更好地发布信息。

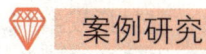

案例研究

刘翔退赛的新闻发布会

北京时间2008年8月18日上午11点50分,披着红色战衣和蹬着黄色战靴的刘翔出现在110米栏起跑线上,但是在第一枪起跑之后,刘翔起跑后悲情的一幕发生了,刘翔的右脚明显出现问题,在裁判示意有人抢跑之后,刘翔停了下来,然后无奈地将身上白色2号道标志摘了下来,踉跄地低着头走出了"鸟巢"。

刘翔退赛30分钟后,刘翔的教练孙海平和国家田径队主教练冯树勇召开了新闻发布会。面对媒体,孙海平首先向各位媒体朋友道歉,承认刘翔因伤退赛的事实,其次,表示对退赛的遗憾,并说明刘翔及所有人一直都在尽最大的努力备战。再由主教练冯树勇对刘翔脚部受伤程度、受伤经过等细节进行详细解释。

新闻发布会后,无论是现场的观众,还是网民都迅速对刘翔退赛的行为表示理解、同情和安慰,还纷纷祝福刘翔早日康复,早日回到赛场。

(4)难度较大,耗费较高。新闻发布会在时间和经费支出上相对较多,同时,对组织发言人和会议主持人的要求很高,如发言人和主持人需要十分敏感、善于应对和反应迅速等。

2. 新闻发布会前的准备

(1)确定举行新闻发布会的必要性。根据新闻发布会的特点,在新闻发布会举行之前必须对所要发布的消息是否重要、是否具有广泛传播的新闻价值及所发布新闻的紧迫性与最佳发布时机进行分析和研究。只有在确认召开的必要性和可行性后,才可决定召开新闻发布会。

一般来说,社会组织举行新闻发布会的原因,有以下几个方面:出现紧急情况,如爆炸事件、起火事件等;对社会产生重大影响的新政策的提出;企业的新技术、新产品的开发和投产;组织对社会做出重大贡献或善事;推出影响社会的新措施;企业的开张、关闭、合并转产;组织的重大庆典等。

(2)提出中心议题。中心议题的提出,往往根据企业发生的事件和作出的决策来确定。比如,是宣布重大决策,还是公布新的信息;是就某一事件进行解释,还是就某一事件的背景进行介绍,这些都必须首先确定下来,整个发布会即围绕这一中心议题展开。

(3)确定应邀者的范围。应邀者的范围应视中心议题、问题涉及的范围或事件发生的地点而定。如果事件涉及全国,就要邀请全国性新闻单位的记者出席;如果事件的影响仅限于本地,则可邀请当地新闻单位的记者出席;如果事件涉及专门业务,则宜邀请行业或专业性新闻单位的记者出席。邀请的记者覆盖面要广,电台、电视台、报纸、杂志等,各种新闻机构都要考虑到。既要有文字方面的记者,也要有摄影方面的记者。邀请对象确定后,应提前发出邀请,并通知会议的地点和时间。

(4)资料准备。新闻发布会需要的资料主要有两个方面:一是会上发言人的发言提纲和报道提纲;二是有关的辅助材料。前者应在会前根据会议主题,组织熟悉情况的人成立专门的小组负责起草。其内容要求全面准确、简明扼要、主题突出。发言人的发言提纲和报道提纲的内容在组织内部应先通报一下,从而统一口径,以免引起记者猜疑。

辅助材料的准备，应围绕会议主题，尽量做到全面、详细、具体和形象。它包括发给与会者的文字资料、布置于会场内外的图片、实物、模型，也包括将在会议进行中播放的音像资料等。

（5）选择新闻发布会的地点和时间。

● 在地点选择上主要考虑给记者创造各种方便采访的条件。例如，是否具备录像、拍摄的辅助灯光，视听辅助工具，幻灯、电影的播放设备等；会场的对外通信联络条件如何，交通是否便利；会场是否安全舒适，不受干扰；会场内的桌椅设置是否方便记者们提问和记录，等等。

● 新闻发布会的日期，应尽量避开节假日和有重大社会活动的日子，以免记者不能参加会议，影响发布会的效果。

（6）确定主持人和发言人。由于记者的职业要求和习惯，他们常常在会上提出一些尖锐深刻甚至很棘手的问题，这就对主持人和发言人提出很高的要求。要求主持人思维敏捷，反应机敏，口齿伶俐，有较高的文化修养和专业水平。会议的主持人一般可由具有较高公关专业能力的人来担任。会议的发言人应由组织的高级领导来担任，因为高级领导清楚组织的整体情况，掌握组织的方针、政策和计划，回答问题具有权威性。若高级领导尚不能胜任，需要在会前进行必要的训练和准备，以达到在会上应付自如的能力。

（7）组织记者参观的准备。在新闻发布会的前后，可以配合会议主题组织记者进行参观，给记者创造实地采访、拍摄、录像等机会，增加记者对会议主题的感性认知。应在将要参观的地方派专人接待，介绍情况。

（8）小型宴会的安排。为了使新闻发布会收到最佳的实效，在本组织财力允许的情况下，可以安排小型宴会或工作餐。这也是一种相互沟通的机会，可以利用这种场合融洽与新闻界的关系，及时收集反馈信息，进一步联络感情。

（9）其他。其他工作，比如，应根据会议的规模和规格作出费用预算。费用项目一般有场租、会场布置、印刷品、茶点、礼品、文书用具、音响器材、邮费、电话费、交通费等。在发出邀请信后，开会前应再电话落实。此外还应安排接待人员，布置会场，准备音响器材、签到名册等。

3. 新闻发布会中的注意事项

（1）会议发言人和主持人应相互配合。新闻发布会在进行过程中，应始终围绕着会议主题进行。这就需要会议的发言人和主持人配合一致，相互呼应。如当记者的提问离主题太远时，主持人要能巧妙地将话题引向主题，发言人通过回答问题将话题引到会议的主题上来。

（2）对于不愿发表和透露的内容，应委婉地向记者做出解释，记者一般会尊重东道主的意见。不可以"我不清楚"或"这是保密的问题"来简单处理。

（3）遇到回答不了的问题时，应告诉记者如何去获得圆满答案的途径，不可不计后果随意说"无可奉告"或"没什么好解释的"，这会引起记者的不满和反感。

（4）不要随便打断和阻止记者的发言和提问。即使是记者带有很强的偏见或进行挑衅性发言，也不要激动和失态，说话应有涵养，切不可拍案而起，针锋相对地进行反驳。

（5）组织新闻发布会必须注意对待记者的态度，接待质量如何将直接关系到发布消息的成败。与新闻界合作应以"真诚、主动"为方针，切不可因为自己的组织在社会上有了一定的声誉就趾高气扬，认为记者有求于己。对记者的接待，不论以何种方式，公关人员都必须时刻牢记记者的双重性。首先，作为人，他希望接待人员对他尊重、热情，并了解他的姓名、供职的单位、专业甚至他的作品；更重要的是，记者是专业人员，他希望给他提供工作之便，如一条有发表价值的消息、一个能拍到新奇照片的机会、一个电视导演感兴趣的生动场面、一条电台记者希望采访到的重要消息等。总之，应尽量满足他们的合理要求。

4. 新闻发布会后的工作

作为一项活动的完整过程，会议结束之后，要及时检验会议是否达到了预定的效果。所以，会后工作主要有如下内容：

（1）搜集到会记者在报刊、电台上的报道，并进行归类分析，检查是否达到了举办新闻发布会的预定目标，是否由于工作失误造成消极影响。对检查出的问题，应分析原因，设法弥补损失。

（2）对照会议签到簿，检查与会记者是否都发了稿件，并对稿件的内容及倾向做出分析，以此作为以后举行新闻发布会时选定与会者的参考依据。

（3）收集与会记者及其他代表对会议的反应，检查新闻发布会在接待、安排、提供方便等方面的工作是否有欠妥之处，以利于今后工作的改进。

（4）整理出会议的记录材料，对新闻发布会的组织、布置、主持和回答问题等方面的工作做一总结，从中认真吸取教训，并将总结材料归档备查。

二、展示型公关专题活动

展示型公共关系专题活动就是通过实物展示、环境展示、图片与模型展示，广泛吸引公众的注意和参观，并吸引新闻媒介的关注和报道，以提高组织的整体形象或产品的知名度、美誉度的公共关系活动。

展示型公共关系专题活动主要包括各种类型的展览会、展销会和对外开放参观。作为一个企业，可以自己举办小型展览会，也可以有目的地去参加专业机构举办的大型展览会或展销会。

（一）展览会

展览会属于有较强心理刺激的直观型公关活动，是一种复合性传播方式，是一种多媒体交叉混合的传播活动，它利用了人际传播与大众传播相结合的交流方式，因此，在宣传效果上比一般的文字或口头宣传更有说服力，更引人入胜。

1. 展览会的特点

（1）传播手段的复合性。展览会是一种复合性的传播方式，它通常用多种媒介进行交叉混合传播，通常采用的实物展示如展品、模型、实物演示、展厅等；文字媒介如印刷类宣传册、展品文字解释等；声音媒介如讲解、现场广播、广播录音等；人体媒介如模特、服务员、礼仪人员等。它综合了多种媒介的传播优势，具有很强的吸引力。

（2）传播效果的直观性。展览中直观的实物、亲切动人的解说、形象的图标、悦耳的背景音乐、精致的造型艺术都给人以直观、形象的视觉感官，有效增强了展览会的真实客观性，给观众留下深刻的印象。现场如果配有操作表演，更会给人以"亲眼看见""眼见为实"的感受。

（3）公众沟通的双向性。展览会给组织与公众提供了直接接触、交流的机会。通过听取讲解、交流和讨论，加深了公众对组织或组织产品的认识；与此同时，公众给组织提出的反馈意见，对组织今后的发展也有很大的好处。简而言之，展览会实现了公众沟通的双向性。

（4）沟通方式的高效性。展览活动可以一次展示许多行业的不同产品，也可以集中同一行业的多种品牌来展示，是一种高度集中和高效率的沟通方式，它为参观者提供了更多的机会并节省了大量的时间和费用。

（5）新闻媒介的关注性。展览会属于综合、大型的社会活动，是新闻媒介关注的焦点。因此，展览会往往成为传媒采访的热点，这对于提高展览组织的知名度和美誉度有很大的帮助。

2. 展览会的类型

（1）按展览会的规模分类。大型展览会。大型展览会通常是由专门性的组织机构或单位负责筹办，企业应召参加的一种全方位的展示活动。它的规模一般很大，参展项目多，参展内容全面，综合概括性强。像世界著名的"日本筑波国际展览会""中国改革开放十年成果展览会"等，都是规模宏大、内容丰富，全面展示了世界范围或一个国家和地区的优秀成果。大型展览会的时间一般都较长，影响也相当大，是组织宣传形象的好机会。但由于其形式不拘一格，对主办者和参展者的技术要求很高，故需要充分的准备。其规模可大至世界性的博览会，如在我国昆明举办的"世界园艺博览会"等。这类展览会是综合性的，参展的组织多，展出的项目多，涉及面广，需要有较高的专业技术水平才能办好。

小型展览会。规模较小，如"某某绘画作品展""某某公司产品展示"等。这类展览会常常由一个组织自己举办，展出的项目比较单一。

微型展览会。这是一种最小规模的展览，如商店橱窗的商品展览、某组织的宣传橱窗展示、流动展览车等。

（2）按展览会性质分类。宣传性展览会。通过展品向观众宣传某一思想或观点，或让观众了解某一史实，其特点是重在宣传，没有商业色彩，不产生直接的商贸活动，展品通常是照片、资料、图表及实物等。如"不负人民的希望——中国共产党建党80周年纪念展"。目前，这类非商业性展览在公关活动中已越来越受到国内企业界的重视。

贸易性展览会。举办这种展览会的目的是促进商品交易，展出的也是一些实物产品和新技术等。这种展览会有一个最大的特点，那就是商品展览与订货销售融为一体，如我国每年春秋两季在广州举行的"中国出口商品交易会"等。

（3）按展览会内容分类。综合性展览会。综合展示一个国家、一个地区或一个组织的建设成就，既有整体概括，又有具体形象，观众参观后会有一个比较完整的印象。如"中国改革开放20年成就展""世界博览会中国馆"等。

专业专题性展览会。专题性展览会通常是由企业或行业性组织，围绕某一特定专题而举办的展示活动。与综合展览会相比，其内容较为单一、规模较小、无综合性，但要求展示的主题鲜明、内容集中而有深度。像"中国酒文化博览会"，就是专门以展示酒为核心，通常以酒来展示企业文化和中国传统的酒文化。专题展览会不像综合展览会那样繁杂，故比较多见。如"北京计算机产品展示会""全国医用设备展览会"等，都是以某一专题为主要内容的展示活动。此外，更有一些小型展览会，是由企业自办的，所以灵活性很强。企业自办的小规模新产品展览会、企业产品（样品）陈列、与产品销售相结合的展销（以展为主）和橱窗展示，也都是专题展示活动。如"上海市仪表工业展览会""防火安全展"等。

（4）按展览会时间分类。

长期展览会。展览形式是长期固定的，如故宫博物院、敦煌博物馆等。

定期展览会。展出内容定期进行更换，如北京和上海的工业展览会。

短期展览会。这是一种展出时间较短，展览结束后即刻拆除的展览会，如"秋季服装展销会"。

（5）按展览会空间分类。

室内展览会。通常较为精致、贵重的小型展品，都采用室内展出的方式，如"中国著名书法家作品展""景德镇名瓷艺术展"等。室内展览的好处是不易受气候影响，展示效果好。但是室内展台租金较贵，布置较复杂，所需费用大。

露天展览会。花卉、大型机械设备、运输工具等，通常都采用露天展览的方式，如"洛阳牡丹展""国产轿车展"等。露天展览的好处是较少受展品大小限制，布置展台容易简单，花费少，但受气候影响大，展示效果没有室内好。

室内和露天结合展览会。例如，综合性博览会、工业展览、军事武器展览等，大多采用综合室内露天结合的展示方式进行，以适应各种不同展品展示的需要。

◆ 相关链接

> 20世纪50年代初，美国奇异电气公司曾策划一项大规模的列车巡回展览的公关计划，活动取名为"让美国的快车增加电力"，首次运用当时最新式的流线型列车，列车内共布置有2000多种电器、电器的生产制造程序及技术表演，共巡回3万英里，遍访全美各工业中心，产生了巨大的影响。

巡回展览会。这是一种流动性的展览，往往利用车辆把展品运往各地巡回展出。如"农业科技书刊巡回展"。

3. 展览会的策划与实施

举办展览会是一件比较复杂的工作，需要公共关系人员用自己的聪明才智对其进行策划与实施。

（1）必要性和可行性分析。在举办展览会之前，首先要分析其必要性和可行性。展览会是综合性的公关专题活动，需投入较多的人力、物力、财力，如不对其必要性和可行性进行科学的分析论证，就有可能造成两个不良后果：一是费用开支过大而得不偿失；二是盲目举办但起不到应有的作用。因此，应对展览会的投入与产出（物质的、精神的）算一笔细账。如果经过分析论证，认为有必要举办并且举办方案也切实可行的话，才能决定举办展览会。

（2）明确展览会的主题和目的、展览会的传播方式和沟通方式，确定整个展览活动的领导者、策划者、执行者和工作人员。

（3）确定参展单位、参展项目和参展类型。举办单位可以通过广告、发参展邀请函等方式邀请吸引参展单位。广告和邀请函中应当写明参展的主题、宗旨、项目、类型、要求、费用预算和可能参加展览会的观众等。

（4）明确参观者的类型。举办单位针对展览会分析公众，明确可能参加展览会的观众类型、大致人数、时间等。

（5）选择展览会时间与场地。展览会时间，一般依据参观者可能出现的时间，如节假日、销售旺季前期、参展单位时间等来考虑。至于场地，首先要考虑方便参观者，如交通便利、容易前往参观等；其次要考虑场地的大小、质量、设备等；再次要考虑场地周围的环境是否与展览会主题相协调；最后要考虑辅助设施是否容易配备和安置，如停车场地等。

（6）培训工作人员。展览会工作人员的整体素质、展览技巧和公关技能对整个展览效果有重要影响。培训工作人员时，应当注意训练礼仪、接待等工作的细节。

（7）指定展览文本的主编。主编要负责设计并确定会标，构思整个展览文本的结构，撰写前言及结束语，并向各分展区（或展板）文本的编辑说明总体布局以及各部门之间的衔接要求。

（8）成立对外宣传的新闻机构。负责保持与新闻界的密切联系和各种对外宣传资料，做好录音、光盘、幻灯片、展览会目录表等准备工作，保证宣传的广度和深度，把握展览会效果。

（9）准备展览会所需要的各种辅助设施和相关服务。例如，咨询室、贵宾接待室、业务洽谈室、合同签订室、广播室、卫生保健室、保安处等。

（10）有针对性地搜集各种参展资料，有机地排列与组合所有展品，以便使展览会办得井然有序。

另外，还有布置展厅、设计展览会徽和各种展览纪念品、编制展览经费预算、开放展厅、会后总结等事宜，都应一一考虑到。

相关链接

中国进出口商品交易会，又称广交会，创办于1957年春季，每年春秋两季在广州举办，迄今已有将近60年的历史，是中国目前历史最久、层次最高、规模最大、商品种类最全、国别地区最广、到会客商最多、成交效果最好、信誉最佳的综合性国际贸易盛会。

广交会展馆首期总占地面积43万平方米，建筑面积39.5万平方米，一、二层展厅13个，展示面积约13万平方米，室外展场面积2.2万平方米，于2002年年底正式投入使用，是目前亚洲最大的会展中心。

其展出内容包括原材料类、机械与工具类、电子电器类、纺织服装类、食品土畜与医药保健类、家具用品类、礼品与装饰品类、办公与户外用品类、编织类、园艺、铁石制品、珠宝首饰、骨刻玉雕等。

（二）展销会

展销会是通过实物、文字和图表以及音像、影视材料等来展销产品的一种促销形式。由于它较为形象、直观，使公众容易信服而接受，因此，展销会是组织促销产品的一种常用形式。

1. 确定时间、地点

展销会时间依据展销内容和规模而定。展销会地点可以在室内或露天。室内展销会显得较为隆重，且不受天气影响，时间相对也不受限制，但布置较为复杂，所需的费用也较高。通常露天举办展销会，可以展销大型机械、农产品与花卉等。

2. 确定展销会的内容

展销会可分为综合性产品（商品）和专项产品（商品）展销。综合性产品展销会可容纳多家不同产品同时进行展销，如每年春秋两季的广州商品交易会就属这种类型。专项展销会是围绕一项专业或一个专题举办的展销，如汽车配件展销会、家具展销会等。

3. 确定展销会工作人员及职责

（1）产品介绍人员。产品介绍人员应对展销产品的性能、构造、使用方法、同类产品的市场价格情况、组织经济实力和产品信誉、组织发展远景等有较全面的了解，还要有一定的语言表达能力，在服务中应着装整齐、仪容端庄、面带微笑、尊重每一位顾客，可以着绶带，绶带上印有厂家名称，也可佩戴胸卡。

（2）团体订货室及工作人员。工作人员应懂得订货知识，并按组织订货的有关规定工作。工作中应热情接待客户，主动介绍订货规定及优惠政策。

（3）迎宾礼仪小姐。礼仪小姐既要热情迎客，也要做引导工作。如果是独家举办的展销会，礼仪小姐身上披戴的绶带可以标上组织（企业）名称；如果是多家联合举办，则只写"欢迎光临"即可；如果是由一个部门主办，其他部门参与合办，那么可标有主办部门名称。礼仪小姐还可以为展销会的参与部门或主办单位散发产品宣传单。

（4）广告及新闻报道。宣传报道工作人员要安排展销会的广告制作，要策划各种产品及展销会的广告内容及形式，确定新闻发布的内容、时机、范围和形式。

（5）组织机构。展销会组织机构应分工明确、责任到人。

4. 确定展销会的费用预算

具体列出展销会的各项费用并进行核算，有计划地分配资金，要做到节省、合理。

5. 公关活动安排

运用一些公关技巧，使展销会办得生动活泼、别具一格。举行展销会开幕式，应邀请有关知名人士出席，并为消费者签名，譬如"书市开业"时请名人、作者当场签名售书，以吸引更多的群众前往参观，也给记者提供好素材。展销厅最好的位置一般在一楼的入口附近，离入口位置越远，楼层越高，参观、购买的人就越少。展销位置不好的组织应设法以一些新奇事物来吸引客人。例如，有一家小厂参加了一个展销会，分到的展销室在六楼的一个偏僻角落，第一天门庭冷落。他们进行了研究，想出了对策。第二天一早，参观者一进入展览大楼，就发现有塑料圆牌子洒在地上，捡起来一看，上面写着："请到六楼右角小室去，您会有意外的收获。"好奇的参观者于是纷纷跑到六楼右角的小室，只见室前有一红纸黑字的海报，上面写着："拾到小牌者，可打八折购买一件本厂产品。"拾到牌子的人都不肯错过八折的机会，纷纷购买了自己中意的产品；没拾到牌子的人，由于受到公众从众心理的影响，亦纷纷跑去凑热闹。又如服装展销会，可当场进行时装模特表演，吸引参观者。

6. 做好展销会的效果测定

为使组织有更好的发展，每举办或参加一次展销会，都应做事后效果测定工作。该项工作可采取问卷调查、统计参观人数、销售利润、有奖问答等多种方式来进行。

（三）开放参观

对外开放参观是谋求公众好感的进攻型公关活动。向社会公众开放，组织他们参观企业，是增进企业与公众之间联系和了解的手段之一，是经常性的公关活动。参观的公众可以是员工家属、新闻工作者、主管部门领导人、学校师生和其他对本组织感兴趣的公众等。

对外开放参观的直接目的是增加本企业的透明度和扩大本企业在社会上的知名度，争取公众的理解和支持；同时，开放参观有助于消除人们对本企业的某些不解和疑虑，改善社区关系。

对外开放参观的内容，要根据主题要求，力求实事求是，可以分为现场观摩、介绍、实物展览等。现场观摩以目击为主，并作必要的介绍和解释，但不能口若悬河，滔滔不绝，以免使人产生逆反心理，造成宣传气氛太浓，强加于人之感。

组织对外开放参观活动还需注意以下几个方面：

（1）确定主题。常见的主题有：强调企业的优良工作环境，表明企业是社区理想的一员，愿意为社会和周围的公众造福。

（2）选择开放时机。开放参观既可以常年进行，也可以定期举行，但一般是定期的。开放参观的时间最好安排在一些特殊的日子，如周年纪念日等；应尽量避开恶劣天气及其他对公众更有吸引力的社会活动日等对组织不利的因素。

（3）安排参观线路。要提前划分好参观线路，制作向导图及标志，标明办公室、餐厅、休息室、医务室、洗手间等有关位置。如有保密和安全需要，应注意防止参观者越过所限范围。

（4）做好宣传。应准备一份简单易懂的说明书，发给参观者。并注意先放电影、录像或幻灯片进行介绍，帮助参观者了解主要概况。然后再由向导陪参观者沿参观路线做进一步解释和回答问题。

（5）搞好接待。应有专门的接待人员负责登记、讲解、引导等工作。安排合适的休息场所和茶水饮食，赠送有意义的纪念品。有关部门负责人或组织负责人必要时要亲自出场热情地迎送参观者，介绍本企业的发展情况，感谢来宾光临，竭诚倾听大家的意见。

对外开放参观活动不仅仅是公关部门的责任，也是企业内部全体员工的责任，要让员工了解开放的有关情况，让员工们感到自己也有款待客人的责任，以使客人感到满意。

开放参观活动后，还需要一系列的公关连续活动，如致函向参观者道谢，登报鸣谢，召开参观者代表座谈会听取意见和建议等，以改进管理。

> **相关链接**
>
> 开放参观活动是很好的公关活动，它可以使公众对企业产生兴趣和好感，进而提高企业的知名度和美誉度。日本松下电器公司松下幸之助曾深有体会地说："让人参观工厂是推销产品的最好、最快的方法之一。"该公司自1982年以来，每年都要接待700多万名参观者。这些人参观后，对公司留下了深刻的印象，成为该公司产品的忠实顾客。

三、社区型公关专题活动

社会组织所在区域的人群集合体称为社区。社区是组织生存和发展的基础，也可以说，不论是服务性公益组织，还是营利性商业企业，其生存和发展都离不开社区，社区公众是社会组织的重要公众。与社区公众进行沟通和交流，通过系列的公共关系专题活动搞好社区关系是各类社会组织在公共关系实务中的一项重要任务。社区型公共关系专题活动的主要目标有四个方面：一是利益社区化，赞助文教、卫生、体育、社会福利事业等；二是信息社区化，有效地与社区公众进行信息上和情感上的沟通；三是活动社区化，积极参与社区活动，为社区的发展提供方便，使社会组织的自身活动与社区活动协调一致；四是感情社区化，通过各种形式让公众了解本组织，并且在理解的基础上赢得社区公众的支持、信任与合作。社区型公共关系专题活动是多种多样的，下面重点讲解社区联谊活动和赞助活动。

（一）联谊活动

为了联络与社区公众的感情，企事业单位的公共关系部应经常有计划地举办一些有社区公众参加的联谊活动。联谊活动的名称和主题可以灵活多样，如在节假日举办的联谊会可以称为春节联欢会、元旦联欢会、中秋联欢会等；在平时举办的联欢会可根据主题内容或参加者命名，如社区共建联谊会、美好家园联谊会、青年联谊会、老年联谊会、妇女联谊会等。

1. 联谊活动的类型

社会组织公共关系活动中的联谊活动可以是参加者自娱自乐，也可以邀请文艺界专业人士参加。内容丰富多彩，形式多种多样。一般而言，可作为公共关系活动的联谊活动大致可以区分为以下几种类型：

（1）文娱晚会类。文娱晚会是把各种文娱节目编排组合起来，以一个有机的节目整体向观众全面推出的联谊活动形式。文娱晚会轻松愉快的氛围有利于驱散人们紧张工作与学习中的倦意，也有利于人们之间的信息交流与情感沟通。常见的文娱晚会有：文艺晚会、游艺晚会、朗诵晚会、赏月晚会、联欢晚会、化妆晚会、音乐晚会、歌舞晚会、小品晚会、电影招待会、联谊舞会等。文娱晚会一般比较通俗简便，适应面广，老少皆宜，而且较易举办，是社会组织较为广泛、经常采用的一种公共关系活动。

（2）艺术欣赏类。艺术欣赏是社会组织经常举办的高雅文化娱乐活动之一，它通过有组织有准备的文艺活动，让有组织的听众或观众自行欣赏，从而让公众在高雅艺术的熏陶中受到鼓舞，受到教益，受到启发。属于这类活动的有：音乐欣赏活动、诗歌欣赏活动、名曲欣赏活动、名片欣赏活动、戏剧欣赏活动和书画欣赏活动等。这里值得注意的是，艺术欣赏属于高雅艺术之列，在举办这类活动时，一定要考虑参与者的欣赏水平和审美能力，否则其效果难以保证。

（3）知识竞赛类。知识竞赛是知识普及性的一种联谊活动。现代社会是一个知识社会，社会组织经常地开展一些知识性的竞赛活动，既可以表现社会组织尊重知识的态度，传播社会组织尊重知识的形象，同时还可以帮助人们丰富知识，鼓励人们获取知识。属于这类活动的名目有：百科知识竞赛、历史知识竞赛、文学知识竞赛、科技知识竞赛、读书活动竞赛、智力竞赛、演讲比赛、辩论比赛、书画比赛、征文评奖活动等。

（4）体育竞技类。体育竞技类活动也是社会组织经常举办的一种联谊活动。社会组织与其他社会组织之间、社会组织内部各部门之间、社会组织与社区居民之间等，都可以安排开展一些体育竞技类活动，如篮球、排球、足球、乒乓球、羽毛球、保龄球、跳绳、拔河、赛跑、滑冰、体操、扑克、桥牌、象棋、围棋比赛等，以使人们振奋精神，开发智力，陶冶情操，增强体力，保持旺盛的精力，增进竞赛各方的友谊和团结。属于这类活动的名目有：联谊赛、友谊赛、邀请赛、杯赛、大奖赛、冠军赛、对手赛等。

2. 联谊活动的组织策划

联谊活动的内容丰富，形式繁多，要使联谊活动既起到活跃气氛、丰富精神文化生活的作用，又最大限度地发挥其公共关系效益，就必须用心地策划与组织。组织策划无一定式，但一般地讲，基本的程序还是有的。联谊活动应遵循的基本程序如下：

（1）明确活动目的。开展联谊活动，不应是简单的玩耍，而应是一种有目的的公共关系工作。通常联谊活动的目的，主要是活跃社会组织的气氛，丰富参加者的精神文化生活，增进社会组织内外公众之间的人际交往和感情交流，培养社会组织内外公众的精神文明，提高社会组织内外公众的思想文化修养，陶冶社会组织内外公众的情操，增长社会组织内外公众的才干，从而创造一个有利于社会组织与公众共同进步与发展的组织氛围。当然，具体某一项联谊活动也有其具体的目标，公共关系人员在具体组织策划联谊活动时，更应明确认识，绝对不可含糊，以保证所开展的联谊活动取得实效。

（2）选定活动项目。选定项目是开展联谊活动的重要环节之一，在联谊活动的组织策划中占有重要地位。联谊活动类型繁多，形式各异，选择何种活动项目，对公共关系人员来讲，是一个展示其公共关系才干的工作内容之一。通常来讲，联谊活动项目的选定，要认真考虑和设法满足以下几个要求：第一，要从联谊活动的根本目的出发，注意选择那些具有时代气息和民族风格，并且有一定教育引导作用的活动项目，以更好地实现联谊活动的目的；第二，要从公众的特点和兴趣出发，注意选择那些适合公众特点，为公众喜闻乐见的活动项目，或广大公众在一定时期内兴致所在的活动项目；第三，要从可能性原则出发，量力而行，注意选择那些社会组织本身有条件实现的活动项目，或社会组织创造一定的条件就可能实现的活动项目，而不选择那些自己根本不具备实现的可能性的活动项目。

（3）制订活动计划。在确定了联谊活动项目的基础上，要制订一个细致缜密的联谊活动计划。制订一个好的联谊活动计划是联谊活动取得成功的保证。联谊活动计划的内容应包括联谊活动的项目名称、活动目的、活动对象、活动内容、活动形式、活动项目构成、活动参加人员、活动场地、活动设备器材、活动经费预算、组织人员分工、活动时间安排等。联谊活动计划是联谊活动项目的具体化，它应使组织活动和参与活动的人员在活动的准备与实施中都能做到有的放矢，有章可循。联谊活动计划拟定之后，还应提交组织领导人审查批准，以求得领导的把关，确保其切实可行。

（4）制定活动规程。但凡联谊活动，特别是竞赛性的联谊活动，都应编制一定的活动规则和活动程序，如选拔办法、比赛办法、评分办法、奖励办法、演出程序、比赛程序等，以作为具体实施的依据。如果是球类竞技性体育活动，还应制定比赛的编排办法。在公共关系活动中，比赛一般采用循环编排，这样，能使各队都可相遇一次，有利于大家相互了解、相互交流、相互学习和相互提高。总之，作为公共关系专题活动的联谊活动，其规程的编制应从公共关系工作的角度出发，既要有利于参加者水平的发挥，又要有利于各参加者之间的交往，同时，还要保证参加者各方都能够接受。它在规程编制上与正式文体组织开展的有关联谊活动的规程编制是有一定区别的。

（5）做好准备工作。联谊活动牵涉面广，不能打无准备之仗。大致说来，除做好上述一般准备之外，还要做好以下几项具体准备工作：人员准备，包括组织主持者和应邀参加者；场地准备；设备、器材、道具准备；节目准备；发出邀请，包括对参加活动者的邀请和对观众的邀请，必要时，还应包括对新闻记者的邀请和对上级领导、社会名流的邀请；准备好节目单或比赛程序表，重要节目最好附以一定说明；召开领队会议，安排各队走场，文艺表演还要安排彩排的时间；安排致开幕词、闭幕词或其他致词讲话人员，并准备好有关文稿；妥善地安排好观众座位，按客人的身份事先做出安排并给出标识；做好迎送、招待、摄影、献花、颁奖以及其他各方面的一切准备工作。

（6）组织活动的实施。联谊活动的各项准备工作就绪后，便是其实施过程了。在联谊活动的实施过程中，公共关系人员应担当起调度与协调责任，具体负责组织好活动计划中各项事务的落实，使执事者各就各位，各行其是，各负其责。当然，任何活动都有其不可预见性，联谊活动亦然，计划和准备工作中不尽完善之处总是有的。遇有这种情况时，公共关系人员还需要灵活应变，妥善处理，以保证联谊活动的正常进行。此外，在联谊活动实施过程中，公共关系人员还必须运用各种有效的公共关系手段和方法，尽量借助联谊活动多角度地开展公共关系工作，以取得更为全面有效的公共关系活动成果。例如，在举办舞会时应确定邀请的客人名单并发出请柬，要注意不能使客人在联谊活动中被冷落；在单纯的文化形式的联谊活动中，主办者应注意避免主动过多商谈经济问题。

社区联谊会丰富多彩、活泼欢快、轻松自如，而且花费不多、操作简便、成功率高。各种类型的联谊会对于社会组织与社区公众之间的良好沟通，加强与他们之间的联系，改善双方的关系都具有十分重要的作用。尤其是服务性行业，如商场、酒店、银行等，如果能把社区公众与消费者公众统一起来，经常举办一些联谊活动，这不仅对维系社区公众关系有好处，而且对开拓市场赢得顾客大有裨益。

◆ 相关链接

海尔公司每年的岁末，都会组织全国乃至全球的经销商到公司参加联谊活动。除参加各种娱乐活动之外，公司还对当年成功和失败两方面的案例进行剖析，及时为各经销商提供一个交流生意经验教训的平台。针对国际经销商对中国和海尔公司了解不多的情况，公司会让他们了解中国博大精深的文化，了解公司"真诚到永远"的企业文化，并且深入到公司的生产第一线,切实感受海尔的企业文化和对产品质量一丝不苟的追求。此举极大地调动了各位经销商的热情,树立了对海尔产品的信心,促进了公司产品的市场开拓和销售。

(二) 社会赞助

社会赞助是承担社会责任义务的公益型公关活动,它是指组织对某一公共事业、事件无偿地给予捐赠和资助,从而扩大组织的知名度与美誉度,树立美好形象的活动。目前,社会赞助活动范围很广,涉及社会生活的各个领域,而且形式多样,从大型电视剧拍摄、对大型体育赛事等文体活动的赞助,到对奖学金、研究基金等教育科研事业的捐赠;从对老年人、儿童、残疾人等社会福利事业的资助,到公园中的座椅、路灯、遮阳伞、果皮箱、路标等市政公共设施的赞助。例如,美国P&G公司通过赞助肥皂剧,在家庭主妇中培养了良好的感情而声誉大增。因此,这类活动也极为公关人员所重视,并经常地加以利用。

◆ 相关链接

在2010年上海世博会开幕前夕,《每日经济新闻》出炉了一份"世博最牛赞助商排行榜":

表6-1 世博最牛赞助商

所在地区	数目	占比	企业名称
上海	25	44.6%	交通银行、绿地集团、宝钢、中国东方航空、上海城投、上汽集团、上海实业、均瑶、金枫酒业、克里斯汀、元祖、冠生园、上海中旅集团、新世傲股份、中能集团、华虹集团、齐乐收集、HUBSI汇通天下、商投集团、月星集团、久事赛事、东冠华洁纸业、海程邦达、和黄白猫、东沃文化传媒
北京	15	26.8%	联想、中国移动、中国电信、国家电网、中国人保、中国印钞造币、水晶石数字科技、元培翻译、中国对外翻译出版公司、中国外运集团、兆峰陶瓷、新奥特、高德软件
其他省份和地区	7	12.5%	远大空调(湖南)、腾讯(广东)、茅台(贵州)、伊利(内蒙古)、欧琳厨具(浙江)、新日电动车(江苏)、宇达电通(台湾)
美国	4	7.1%	IBM、可口可乐、思科、百威啤酒
其他国家和地区	5	8.9%	西门子(德国)、欧莱雅(法国)、资生堂(日本)、Agility/泛联国际货运(科威特)、RIM(加拿大)

纵观表中的赞助商,哪一个不是在业界"声名显赫"的。那么,这些"大牌"为什么都会自愿赞助世博会?通过赞助活动,他们能获得怎样的"收益"呢?

1. 社会赞助的目的

(1) 扩大知名度。举办赞助活动并通过新闻媒介的广泛传播,扩大组织的知名度。

(2) 增强信任度。通过赞助的手段证明组织的经济实力，赢得社会公众的信任。通过赞助活动做广告，增强广告的说服力和影响。

(3) 提高美誉度。追求社会效益和承担组织的社会责任。关心和支持社会公益事业，表明组织为社会作出了贡献，从而树立良好的组织形象。

2. 社会赞助的作用

(1) 树立关心社会、愿意主动承担社会责任的良好印象。在现代社会里，普遍存在着"无商不奸"的观念，唯利是图成了商人的形象标签。在这一社会观念之下，社会组织，特别是经济组织，只有通过赞助活动的方式，树立关心社会、愿意承担社会责任的良好形象，才能博取公众好感与信任，营造良好的"人和"环境。

(2) 增强广告说服力和影响力。赞助活动可以使组织的名称、商品和服务得到广泛的传播，有利于扩大组织的知名度和美誉度，相当于一种广告宣传。而且赞助活动容易得到公众的认可，因此在宣传效益上比单纯的商业广告更具有说服力和影响力。

(3) 沟通公众感情，为组织争取稳定的顾客群。社会组织举办主题、内容与目标公众密切相关的赞助活动，能够有效地培养组织同公众的感情，增进彼此的友谊，加强双方的联系，使得公众在内心深处认同组织。

3. 社会赞助的类型

(1) 体育事业。对体育事业的赞助是组织赞助中最常见的一种形式。随着我国人民生活水平和体育运动水平的提高，人们对体育运动越来越感兴趣。因此，企业通过对体育运动的赞助，往往较易于增强对公众施加影响的深度和广度。

(2) 文化生活。组织进行文化生活方面的赞助，不仅可以培养与公众的良好感情，而且可以大大提高组织的知名度，创造良好的社会效益。这类赞助有两种形式：一种是对文化活动的赞助，如大型联欢晚会、文艺演出的赞助；另一种是对文化事业的赞助，即定期或不定期地对某个文化艺术团体的赞助，通过这个文化艺术团体的活动，扩大组织在社会上的影响和知名度。

(3) 教育事业。组织赞助教育事业，是一举两得的事情，一方面为组织与有关院校建立良好关系打下了基础，有利于组织的人才招聘与培训；另一方面，更为组织树立起关心教育事业的可敬形象。赞助方式可以是赞助学校建图书馆、实验楼，也可以设置奖学金、助学金和其他有关教育方面的奖金或奖励。对组织而言，这既是一项智力投资，又是一项公关投资，应当给予充分的重视。

(4) 社会慈善和福利事业。这是组织和社区、政府搞好关系，扩大组织社会影响的重要途径，是组织对整个社会承担义务和责任的重要手段，也是组织在社会获得知名度、美誉度的重要方面。如捐赠或资助慈善机构，在一些地区或单位遭受灾难时提供资助等。

◆ **相关链接**

2008 年 5 月 18 日晚，中央电视台"爱的奉献——2008 抗震救灾募捐晚会"现场，王老吉向地震灾区捐款 1 亿元人民币，创下国内单笔最高捐款额度。这一善举，感染了民众，也刺激了消费者对王老吉的热情。

王老吉在这次"爱的奉献——2008抗震救灾募捐晚会"上对赈灾慈善事业的大手笔，让热衷王老吉的消费者看到了王老吉是一个负责任企业，是一个懂得回报社会的企业，同时树立了王老吉的良好形象。因此，王老吉在很短的时间里得到市场认可和更多人们的关注，王老吉品牌的价值也不断上升。

（5）学术理论研究活动。这是一种高层次的，直接追求组织的社会效益和长远影响的赞助活动。各种学术理论研究活动，有的是直接服务于整个社会的，如医学方面的研究，经济和改革理论的研讨；有的是某些社会生产技术的发展战略研究，组织可以自己设立机构，也可以长期支持某些学术研究机构的研究活动。在我国，这种赞助活动还不太普遍，有待于企业组织重视和开拓这一领域。

（6）赞助市政公共设施建设。社会组织出资参加市政公共建设，一方面，既为政府减轻建设压力又能为广大社区公众带来方便，赢得政府和社区公众的认同与支持，是协调政府关系和社区关系的有效途径；另一方面，有些道路、桥梁以赞助单位命名，更能大大提高组织的知名度。市政公共设施形式多样，涉及地域广泛，如马路、天桥、候车棚，公园的座椅，街头的路灯、路标，公共汽车的站台、站牌、停车场等。例如，2002年2月长沙友谊阿波罗公司为支持长沙市市政建设捐资150万元，在长沙公众中很快产生了广泛影响，并获得长沙市政府和市民的交口称赞。

（7）赞助建立职业性奖励基金。有经济实力的企业组织，可资助或者组办某一领域的专项基金，通过冠名或者参与能获得很好的社会效益。专项基金主要形式有三种：专项发展基金，如少数民族地区社会信息化发展基金、特殊教育发展基金等；专项保护基金，如野生动物保护基金、文物古迹保护基金、环境保护基金等；专项奖励基金，如抗击"非典"医护人员奖、发明家奖、见义勇为奖等。

一般来讲，作为社会公益活动，社会组织赞助设立专项基金要优先考虑那些落后地区、艰苦行业以及对社会文明和社会进步影响较大的领域和事项，如环保基金、野生动物保护基金等。例如经卫计委、民政部批准，由中国医师协会、中华护理学会和上海雅虎制药股份有限公司共同发起的抗击非典殉职医务人员子女助学基金管理委员会已经正式成立。助学基金管理委员会名誉主席由吴阶平担任，主席为中国医师协会会长殷大奎。设立助学基金的目的是为因抗非典殉职医务人员的子女提供受教育的费用，帮助他们顺利完成小学到高中的学业，以此表达全社会对为抢救非典病人不幸以身殉职医务人员的敬意和关爱。

此外，还有赞助公共宣传用品的制作，各种展览会和社会竞赛活动的开展等。总之，组织进行赞助的形式很多，采用哪种赞助形式要根据赞助目的来确定。例如，要扩大组织的影响和知名度，可选择赞助体育活动；要培养与社会公众的感情、增进相互理解，可赞助社会慈善、公益事业。此外，公关人员可以根据社会的需要和组织的能力，认真研究，不断开发各种新颖的赞助形式，以增强赞助活动的效果。

4. 社会赞助的程序

（1）前期研究。赞助研究应该从形象战略入手，分析组织的公共关系政策和目标，结合调查制定赞助的方向和政策，以正确指导赞助活动。组织可以主动选择赞助对象，也可以依赞助者的恰当的请求来确定赞助。但不管赞助谁、赞助形式如何，赞助之前都应做好深入细致的调查研究，调查被赞助者的状况，赞助的性质、作用和可能的影响等。在此基础上研究赞助项目的必要性、可行性、有效性。进行赞助的成本和效益分析，以保证组织和社会同时受益，防止各种与组织整体赞助主题离题太远的现象。

（2）制订计划。在赞助研究的基础上，由公关部制订出赞助计划。虽然计划要有一定的灵活性，但是一定要把好关，不能谁来找就赞助谁，或凭感情、面子、条子、压力进行。赞助计划一般包括赞助对象的范围、费用预算、赞助形式等。赞助计划是赞助研究的具体化，制订赞助计划的目的是做到有的放矢，控制赞助范围，防止赞助规模超过组织实力，控制浪费现象。

（3）审核评定。进行每一次赞助，都应进行详细的分析研究，逐项审核评定，确定可行性、赞助的具体方式和款额以及赞助的时机，以便制定此项赞助的具体实施方案。大型赞助有时必须经过董事会、主管领导审定批准和进行法律咨询、公证证明。

（4）具体实施。应派出专门的公关人员负责各项赞助实施方案的具体落实。在实施过程中，应充分运用各种有效的公关技巧，使组织能借助赞助活动扩大其对社会的影响。

（5）效果测定。每次赞助活动完成以后，应对照其计划，测定其实际效果，加以总结，对活动不理想的赞助应找出原因。赞助活动的效果应由组织自身和专家共同测评，尽可能做到符合客观实际。每次测评都要完成报告，作为资料存档，为以后的赞助活动提供依据和参考。

5. 社会赞助的注意事项

（1）赞助单位要有良好的形象。要让公众感受到赞助单位的确是在参与社会公共事务，具有良好的社会形象。

（2）赞助的项目要有利于组织自身的传播。赞助的活动应从本组织的公共关系政策和目标出发，调查外部需要赞助的公共事业情况，制定组织的赞助方向和赞助项目。这样才有利于提高本组织的社会影响。

（3）赞助的对象要有利于组织综合效益的提高。综合效益包括社会效益和经济效益。组织在选择赞助对象时，要同时顾及接受赞助的对象是否具有良好的社会声誉，是否有积极广泛的社会影响，是否通过本次活动能为将来获得可观的经济效益。要积极对各种慈善事业、社会福利事业、公共设施、教育事业等进行赞助。这样既表明组织对社会尽责任和义务，又较容易获得社会各界的普遍好感。

（4）赞助主体应有适当的经济承受力。作为赞助主体，选择需要赞助的对象固然重要，但必须考虑本组织的经济承受能力，做好赞助前的调查和预算，做到"量力而行"，避免组织因力不从心而陷入被动。要注意留存一部分机动款项，作为遇到临时、重大活动时的备用款。对各种明显不能满足其要求的征募者，应坦率而诚恳地解释组织的有关政策，但不能屈服于威胁利诱，必要时可诉诸社会舆论和法律，以保障组织的合法权益。

（5）赞助主体应注意把握赞助时机。赞助时机是决定赞助效果的重要因素，如果不加以注意，就有可能使赞助活动达不到理想的效果。一般来说，赞助逆境中的对象比赞助顺境中的对象效果更明显，更能引起新闻媒介和舆论的关注，更能扩大组织的社会影响。

（6）赞助活动切忌急功近利。赞助活动更多的是考虑社会效益和组织自身的长远利益，不应将赞助活动与组织的短期经济效益挂钩。

> **相关链接**
>
> 2005年9月15日,北京奥组委与中国人民财产保险股份有限公司(简称"中国人保财险")在北京万春园签署《北京2008保险合作伙伴赞助协议》,中国人民财产保险股份有限公司正式成为北京2008年奥运会保险合作伙伴。作为保险合作伙伴,中国人民财产保险股份有限公司将为北京2008年奥运会和残奥会,为北京奥组委、中国奥委会以及为参加2006年冬奥会和2008年奥运会的中国体育代表团提供充足的保险保障服务与资金支持。作为回报,中国人保财险享有使用北京2008年奥运会相关徽记和称谓进行广告和市场营销活动的权利,同时享有奥运会期间电视广告及户外广告的优先购买权和赞助文化活动及火炬接力等主题活动的优先选择权。

四、庆典型公关专题活动

庆典是隆重的庆祝典礼,是组织扩大知名度和提高美誉度的节日型公关活动。可用于组织公关专题活动的重要庆典仪式很多,如奠基典礼、落成典礼、开幕典礼、节庆、周年纪念、签字仪式、颁奖仪式等。一些有里程碑意义的事件也可以举行庆祝仪式,如某列车段安全运行一千天、某运动员获世界冠军、打破世界纪录、某企业销售额超亿元等,都可以举行庆祝活动。

庆典仪式如果组织得气氛热烈、隆重大方、丰富多彩,将会给公众留下深刻的印象,因为它们向公众展示了企业的综合能力、整体实力、社交水平及文化素质,有助于塑造良好的企业形象。

(一)典礼仪式

1. 开幕典礼

开幕典礼又称开幕式,是企业向社会公众的第一次"亮相",是创牌子的第一关,借此可以扩大社会影响,迅速提高知名度,给公众留下美好的记忆。开幕典礼可包括企业开业典礼、重要工程开工或投入使用仪式,以及企业推出新的重要举措,第一次向公众开放参观等。开幕典礼的一般工作安排和组织方法如下:

(1)拟订出席典礼的宾客名单。邀请的来宾一般应包括:政府有关部门负责人、社区负责人、知名人士、社团代表、同行业代表、新闻记者、员工代表及公众代表等。请柬的文字应郑重其事,印刷准确无误,尽可能提前几天寄出或送达邀请,以便对方及早作出安排。

(2)写开幕词、致词。为本单位负责人拟写的所有致词均应言简意赅、热情庄重。

(3)拟订典礼程序。一般为:由主持人宣布典礼开始;宣读重要来宾名单;来宾代表致贺词,致贺词者名单及顺序应事先确定,最好事先告知对方,以便对方有所准备;本单位负责人致答词;剪彩,剪彩人员一般安排负责人和来宾中地位、名望较高的人士。

(4)安排各项接待事宜。确定专人负责宾客签到、接待、剪彩、放鞭炮、摄影、录像、录音,以及布置环境、道路、场地、照明、音响、纪念品订制与发放等细节。

(5) 安排一些必要的助兴节目。如锣鼓、鞭炮、礼花、夹道欢迎、仪仗队、小型歌舞、专题表演等喜庆节目。

(6) 典礼结束后仍要进行一系列礼节活动。最后应做好来宾的送别、感谢致意等工作，以求善始善终。这既传播了组织有关信息，让公众了解了自己，又广泛征求了公众的意见和建议。这些意见和建议应尽快综合整理出来，反馈给有关部门和来宾，以达到总结提高、鼓舞士气的目的。

开幕典礼的形式并不复杂，历时也不会太长，但要办得热烈隆重、丰富多彩，给人留下深刻而美好的印象，却并非易事。举办此类活动的高明之处，在于发明一些适当而新颖的办法。如商场店庆邀请普通消费者作嘉宾主持人、重大工程由普通公民或劳模代表剪彩等，都是较新颖的方式。只有新颖，才能给人留下深刻的印象。同时在安排活动时，要准备充分，做到细致、周到、热情、有序。

  案例研究

IBM 公司的"金杯庆典"

美国 IBM 公司每年都要举行一次规模隆重的庆功会，对那些在过去一年中作出突出贡献的销售人员进行表彰。这种表彰活动被称作"金杯庆典"。这种活动常常是在风光旖旎的地方，如百慕大或马霍卡岛等地进行。在庆典中，IBM 公司的高层管理人员始终在场，并主持盛大、庄重的颁奖酒宴，然后放映由公司自己制作的表现那些作出了突出贡献的销售人员工作情况、家庭生活，乃至业务爱好的影片。在被邀请参加庆典的人员中，不仅有股东代表、工人代表、社会名流，还有那些作出了突出贡献的销售人员的家属和亲友。

在庆典活动中，公司主管会同那些常年忙碌、难得一见的销售人员聚集在一起，彼此毫无拘束地谈天说地。在这种交流中，无形地加深了彼此心灵的沟通，增强了销售人员对企业的"亲密感"和责任感。

2. 签字仪式

签字是一种常见仪式，作为组织中负责对外交往和礼宾的公关人员，应当熟悉签字仪式的程序。安排签字及签字仪式是一项细致的工作。

(1) 签字仪式的准备工作。确定签字人员。签字人是代表一个国家、政府或企业进行签字的人员，因此，签字人选择十分关键。签字人应视达成协议和文件的性质由相关方面确定。有由国家和政府领导人签字的，也有由有关部门的负责人签字的，但不管是哪一级，双方签字人的身份应大体相当。出席签字仪式的人员应基本上是参加会谈或谈判的全体人员。如一方要求让某些未参加会谈或谈判的人员出席签字仪式，应事先取得对方的同意，另一方应予以认可。但应注意双方人数最好大体相等。

安排助签人。助签人的职能是洽谈有关签字仪式的细节并在签字仪式上帮助翻阅与传递文本、指名签字处。助签人一般由熟悉情况的人员担任，并事先洽谈好有关细节。有的组织为了塑造形象，常招聘公关小姐或公关先生担任助签人员。

签字物品的准备。首先应是签字文本的准备。负责为签字仪式提供待签的合同文本的主方，应会同有关各方一道指定专人，共同负责合同的定稿、校对、印刷、装订、盖火漆印工作。按常规，应为在合同上正式签字的有关各方，均提供一份待签的合同文本。必要时，还可再向各方提供一份副本。此外，还要准备好签字用的文具、国旗等物品。

布置签字现场。签字现场应在正面中间悬挂"xx 签字仪式"横幅，涉外签字仪式中横幅文字以东道主文字为主。我国举行的签字仪式，通常是在签字厅内设置长方桌作为签字桌，桌面上覆盖深绿色的台呢。桌后放两把椅子，面对正门主左客右，作为双方签字人的座位。座前桌上摆放各方保存的文本，文本前方分别放置签字用的用具，中间摆放一个旗架，同样按主左客右的原则悬挂签字双方的国旗，即各方的国旗须插放在该方签字人座椅的正前方。另外，还要与对方商定助签人员的安排，以及安排双方助签人员洽谈有关细节。

（2）签字仪式的程序。签字仪式是签署合同的高潮，它的时间不长，但程序规范、庄严、隆重而热烈。签字仪式的正式程序一共分为四项。①签字仪式开始。双方参加签字仪式的人员步入签字厅，按事先排好的位置就位。双方的助签人员分别站立于签字人员的外侧，协助翻揭文本及指明签字处。双方其他随员，可以按照一定顺序在己方签字人的正对面就座。也可依照职位的高低，依次自左至右（客方）或是自右至左（主方）列成一行，站立于己方签字人的身后。当一行站不完时，可按照以上顺序并遵照"前高后低"的惯例，排成两行三行或四行。②正式签署合同文本。工作人员送上签字文本和签字工具，助签人员协助翻开文本并指明签字的地方。签字人员先签署己方保存的合同文本，助签人员相互传递文本后，再接着签署他方保存的合同文本。助签人员在旁用吸水纸按压签字处。③交换文本。签字人正式交换已经由有关各方正式签署的合同文本。同时，各方签字人应热烈握手，互致祝贺，并可相互交换各自方才使用过的签字笔，以示纪念。全场人员应鼓掌，表示祝贺。④饮香槟酒并合影留念。交换已签的合同文本后，有关人员，尤其是签字人当场干上一杯香槟酒，并合影留念，这是国际上通行的用以增添喜庆色彩的做法。在一般情况下，商务合同在正式签署后，应提交有关方面进行公证，才正式生效。

多边条约的签字仪式大体与上述仪式相同。只是相应地增加签字人员的座位、签字用具和国旗。在签订多边条约时，也可只设一个座位，先由公约保存方代表签字，然后由各方代表依礼宾次序轮流在公约上签字。

（二）节庆活动

节庆活动是指利用盛大节日或共同的喜事而举行的表示快乐或纪念的庆祝活动。百里不同风，千里不同俗。不同的国家，甚至一个国家的不同民族和地区都有自己独特的节日和庆祝活动。节庆日是社会组织，特别是酒店、宾馆等接待服务类单位开展公共关系活动的绝好时机。因此，每年6月1日前后，大小商店都会在小孩商品上绞尽脑汁；中秋节前，则会爆发一轮又一轮的月饼大战；十一和春节长假前夕，旅游胜地和饭店就会大张旗鼓地宣传和推介其优质的特色服务。要恰到好处地开展节庆活动并达到预期效果就要注意以下两点：

1. 要区分公共关系节庆活动的重点

各国、各民族的节庆日名目繁多，大体可分为法定节日、民间传统节日两大类。

法定节日，除宾客所在国的国庆日可向其表示庆贺外，逢我国国庆日，亦可酌量安排一些电影、文艺招待等活动。其他的法定节日，无论是我国或他国的节日，一般由国家、政府首脑或军事首长主持，具体单位的公共关系部门，则不必另行安排庆祝活动。

民间传统节日，除各国基本相通的元旦外，世界各国都有各自传统的民间节日和宗教节日。重要的民间传统节日和宗教节日，应列为公共关系节庆活动的重点。

另外，还有很多地方根据各自的特点举办了各种具有浓郁地方特色的特殊节庆活动，如哈尔滨冰雪节、潍坊风筝节、岳阳国际龙舟节、长沙金鹰电视艺术节等，这些节庆活动往往由地方政府牵头，各部门和工商企业参与，本身就具有公共关系活动的性质。对于此类活动各组织应积极参与，不着痕迹地开展公关活动。例如，杭州西湖电视机厂利用哈尔滨举办冰灯节这一时机，把冰雕和电视巧妙地结合在一起，他们将西湖牌电视机放在一个个冰雕之上，接通电源，让西湖牌电视机接受冰天雪地的"磨炼"，当人们看到西湖牌电视机在寒冷的户外正常工作，图像和声音都十分清晰时，这次"有机则乘机"的公共关系专题活动已被人们传为佳话，并为新闻媒介广泛报道。

2. 开展节庆活动，贵在富有传统特色

目前许多宾馆酒店，在我国传统的春节、中秋节等节日，及时按我国的传统方式，给宾客吃"年夜饭"，组织员工向他们"拜年"，请他们中秋赏月，品尝优质月饼，组织他们观看一些富有我国民族特色的文艺节目等。这样做，对国内的同胞可使他们感到分外亲切，缓解思乡之情；对国外宾客则能使他们领略异国他乡的特殊风情，增添旅游生活的欢乐和愉快。同样，对于重要的宗教节日，对相关的宾客能按宗教的特殊规定和要求，予以庆贺并开展相应的特殊服务，均能起到尊敬顾客、增进友情的作用。对信奉基督教的西方宾客来说，在"圣诞节"祝他"圣诞快乐"，或赠送一张别致的"圣诞卡"，往往能使宾客感到分外亲切。

节庆开展公共关系活动，并非仅限于宾馆酒店等组织的公共关系部门。触类旁通，其他组织的公共关系部门也可视自己服务的公众，因地、因人制宜开展相应的活动。只是要从本组织的实际出发，量力而行，讲究实效即可。

（三）纪念活动

纪念活动是利用社会上或本行业、本组织的具有纪念意义的日期而开展的公关活动。通过举办这样的活动，可以传播组织的经营理念、经营哲学和价值观念，使社会公众了解、熟悉进而支持本组织。因此，举办纪念活动实际上又是在做一次极好的公关广告。

纪念活动大致可以分为两类，属于社会的纪念活动，如历史上的重要事件发生纪念日、本行业重大事件纪念日、社会名流和著名人士的诞辰或逝世纪念日；属于组织的纪念活动，如本组织的周年纪念日、逢五逢十的纪念日及重大成就的纪念日等。社会组织既可以根据本组织所有的特定纪念日策划和组织纪念活动，也可以选择社会上某些纪念日开展纪念活动。无论是哪种类型的纪念活动，只要主旨鲜明，策划得当，组织到位，都有利于树立社会组织的良好形象。

1. 周年庆典

组织周年庆典是指组织在发展过程中的各种内容的周年纪念活动,包括组织"生日"纪念,如工厂的厂庆,商店的店庆,宾馆的馆庆,学校的校庆以及大众媒介机构的刊庆或台庆等,还包括组织或企业之间友好关系周年纪念,也包括某项技术发明或某种产品问世的周年纪念和其他内容的周年纪念活动。

组织利用周年庆典举办庆祝活动,借机振奋员工精神,扩大宣传效应,协调公众关系,塑造组织形象也很有意义。公关人员在策划和组织周年庆典活动时,应注意以下问题:

(1) 作为组织发展过程中的里程碑,周年庆典需体现总结过去,继往开来的内涵。组织周年纪念日是组织发展的里程碑,需要借庆典活动之机对组织的过去进行回顾和总结,对组织未来进行展望。如许多组织在周年纪念日时编写或修订厂史或校史等组织的历史记录,举办组织历史展览和未来规划展览。

(2) 作为组织自己的节日,周年庆典应强化对内部员工进行热爱组织教育,热爱本职工作教育的主题。组织周年庆典应该要求全体员工统一着装。如工厂厂服或店服;戴厂徽或店徽;庆典仪式上奏厂歌或店歌,为配合周年庆典纪念活动,可组织类似学校的校园文化节或者其他的系列主题活动,起到欢庆和教育的双重作用。

(3) 作为庆典活动,周年庆典应突出节日的喜庆气氛。组织周年是组织自己的纪念日和节日,庆典仪式或者纪念活动应采取各种方式来渲染节日喜庆的气氛,并为来宾提供良好的礼宾服务。

(4) 周年庆典应围绕组织周年纪念中心内容进行创意,以增强活动独特性和对公众的吸引力。组织周年庆典活动不能总是一样的模式,组织公关人员应发挥其创造性。如美国某连锁商店开业30周年纪念日时,为了使这次庆典活动在公众心目中产生轰动效应,满足社会公众的求奇心理和塑造良好形象,培养员工对本公司的认同感、归属感,进一步增强凝聚力和向心力,公司总裁为一位在公司商店门口擦了25年皮鞋的老人举办了一次活动。利用这个颇具影响的事件,引起新闻界和公众的好奇心,调动了公司员工的积极性。

2. 特别庆典

特别庆典是组织为了提高其知名度和声誉,利用某些具有特殊纪念意义的事件或者为了某种特定目的策划组织的庆典活动。

一般来说,根据不同的目的,组织的特别庆典可采取以下的方式:

(1) 制造新闻,吸引外界为主要目的。如酒店宾馆可策划组织迎来10万名宾客的庆典活动,大型展览会上企业可策划组织本展台迎来第1万名参加者的庆典活动。

(2) 以强化观念,引起注意为主要目的。如邮政部门策划组织300日无错邮纪念活动,交通部门策划组织安全行车100日纪念活动;采矿企业举办安全采煤800天纪念活动等。

(3) 以关心组织员工,增进内部团结为主要目的。如学校为年满18周岁的青年举行成人仪式;企业为婚龄男女员工举办集体婚礼,为退休老职工举办银婚纪念等活动。

(4) 以关心社会,宣传自己为主要目的。如组织根据其特点策划世界环境日纪念活动,消费者权益法颁布10周年庆祝活动等。

组织人员应注意辨别选择时机,策划组织具有独特创意的特别庆典活动,为实现组织的公关目标服务。

增值阅读

一枚金牌，一所希望小学
—— 海尔奥运希望小学计划

海尔集团积极倡导人文奥运理念，支持教育事业，践行企业社会责任。2007年12月4日启动"海尔奥运希望小学"计划，即中国健儿每获得一枚奥运金牌，海尔就捐建一所希望小学，并以冠军名字命名，让"奥运之光，点燃希望"。

2008年北京第29届奥运会中，中国奥运健儿共荣获51枚金牌，海尔履行"一枚金牌，一所希望小学"的承诺，在全国25个省市共捐建了51所希望小学，包括四川北川地震灾区15所，共给3万多名贫困地区的孩子送去"希望"。

对此，公关研究院《关于奥运期间公关传播环境的预测和建议报告》中指出，海尔集团的"一枚金牌，一所希望小学"计划相比于把钱直接奖励给冠军、赠送产品给冠军等方式更容易得到社会的认可。事实上，社会各界人士对海尔的行动反映强烈，认为海尔集团的行为不仅激励了中国运动员奋勇夺金，还让穷苦孩子得到了实惠，是一种责任、一份爱心的体现，也体现了海尔"真诚到永远"的理念。

项目小结

1. 公关专题活动，是指社会组织为了某个公共关系主体的有效传播，有目的、有计划、有步骤地组织众多人参与、协调的社会活动。
2. 公关专题活动具有以下明显的特点：针对性、传播性、协调性、效率性。
3. 公关专题活动策划的七种要求：第一，主题鲜明突出；第二，活动富有特色；第三，把握活动时机；第四，策动媒介配合；第五，方案切实可行；第六，有效控制活动；第七，活动立足长远。
4. 常见的公关专题活动有：新闻发布会、社会赞助、展览会、展销会、庆典活动、开放参观、网络公关等。每一项活动均有其特色，应精心策划。

关键概念

公关专题活动　制造新闻　新闻发布会　社会赞助　展览会　展销会　开放参观　开幕典礼　签字仪式

教、学、做一体化训练

即测即评

请扫描二维码，在线测试本项目学习效果。

选择题　　　　　判断题

思考与练习

1. 简述公关专题活动的含义及特点。
2. 确定公关专题活动主题应考虑哪些因素？
3. 简述公关专题活动策划的要求。
4. 简要说明新闻发布会的特点及注意事项。
5. 新闻发布会的会前、会中、会后各应做好哪些方面的工作？
6. 简述赞助活动步骤和注意事项。
7. 如何认识及具体实施赞助这种公关活动方式？
8. 展览会有哪些类型和特点？
9. 如何做好展览会的策划与实施工作？
10. 如何才能办好展销会？
11. 组织对外开放参观需注意哪些事项？
12. 应如何组织开幕典礼和签字仪式？
13. 如何具体实施公关促销活动？

课堂讨论

"大堡礁"：用一次"招聘"撬动地球

2009年全球经济在经历了2008年的严重衰退后，各国政府纷纷出台一系列经济刺激方案，希望尽快走出金融危机的阴影。在这种情况下，澳大利亚昆士兰州旅游局策划了"世界上最好的工作"全球招聘活动，成功在全球范围内推广了"大堡礁"。

2009年3月，为了推广风光独一无二的"大堡礁"，澳大利亚昆士兰州旅游局决定在全球范围内招聘"小岛管理者"。招聘介绍称，这份工作任务轻松，每周只需工作3小时，主要内容是巡视一下小岛周边的动物及潜水者，定期将拍摄的照片和视频上传博客。作为回报，入职者工作6个月即可获得7万英镑（约合72万元人民币）的高薪。这个澳大利亚昆士兰州旅游局主办的"世界上最好的工作"全球海选活动，受到全球媒体的广泛关注。随着近期50名候选人的诞生，其中有3名中国应聘者入选，更是引起了华人世界的轰动。

这项"世界海选"吸引了全球200多个国家和地区近3.5万人竞聘。这一独特的旅游公关，被媒体炒作成了"世界上最幸福的工作"，"大堡礁"也因此走进了全世界人民的视野。澳大利亚昆士兰州旅游局统计的数字显示："大堡礁"在全球范围内招聘"小岛管理者活动"一共花费了170万美元的成本，却收获价值1.1亿美元的全球宣传效应，而且自海选活动开始，到"大堡礁"旅游度假人数同比增长2倍。对此，昆士兰州旅游局首席执行官不无得意地向媒体宣称："我们一向是以开辟市场战略而闻名，最好的工作——海选是我们第一次真正意义上的全球活动。全世界对海选活动高度关注，为全球旅游市场营销开拓了一个全新领域。"

讨论：澳大利亚昆士兰州旅游局策划的"世界上最好的工作"全球招聘活动，是在制造新闻吗？其成功的旅游公关策略给你哪些启示？

案例分析

欧莱雅品牌微博，巧用拟人公关

欧莱雅自2002年起便与互联网门户网站合作，2008年成立了一个专门负责互联网宣传的部门，与各门户网站、垂直网站和SNS社区合作，其中也包括新崛起的微博。

欧莱雅对外交流与公共事务部公关总监杨晴红介绍，目前，微博只是欧莱雅网络传播工具中的一种。自微博项目确定后，欧莱雅对外交流与公共事务部的李赟便具体负责微博的宣传工作。半年多的实践，她体会最深的是："微博贵在坚持。"

李赟总结出欧莱雅做微博的几条经验：

（1）执行。要做好微博关键是执行，每天坚持。要做到这一点很不容易。每天从上午9点坚持到晚上12点，节假日无休息，一以贯之地观察微博的动态。尤其在夜间，微博的活跃程度会高，这时更要花精力关注网民的动态。

（2）机动灵活。项目团队以周为单位做信息发布预案。但如果某天有突发事件发生，则予以关注，比如对于波兰总统空难事件表示默哀。信息的发布原则是要随机应变，内容要与时俱进。

（3）标签。微博最重要的功能是标签功能，让有相同标签的人能迅速找到你，欧莱雅的标签为化妆品和公益。标签让有共同爱好的人很容易找到彼此。

（4）人情味。人情味也意味着不把企业微博当成一个冷冰冰的工具，而是如杨晴红所说，像一个愿意关爱他人的女性那样与网民沟通。

李赟认为，微博推广的手段多种多样，但更强调软性和口碑因素。SNS的传播特点是依赖人与人之间的联系，依靠网民之间的口碑传播，每天上欧莱雅微博的人数都会增加，多的时候每天能递增20%~30%，现在微博人数达到了6800人。

欧莱雅不时推出一些大型活动，如，欧莱雅风尚媒体大奖和世博有奖知识问答，不断地用热点吸引网民的眼球。欧莱雅微博团队定期会对微博进行一个定性和定量的分析，一个微博信息的好坏以回帖数和回帖质量来衡量。

为达到微博的基本流量，当李赟发现微博参加人数少时，会多增加发帖量，但每天发帖量要有一定控制，帖子之间的发布时间也要有一定的间隔，以二三十分钟为宜，否则就有刷屏的嫌疑，有负面作用。

李赟特别强调："互联网是个很细节的行业。"现在，微博团队想让微博更大程度上用内容来黏连网友，淡化礼品的作用。基于前期运作的经验，欧莱雅也会考虑逐渐把集团重要信息以微博的形式告知网友，倾听网友的心声。他们有可能会将微博的应用范围拓宽，设计集团与普通消费者方方面面的沟通。

思考：
(1) 欧莱雅在用微博进行公关时，运用了哪些公关技巧？
(2) 如何更好地发挥微博的公关作用？欧莱雅微博公关带给你怎样的启示？

实践与操作

实训一：新闻发布会的策划与实施

[目的]　通过模拟新闻发布会的召开，要求学生了解并掌握新闻发布会的程序。

[地点]　学校的礼堂、礼仪实训室或教室。

[内容与要求]

1. 主题：假设学校发生重大事件，请策划新闻发布会。
2. 每班分成8~10人为一个小组的若干小组。
3. 实训步骤：

教师说明实训背景——每小组指定一名负责人——负责人分配组员工作任务——组员分别准备新闻发布会的资料并汇总整理——现场模拟新闻发布会——学生点评——任课教师点评打分。

实训二：对外开放参观的准备工作

[目的]　通过宣传资料的准备，要求学生了解并掌握参观的前期准备工作。

[地点]　教室。

[内容与要求]

1. 主题：假设有上级领导来你校参观，请准备宣传资料。
2. 每班分成4~5人为一个小组的若干小组。
3. 实训步骤：

教师说明实训背景——每小组指定一名负责人——负责人分配组员分别准备学校各方面的资料——资料汇总，以幻灯片的方式制作出来并演示——学生点评——任课教师点评打分。

项目七

管理公共关系危机

学习目标

知识目标

为了完成本项目,需要的理论知识:
1. 公共关系危机的含义(重点)。
2. 公共关系危机的特征和类型。
3. 公共关系危机发生的原因和预防的方法(重点、难点)。
4. 公共关系危机处理的含义及意义。
5. 公共关系危机处理的目的与核心(重点)。
6. 公共关系危机处理的原则和程序(重点、难点)。
7. 网络公共关系危机的处理(重点)。
8. 危机评估和组织形象重塑(难点)。

技能目标

通过完成本项目,应该能够:
1. 对公共关系危机进行预防分析,拟订应急计划。
2. 协调处理公共关系危机中与受害者、新闻界、消费者等公众关系,模拟提出危机处理对策。
3. 对公共关系危机处理进行评估。

引导案例

耐克总是能在刘翔发生意外时率先作出反应

刘翔带给人们的意外不是第一次,耐克给同行们带来的意外也不是第一次。刘翔在2007年代言了安利纽崔莱、VISA、伊利、耐克、联想、奥康等14个品牌。2008年,他又代言了平安保险、凯迪拉克、EMS等重量级的企业和品牌。2008年北京奥运会赛前，有人大胆预测，如果刘翔北京奥运夺金，金牌带来的经济价值高达4.8亿元。然而，竞技体育的残酷让很多人始料不及，伤痛让刘翔被迫饮恨赛道。一石激起千层浪，刘翔这个名字立刻占据了报纸、电视、网络等各大媒体的显要位置，关注度甚至大大高于成功夺金的运动员们。大多数赞助商在"刘翔退赛"事件上，被打了个措手不及。他们除了表明继续支持刘翔之外，并没有在第一时间内作出有效的应对措施。据悉，刘翔代言的多个品牌巨头之前已经制作了大量的广告，这些广告涉及电视、报纸、户外、互联网等媒体平台，计划从8月18日刘翔首次参加比赛时开始投放。但在刘翔退赛后，赞助商的营销计划不可避免地受到很大影响。因为刘翔退赛，一时之间各种讨论之声此起彼伏。其中焦点之一集中在了将刘翔作为形象代言人的广告赞助商身上。广告赞助商是否会调整奥运营销策略？先前制订的营销计划是否还按计划执行？原定的投放计划是否会按计划进行？合约结束后是否会考虑续约等问题都存在着种种猜想。当部分企业被迫采取防守策略时，2008年8月19日一早，广州很多市民拿到新出炉的《南方都市报》时，颇感意外。报纸封面有两张大图：一张是刘翔退赛后失落的背影；另一张是刘翔坚毅的正面特写，左侧是广告词"爱比赛，爱拼上所有的尊严，爱把它再赢回来。爱付出一切，爱荣耀，爱挫折。爱运动，即使它伤了你的心"。这正是赞助商耐克火线换上的新广告。据悉耐克当天在北京、上海、成都等地媒体显著位置上都投放了该广告，粗略计算金额在150万元以上。"耐克的广告创意成功地将危机化解为关注点。耐克将公众对于刘翔的关心，很自然地引入到自己的品牌上。""耐克在此次危机事件中再次显示了成熟品牌精湛的运营策略以及很强的危机公关能力。"知名体育营销专家、中国沃天体育管理集团董事长郭杰接受记者采访时表示，作为非奥运赞助商的耐克公司，受到奥运赞助商阿迪达斯和本土品牌李宁的挤压。在遭遇刘翔退赛事件后，网上又恶意传出耐克是刘翔退赛背后操手的不实消息。但耐克将这一系列危机转化为契机，全面提升了体育营销乃至整体营销的能力。

可见，在现代企业经营中，危机公关无疑是非常重要的一项日常工作。由于企业的管理不善、同行竞争甚至遭遇恶意破坏或者外界特殊事件的影响而给企业或品牌带来危机，企业针对危机所采取的一系列自救行为，包括消除影响、恢复形象，就是危机公关。

面对突发事件，商家的经验和教训最重要。在突发事件发生的第一时间内控制住局势，然后通过一系列措施，让局势朝自己设定好的方向转化，这要求企业本身要有良好的危机管理应对机制。如果企业平时没有扎实的工作积累和主动筹备，面对突发事件就不可能有训练有素的表现。

任务一 识别公共关系危机

一、公共关系危机的概念

在日常生活中，公关危机事件并不少见：大到以 1999 年 5 月 8 日，美国为首的北约野蛮轰炸我国驻南联盟大使馆，小到某品牌的牙签将消费者的牙龈戳破；远到某跨国公司生产的探测器在火星上发生故障而坠毁，近到日本地震核泄漏事件。凡此种种而引发的危机事件都是不同领域不同层次上的公关危机事件。

危机事件是指那些突然发生的、影响或严重影响社会组织正常运作的事件。社会组织在生存发展的过程中，不可能一帆风顺。美国《危机管理》一书的作者 Robert Health 曾经对《财富》杂志前 500 强的大企业的董事长和总经理进行过一项专门调查，结果显示 98% 的被调查者认为，现代企业面对危机，就像人们必须面对死亡一样，已成为不可避免的事情，每个企业都可能遭遇危机。危机事件可能是事故，也可能是灾祸，引起的原因或是自然的，或是人为的。只要正确认真地对待，大多数危机事件是完全可以制止的。如果问题已被处理，并争取到社会舆论的同情和支持，组织的危机即可消除。反之，不管是一个并不复杂的问题还是一次事故、一场灾难，都不可避免地会给组织带来严重的公共关系危机。

公关危机不仅给组织造成人、财、物的损失，而且会严重损坏组织形象，使组织陷入困境。因此，任何社会组织都必须高度重视公共关系危机管理，做好危机公关工作。

◆ 相关链接

目前，中国正处在现代化建设的关键阶段，经济社会结构转型与体制转轨并行，传统因素、现代因素与后现代因素并存，导致现阶段是社会不和谐因素的活跃期和社会矛盾的多发期，因而也是各种类型公共危机的易发期。

一般而言，在现代社会，由于以下几个方面因素的存在以及它们之间的相互作用，使得各种类型危机由潜在状态转变为公开发作状态的概率大大增加：①人口的增长和人口密度的增加；②全球气候的变化；③环境的破坏与恶化；④科技发展所产生的负面作用和影响；⑤恐怖主义；⑥社会紧张和冲突的增加。并且，由于以下一些因素的存在，危机一旦发生就会造成巨大危害的概率也大大增加：①国际化的发展；②城市化的发展；③交通通信的发展和广泛的人流、物流和信息流；④各种社会压力和冲突的增加；⑤社会有效治理能力的缺乏；⑥社会缺乏有效的危机预防和权变管理能力；⑦不发达地区社会服务的基础设施薄弱；⑧贫穷以及相关的社会发展不公正。

二、公共关系危机的特征

要做好危机管理，首先必须了解危机事件的特点，从总体来看，危机事件具有以下九个方面的特点。

(一)普遍性

危机的普遍性是指危机存在于每个组织及组织活动的每时每刻,并且任何可能出错的环节总会出错,这就是危机的墨菲法则。由于现代社会关系变得异常复杂,环境变化迅速,使任何组织在发展过程中,都会不可避免地遇到各种各样的危机,危机的发生是必然的,也是普遍存在的。

(二)突发性

危机的突发性是指组织危机一般是在意想不到、没有准备的情况下突然爆发的。危机的发生往往是不可预见的,具有不可预测性。再先进、严谨的社会组织都不可能知道什么时候会发生危机。如火车是出现事故较少的交通工具之一,但2007年2月28日,从乌鲁木齐驶往阿克苏的5807次列车,行驶到珍珠泉至红山渠站区间时,突遇大风,11节车厢脱轨,造成3人死亡,2名旅客重伤,32名旅客轻伤,南疆铁路被迫中断行车。因此,危机是否发生、何时发生、发生的情况和规模都是无法预测的。危机一旦发生,往往会使组织措手不及。

(三)隐蔽性

危机的隐蔽性是指危机事件在发生之前,不易被觉察,不易引起重视。俗话说"冰冻三尺,非一日之寒",危机爆发前,都会有一个由弱到强、由隐蔽到外显的逐步积累、发展的过程,也就是说危机的爆发有一个从量变到质变的发展过程。在这个过程中,在危机的初始阶段,人们往往很难察觉危机的来临,而且危机不仅存在于逆境之中,在组织发展的顺境中也会存在,而且更能麻痹人,这说明危机存在一定的隐蔽性。

(四)紧迫性

危机一旦发生就有飞速扩张之态势,就会像一颗突然爆炸的"炸弹",在社会中迅速扩散开来,对社会造成严重的冲击。同时,它还会像一根牵动社会的"神经",迅速引起社会各界的不同反应,令社会各界密切关注,组织若不采取有效的制止措施,就可能使整个组织形象遭到彻底的破坏。因此,组织必须牢记"兵贵神速"这一兵法格言,强调危机公关的时效性,当危机发生后,首先应想方设法防止事态的进一步扩大,然后采取具体而有效的手段修复和提高组织形象。

(五)严重危害性

危机的危害性是指危机不仅给组织造成经济上的损失,而且会严重损坏组织的形象,使组织陷入困境,这种损害对组织的影响是巨大的,有时甚至是灾难性的。当危机爆发时,如果组织未能及时有效地处理危机,轻者可能破坏组织正常的生产经营秩序,损毁组织的形象,降低公众对组织的信任,重者可能使组织破产或者倒闭。如世界五大审计机构的美国安达信公司因为与美国安然公司勾结在一起做假账并销毁证据而倒闭;"9·11"事件后,美国航空业损失达50亿美元,许多航空公司也因此大幅度裁员,有些甚至倒闭。

相关链接

根据全球灾害统计所提供的数据,1996—2000年,世界各种灾害危机所造成的直接经济损失高达2350亿美元,并且使42.5万人死亡。在一些发展中国家,因各种灾难和危机死亡的人数占死亡人口的95%。特别突出的是，在过去30年中，世界上几乎一半以上的灾难和危机都发生在亚洲，亚洲受灾难影响人口占世界的80%，死亡人数占40%，经济损失占46%。

（六）连锁效应

危机的连锁效应是指危机发生时很少产生单一影响，危机可以引发另一危机问题或者危机情境。当一个危机的发生引发另一个危机，就产生了危机的连锁效应。关于危机的连锁效应的原因，公共关系专家朱德武总结了三个方面：一是危机的爆发对危机现场的事物造成损害，当损害达到一定程度，受损的事物就会发生质变，从而引起新的危机；二是危机蔓延使那些离危机较远的事物遭到损害，当损害积累到一定程度，使受蔓延的事物发生质变，引发新的危机爆发；三是危机爆发时，如果危机反应人员处理不当也会引起新的危机。

（七）不规则性

对组织来讲，每次危机产生的原因、表现形式、事件范围、影响程度、损失程度都不尽相同，呈不规则出现，因此解决的方式也没有一成不变的固定模式。

（八）舆论的关注性

危机事件的爆发最能刺激人们的好奇心理，常常成为人们谈论的话题和新闻舆论关注的焦点、热点，成为媒介捕捉的最佳新闻素材和报道线索。有时会牵动社会各界公众的神经，乃至在世界上引起轰动。

（九）结果存在双重性

危机结果存在双重性是指危机具有危害性的同时，也可以为组织带来机遇。危机，蕴含着"危"中有"机"的思想，危机处理得好是契机，也是转机。有些组织越是在发生危机的时刻，越能显示出综合实力和整体素质，他们能沉着应对，从危机中找出自身弊端，提高改进。同时，巧妙斡旋，并主动、有意识地以该事件为契机，因势利导，不但能有效处理危机，挽回损失，而且可以借机扩大组织的知名度和美誉度，危机就可能成为组织发展的转机，最终渡过难关，获得意想不到的效果。难怪诺曼·奥古斯丁曾说："每一次危机既包含导致失败的根源，也孕育着成功的种子。发现、培育，以便收获这个潜在的成功机会，就是危机管理的精髓。"

◆ **相关链接**

有一年，墨西哥一旅游胜地附近的火山爆发，引发地震。因为这座火山与该旅游胜地同名，新闻报道了这次地震之后，当晚该旅游地的饭店就接到了很多游客的电话，要求取消到该地的旅游计划，退掉原来预定的房间。旅游业是该地的主要经济来源，如此一来，该地的经济损失就会很大。

当地人马上请美国著名的公关公司为其出谋划策。公关专家到当地考察，发现那座与旅游地同名的火山，实际距离旅游地较远，旅游地根本不可能受到火山爆发的影响。同时发现，火山爆发的景观，颇有吸引力。于是，专家们策划拍摄了一部电视纪录片：

一边是完好无损的旅游区,一边是正喷出熔岩的火山。他们还组织了一些有探险精神的旅行者,专程来观看火山爆发的奇景。电视片播出后,原来由火山爆发而给游客带来的恐惧心理,被渴望亲眼看到火山爆发奇景的好奇心理所取代。该旅游地不光保留了已有的游客,还吸引了更多专程来观看火山爆发的游客。

三、公共关系危机的发展阶段

公共关系危机专家芬克(Fink)认为危机具有四个发展阶段。

第一阶段是潜伏期。这个时期较长,危机的苗头还没有明显出现,但是造成危机的结构、因素已经形成,培养危机的"温床"已经就绪。因此,早期发现并处理处在潜伏期的危机非常重要。

第二阶段是爆发期。爆发期时间短而猛烈。"9·11"恐怖袭击事件在2小时内就完成了。爆发期也是危机最激烈、最紧迫的时期,处理的关键在于尽量控制其范围和强度。

第三阶段是恢复期。此阶段是自我恢复、自我疗伤的过程。睿智的决策者往往利用这段时间,分析问题出在什么地方,并尽可能采取补救措施。这个时期的长短不一,但其重要性不可忽视。纽约市长朱利安尼在"9·11"后马上成立抚慰遇难职员家属的基金会,同时采取一系列措施预防新的恐怖袭击,受到普遍好评,为后来成功地应对大停电事故打下了良好的基础。

第四阶段是解决期。在经过恢复期后,此类危机仍有可能再度复发。因此,组织决策者和管理者应注意危机征兆的再现,反思上一次危机中的对错得失,并做好应对下次危机的准备。比如,美国在"9·11"后成立国土安全部,出台了新的国家安全报告,明确了反恐战略。

四、公共关系危机的类型

美国危机管理专家诺曼·奥古斯丁认为:"危机就像普通的感冒病毒一样,种类繁多,难以一一列举。"弄清楚组织公共关系危机的种类和引起组织公共关系危机的原因,对于组织确定正确的防御和处理政策具有重要的意义。按照不同的分类标准,可以将组织的公关危机分为多种类型。但是在公关工作中,关于危机的根本分类标准就是按危机的内容和形式两个方面来划分。这是因为任何事物的基本组成部分是内容和形式两个方面。从内容方面来看,公关危机可以分为信誉危机、效益危机和综合危机。从形式方面来看,公关危机包括点式危机、线性危机、周期性危机和综合性危机。另外,从危机发生的程度上看,公关危机包括一般性突发事件危机和重大突发事件危机。从危机发生的外显度上看,公关危机包括显在危机和潜伏危机。

(一)信誉危机、效益危机和综合危机

(1)信誉危机。信誉危机是指组织由于在经营理念、组织形象、管理手段、服务态度、组织宗旨、传播方式等方面出现失误造成的社会公众对组织的不信任,甚至怨恨的情绪。信誉危机也称为形象危机,这种危机尽管看上去是软性的,人气方面的,但是它直接影响组织的经济效益和可以量化的其他收益。因此,信誉危机是真正意义上的公关危机,它是组织形

象在公众心目中的倒塌，是公关工作的重大失误，如不及时想办法挽救，很快就会波及组织的其他领域，带来灾难性的损失。

（2）效益危机。效益危机是指组织在直接的经济收益方面面临的困境。例如，出现了同行业产品价格下调，原材料价格上涨；出现了行业的恶性竞争，或者是该产品市场疲软，产品过剩；或者是组织的投资出现了偏差等。这方面的危机出现后，也是很棘手的，因为效益是一个组织存在的生命，所以当面临直接的、单纯的经济效益灾难时，要想办法、想策略及时补救，做到统筹全局，使亏损降到最小。

（3）综合危机。综合危机是指兼有信誉形象危机和经济效益危机在内的整体危机。这种危机的爆发往往是出现了影响重大的突发性事件，而且情况总是从信誉危机引起，由于处理不及时，或者事态发展太快而造成经济利润的全面下降，促成互相联系的连锁损失，在这种情况下，就需要组织公关部门竭尽全力，刻不容缓地尽快找到问题的突破口，迅速果断地控制事态的发展，有效地解决面临的问题，使组织尽快走出困境。

（二）点式危机、线性危机、周期性危机和综合性危机

（1）点式危机。点式危机事件的出现是独立的、短暂的，和其他方面联系不大，产生的影响比较有限，它往往是产生在一定范围内的局部性危机，这也是一种程度较轻的危机状况。在实际的公关工作中，这种危机常属于一般性危机的范围，大部分情况下，处在隐性危机状态。它可能是组织内部某些局部和一些具体因素由于控制不严造成的具体方面的失控和混乱。但是这种危机是大危机到来的征兆，如不及时将问题消灭在萌芽状态，就会酿成大祸。

（2）线性危机。线性危机指由某一项危机出现的影响而造成的事物沿着发展方向出现的一系列接二连三的危机连锁现象。这种状况往往会造成一个危机流，如不及时控制事态发展的势头，就会造成大的灾难。线性危机的根本原因在于事物之间的联系。当组织在公关的某一方面工作中出了问题，面临危机时，一定要措施得当，力度适当。如果在某一环节上出现偏差不及时处理，造成失控，那么困难的局面就会像多米诺骨牌一样发生连锁反应，最终由一次危机，演变成一系列的危机。

（3）周期性危机。周期性危机是一种按规律出现的危机现象，是由于事物的性质和发展规律造成了某些公关工作在经过一段时期后，有规律地出现困难现象的危机状态。例如，某些产品的销售，有旺季，也有淡季。当进入淡季后，就要有相应的处理措施，以应付不利的局面。这种周期性困难是一种可以预测、能够预防的危机。也就是说，公关人员经过几次危机的锻炼后，就会找到危机出现的规律。当积累了一定经验后，就能够把握其规律，控制这种危机的出现，避免危害的发生。

（4）综合性危机。综合性危机是指在一个社会组织中，突然出现了兼有以上几种危机汇成的爆炸性危机。它是一种迅速蔓延、向四面发展的危机状态，也是一种最严重的危机状况。它一般是先由点式危机处理不得力造成了线性危机，再加上其他因素的作用，使危机的事态急剧恶化，短期内迅速发展成一种重度危机局面。这种危机的程度最深，挽救和扭转相当困难。一般而言，必须组织内部群众群策群力，上下同心去面对。必要时聘请相关方面的专家，提供专业的意见和建议，或者汇集公关专业人士协同组织的管理和决策者对危机事态进行紧急会诊，及时找到解决的突破口，不然就会彻底葬送已经建立的事业。

（三）一般性突发事件危机和重大突发事件危机

（1）一般性突发事件危机。一般性突发事件危机也叫日常纠纷，如组织内部纠纷、同公众间的关系纠纷、组织之间的纠纷等。这种纠纷一般涉及局部，影响面较小，程度较轻，危害小，但它是突发性的，如不及时处理，事端扩大后会严重影响组织形象。

（2）重大突发事件危机。重大突发事件危机是指重大工伤事故、重大生产经营失误、质量事故、天灾造成的严重损失等。其情况严重，是整体性的，危机深重。

（四）显在危机和潜伏危机

（1）显在危机。显在危机是指危机趋势非常明朗，爆发只是个时间问题的危机。如经营决策失误造成的产品积压、市场缩小的危机。

（2）潜伏危机。潜伏危机是指危机的因素已经存在，但没有被人们意识到的危机。如安全防火设施破坏、缺乏防火意识，或设备本身质量不过关、缺乏质量意识等。潜伏危机比显在危机具有更大的危险性，犹如一座冰山，显在危机是浮在水面的部分，所占比重小、容易被人重视；而潜伏危机犹如处于水下的冰山本体，不容易被发现且危险性更大。

五、公共关系危机的原因

引起组织公关危机的原因很多，大体可以分为组织内部原因和组织外部原因。

（一）组织内部原因

（1）缺乏危机意识。危机意识是一种对环境时刻保持警觉并随时作出反应的意识，它建立在这样一个基础认识上：随着时间的推移，今天的优势可能会在明天消失甚至变为劣势，环境中任何一点变化都可能在未来的某个时刻对组织产生重大影响，因此必须随时准备对可能发生的变化作出反应。有些组织在事业蒸蒸日上的时候，得意忘形，只看到眼前的成功，看不到前方的风险，失去了警惕意识，造成不可挽救的危机。

对缺乏危机意识这一现象，2001年时任联想总裁的杨元庆说："我们的员工看到的是联想每个月、每个季度、每年都在持续地高速增长，听到的是一次又一次提前超额完成任务的捷报。在我们的成绩被别人津津乐道的今天，我们的员工是否还能想到如果有一天，公司没有完成任务怎么办？公司的增长速度放慢甚至停滞了怎么办？公司不再保有现在的优势怎么办？我们的年轻员工是否有这样的危机意识，是否具备了危机到来之后的心理素质？我们能坦然地面对裁员、减少开支、降低薪酬吗？盲目乐观，看不清我们面临的压力和挑战，将成为来自我们自身的最大危机！"

（2）经营决策失误。组织将走什么路线，向哪个方向发展，领导者的经营决策对组织的存亡兴衰有决定性的作用。领导者在制定经营决策的时候，要自觉考虑社会环境、组织自身条件、公众利益要求等重要因素；否则，会因经营决策失误而造成公关危机。例如，中央电视台黄金时间段广告权的两届"标王"连任者某酒厂，没有考虑到自身条件，盲目地对广告进行超负荷投入，结果无法完成超出能力所及的订单，只好选择走勾兑的"捷径"，最终事发，被公众遗弃。

（3）成员素质低下。一个人的素质，包括思想素质、道德素质、心理素质、业务素质等方面的能力和修养，组织的成员上自领导层，下至普通员工，修养不够，素质低下，不能尽到岗位职责，不能摆正自己与公众之间的位置，甚至对公众极为不礼貌，都会影响组织的形象，带来公关危机。

（4）法制观念淡薄。现代社会是法制社会，法律对社会起到监管和保护的作用。组织在社会上立足，必须知法、懂法、守法，才会被社会容纳。如果组织狂妄自大、践踏法律、侵害公众利益，必然难逃法律制裁，给组织的形象和生存发展带来严重危机。法律不容亵渎，公众权益不能侵犯，组织要恪守这条原则。

（5）公关行为失策。组织形象是依靠积累才得以树立的，可形象的倒塌却可能是瞬间的。因此，组织面对公众时的一言一行都必须小心谨慎，深思熟虑，切不可图一时痛快，损害了组织形象。例如，2000年某汽车公司没有处理好与某森林野生动物园的维修、退车纠纷，某森林野生动物园工作人员将车砸毁。某汽车行业协会副理事长认为：该汽车公司在整个事件中，难逃"店大欺客"之嫌。之后，该汽车中国有限公司总裁对他的失败公关作出检讨，认为公司与客户沟通缺乏技巧。不恰当的公关行为使汽车公司形象大跌。

（6）活动组织不力。组织开展各项活动都应正确策划与充分准备，策划要以保证社会和公众的利益为前提，准备工作要扎实充分，这样活动才会成功，取得预期效果；反之，不仅活动可能失败，组织形象也可能严重受损，带来公关危机。

（7）纠纷处理不当。组织必然要与公众打交道，因而与公众之间发生纠纷摩擦是不可避免的，对纠纷的处理要以公关意识为指导，正确看待公众利益与组织利益的关系；反之，将会使小纠纷演变成大纠纷，小摩擦升级为大危机。

除了以上的几点内部原因外，还有诸如不重视公关调研、股东对组织丧失信心、组织内部成员贪污腐化等引发组织危机的原因，这些内部原因都应该引起组织领导者的高度重视。

（二）组织外部原因

（1）不可抗力。不可抗力是组织无法抵御的外力或突发性自然灾害，使组织的生产经营活动无法正常进行。如地震、山洪、海啸等大自然灾害，战争、政变等社会突发事件等，这些事件的爆发对组织的影响是巨大的，也是组织无法抵御的。

（2）外界恶性竞争。恶性竞争即不正当竞争，是指在市场经济活动中，违反国家政策法令，采取弄虚作假、投机倒把、坑蒙诈骗等手段牟取利益，损害国家、生产经营者和消费者的利益，扰乱社会经济秩序的不良竞争行为。

一些为牟取利益不择手段的不正当竞争者，经常采取的手段有：散布谣言，诋毁竞争对手形象；盗用竞争对手的商标生产假冒伪劣产品；进行比较性广告宣传贬低竞争对手的能力；采取恶劣行径严重扰乱竞争对手的经营秩序等。一个组织受到外部其他组织的不正当竞争，使该组织面临严重的经营危机和信用危机，是组织发生公关危机的原因之一。

（3）外部公众误解。信息从信源出发，经过编码，通过信道，再被公众译码理解的过程中，很多环节都会造成信息的失真。因为组织编排信息的形式不当，或公众对信息接收的不够完整，或公众偏听偏信不实传言，而造成对组织的误解，也可能带来组织的公关危机。

（4）政策体制不利。在制约组织生存发展的诸多因素中，国家经济政策和管理体制是组织无法控制的外部因素。组织希望国家的政策体制会对组织的发展有利，但在很多特殊的环境中或是特定的条件下，组织的希望难以实现。特别是受传统经济体制的约束、传统思想观念的制约、地方产品保护主义的排挤等影响，组织可能会遭遇极大的打击，带来避免不掉的危机。例如，因地方保护主义的阻挠，某品牌的异地推广之路艰辛难行。这是客观存在的社会因素带给组织的危机。

（5）科技负面影响。科技的进步，可以推动组织技术力量的壮大，同样也会带来组织技术水平的落后和技术价值的贬值。因为科技进步而导致的组织形象危机，原因有两个：一是新技术本身的危险性所致。例如，被人们看成"诺亚方舟"和"潘多拉魔盒"的核电能源，既能造福人类，又可能因为泄漏或爆炸事故而带来巨大灾难。二是因技术进步带来技术标准变化，而组织一时很难达到标准要求所致。例如，海尔集团将防电墙列入电热水器国家标准，标志着在产品中使用该技术的电热水器生产企业的产品将受到市场的青睐。

（6）公众自我保护。随着现代科技的发展和保护消费者法律的不断完善，消费者的自我保护意识正在觉醒，开始学会用法律的武器来保护自己的合法权利。这使组织原来认为合理的、正常的做法，在消费者思想中已经变成需要改变的不合理的做法。消费者对组织的抗议使组织面临危机。例如，2004年上海一名消费者一纸诉状将上海雀巢有限公司告上法庭，要求雀巢公司摒弃双重标准，承诺在中国销售的产品不使用转基因原料事件。

除了以上几点外部原因外，还有诸如具有敌意的兼并、大众传媒泄露组织秘密、恐怖破坏活动等其他外部原因。

造成危机的上述原因中，可控的原因通过组织自身努力是可以解决或者改进的；而对不可控的原因，组织也并非完全被动的，组织有效的公共关系活动可以给外部环境以积极影响，甚至可以促进政府改进或改变政策。

了解公关危机产生的原因，对预防与处理危机具有非常重要的意义。

六、识别公共关系危机的方法

公共关系危机的种类繁多，而且诸多内外部因素都可能引发公共关系危机。那么，我们如何识别公共关系危机呢？

识别公关危机是指公关工作者在日常的公关工作中，通过一些事物的现象和自己长期的工作经验，对危机事件出现时的及时发现和判断。具备识别公关危机的能力相当重要，它可以使组织的损失在及早发现的情况下得到降低。公关危机的识别包括两个方面：一种是隐性状态下的察觉；另一种是显性状态下的发现。

（一）察觉隐性状态下的公关危机

组织出现隐性状态下的公关危机时，公关工作还处在表面正常的状态，但是隐患已经在某些因素和环节中存在。例如，组织内部干群关系、部门关系、上下级关系不和；或者是组织内部管理出现了混乱，效益停滞不前；或者是时代进步了，组织发展的脚步却越来越慢，跟不上形势；或者是出现了组织和公众之间的不协调；或者是组织与政府、社区、同行业产生了摩擦等。在这种情况下，有经验的公关人员就会发现这些不和谐因素，目前的发展状态只是萌芽，随着事物的进程和发展规律，就会由量变到质变。特别是会由局部发展到全局。因此，当一些细小的环节或因素上出现问题时，就要及时发现，马上处理。这种发现问题的能力需要学习和长期经验的积累。它不仅是理论学习的结果，也是社会经验和工作经验的体现。

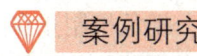 案例研究

D 航空公司的公共关系危机

2008年3月31日到4月1日，D航空公司Y分公司的21架客机都在快到达目的地时离奇返航，至少1500名乘客出行受影响。4月2日，D航空Y分公司总经理杨某对媒体表示，3月31日Y分公司执行航班295个，其中18个航班因低空扰流等天气原因先后返航，并影响到后续运力安排，造成较大面积航班延误，千余名旅客滞留机场。然而事情没有如杨某期望的简单结束，尔后发生的戏剧性变化，证明这位总经理的话是谎言。

D航空Y分公司前身为"中国Y航空公司"，直属中国民用航空总局。1992年7月28日正式成立。2001年，Y航共安全飞行34449班次，运输总周转量近41236万千米，盈利9221万元，在业内名列前茅，成为国内众多航空公司中赢利的三家之一。2002年10月，D航空、Y航空和X航空被重组合并为一家公司，以D航空的名称来命名新公司。在新组建的D航空公司的领导班子里，原来的Y航空公司的人任职很少，加上当初合并的时候，D航空方面曾经对Y航的人承诺"待遇不会下降""可以根据自己的效益来发放收入"。但情况并不是这样，在Y分公司一直保持效益良好的同时，人员的待遇却在下降，特别是地面工作人员的工作收入下降了近一半。这样，大家的怨言就自然产生了。除了平日里大家的各种牢骚、议论，甚至在内部互联网上也是骂声一直不断。但这些"民间呼声"并没有引起Y分公司和D航总部的注意，也没有具体措施改变现状。时间久了，积怨深了，危机就不可避免地爆发了。因这次危机，D航的两条航线被停航，损失达4亿多元。

量变的积累转变为组织公共关系的质变，这次D航的危机事件起源于其内部，"冰冻三尺，非一日之寒"。如果D航能早点发现来自不满者的声音，及时解决矛盾，相信不会酿成如此严重的后果。

（二）发现显性状态下的公关危机

比起隐性状态，显性状态下的公关危机比较容易被发现。稍有一些公关经验，或者是任何一个人都可以判断显性公关危机。因为它是既成事实的危机状态，而且多是影响较大的突发性危机，常常以重大的损失作为标志，容易为人所重视，但是对于重大显性危机危害程度的认识和判断却需要很多的公关经验和很高的判断水平，因为它涉及对危机处理的决策和处理手段的制定，以及处理措施的实施。

已经造成组织信誉损害和效益损失的危机，有点性危机带来的线性危机和综合性危机，都是显性危机。

任务二　预防公共关系危机

虽然社会组织不可避免地要遭遇公共关系危机，但是，我们仍然可以在危机到来之前，

运用敏锐的眼光,提前发现可能会出现的危机苗头,采取一系列有效的手段,把危机制止在萌芽状态中,或是减轻危机带来的危害程度。能实现这样结果的前提是我们必须预防公共关系危机。

一、树立全员公关意识

公共关系危机预防的前提,是在组织内部树立全员公关意识。在危机管理中树立全员公关意识,就是要树立居安思危、未雨绸缪、防患于未然的思想。要让全体员工都有公共关系观念,时刻感受着危机的存在,并时刻提防着危机发生。只有这样,才能有效地防止危机发生,或者危机一旦来临也能从容应对。在组织生产经营管理中,要经常性地开展危机管理培训。危机管理培训的目的与危机管理教育不同,它不仅在于进一步强化员工的危机意识,更重要的是让员工掌握危机管理知识,提高危机处理技能和面对危机的心理素质,从而提高整个组织的危机管理水平。

组织中的任何一员都应该具有公关意识,对目前组织的公关目标有确切的了解。组织的领导也应该将全员公关当成预防公关危机的第一要务,不仅要求全体成员贯彻统一的公关理念,更要让大家知道,每一个岗位都是展示组织形象的阵地,都是组织公关战略不可缺少的重要组成部分。请看下面关于长城饭店的三个公关事件。

◆ **相关链接**

> 1984年长城饭店刚落成时,为了扩大宣传,提高知名度,将里根总统的答谢宴会争取到了长城饭店,在几百名记者对答谢宴会的采访报道中,长城饭店名扬全球,这可说是一次公关的大手笔。
> 1985年圣诞节前夕,长城饭店邀请各国驻华大使馆的小朋友到长城饭店装饰圣诞树。当这些小朋友在受到了长城饭店热情的款待后回到使馆时,他们必定也将对长城饭店的良好印象带回去了,这对长城饭店的形象树立大有好处。
> 一名客房服务员在收拾房间时发现有位客人的书摊放在桌上,她收拾好房间后,将一张小纸片插进了书摊开的地方作为记号,客人见了非常感动。

长城饭店公关部经理曾就这第三件事大发感慨,认为第三件事才是真正意义上的公关。虽然客房服务员不是公关人员,这种岗位十分普通,但是在长城饭店美好形象的塑造上,却起了巨大的推动作用。服务如果能周到至如此程度——无须规范、信手做来、体贴入微、宾至如归,这样的服务类企业,何愁公关形象难以塑造。而如果组织中每个人都能做到具有公关意识,就会避免很多公关危机。

全员公关意识的培训,也是在唤醒全体员工时刻警惕,积极关注从各方面传递出的组织潜在危机的信号,多加防范,以避免危机的发生。

树立全员公关意识,就是要求全体员工都要有高度的主人翁责任感和警惕性,从自身做起,从小事做起,努力维护组织的形象,增强质量意识、服务意识、创新意识,不满足于现状,积极进取,并留心观察潜伏的危机,将危机消灭于萌芽状态,做好危机的预防工作。

二、建立漏洞审查制度

一个危机事件的出现，往往是发挥不良作用的因素由量变到质变的结果。因为我们平时疏于注意，危机在我们不经意的情况下出现，给我们的印象就是突然爆发，这让我们感到意外。事实上，一次偶然出现的恶意中伤对组织形象、信誉造成的伤害，是组织平时对公众关系疏于沟通造成的；一次偶然的食物中毒，往往是平时不注意严格把握生产经营管理细节造成的；一次偶然的毒气泄漏，可能是由于器具性能缺陷造成的……太多的偶然，其实都有它的必然性。

建立漏洞审查制度，即在组织经营管理中，加强问题管理，及时解决小问题，堵住漏洞，防患于未然。由于组织管理方面的责任所引起的危机事件，如工伤事故、生产事故、环境污染事件、监管疏漏等，都会引发组织的公共关系危机。因而在日常经营管理过程中，要加强对小问题的监管，发现问题及时解决，发现漏洞及时填堵，注意从组织内部的管理入手，让危机没有可乘之机。

◆ 相关链接

> 北京肯德基快餐厅为预防与顾客发生矛盾纠纷，严格执行下述三项铁的纪律。第一，快餐厅制作炸鸡严格按"七、十、七操作法"进行。即将一袋鸡块放到鸡蛋液中浸七下，再放到干粉里滚十下，最后再按七下。有一天，因顾客爆满，炸鸡供不应求，操作工为了加快速度，按"七、十、七操作法"一次同时操作两袋鸡块，结果被经理发现，立即给予口头警告，并扣罚奖金15元。第二，肯德基制定了一项铁的规定，即鸡块炸出超过一个半小时就不能再卖，不管剩下多少都要扔掉，不准做廉价处理，不准给员工吃。理由是便宜卖给顾客，会损害餐厅的声誉。第三，运用科学手段，保证炸鸡的分量。在制作过程中，餐厅运用计算机控制选用肉鸡，每只肉鸡体重均在1.13～1.23公斤之间。每只肉鸡分9块，保证分量。此外，美国肯德基总公司还明文规定，肯德基快餐厅一律不许卖酒。世界各地的7700余家肯德基快餐厅都要遵守这一规定。听说北京人爱喝啤酒，破例允许卖啤酒，但限量，不足以醉人。座椅设计上也有学问，坐垫软而舒服，靠背硬而短，无法久坐。肯德基快餐厅的上述规定和做法，预防了许多危机纠纷的发生，可为我们预防危机事件提供有益的启示和借鉴。

建立了漏洞审查制度，我们就可以清楚明了组织的哪些环节可能会面临危机，组织的各相关部门就能制订出预防危机发生的措施，以避免危机事件的发生。

三、保持良好的媒介关系

媒介公众是组织外部公众中非常特殊、十分重要的一个组成部分。在现代社会中，新闻媒介的影响力越来越大，它已经深入社会生活的各个层面，形成一股谁也无法忽视的力量。新闻界是影响社会舆论的权威性机构，具有舆论导向性。在现代信息社会，各种新闻媒介的传播速度如闪电般迅捷。危机发生，最容易引起各方面公众特别是新闻界的关注。无论在平时，在危机中，还是危机解决后，组织都应该尽量争取主要媒体的记者和编辑的支持与信任，获得新闻媒介公正对待的机会，这将有利于引导舆论并弱化负面舆论的不利影响。

建立起与媒介长久的、融洽的、互相信任的关系，对危机管理非常重要。如果平时缺乏与媒介真诚有效的沟通，在危机到来时就会很仓促，在危机公关过程中就很难得到媒介的支持与配合。

面对危机事件，没有一个组织可以企图与那些会引起公众关注、影响关键性支持者及唤起情感之类的事件脱开干系。无论什么问题都会引起严重的传播挑战，任何掩盖都是徒劳的。因此，危机传播是现代公关中最新的项目，有效的传播战略和行动计划在整个危机管理中具有非常重要的作用。由于公众受媒体舆论影响较大，所以危机公关在很大程度上就是要考虑如何向媒体进行公关。只有把握舆论的主动权，才可能变不利因素为有利因素，尽快恢复组织的社会声誉。

◆ 相关链接

> 由于受到三聚氰胺事件的影响，自2008年9月中旬以来，中国乳业经受着有史以来最大的震荡。震荡之后的乳品企业最期待的认可便是"放心"二字，并为此纷纷出台新举措。伊利集团为此开展了"放心奶工程"，为了让公众了解自己的用心与努力，从10月16日起至10月30日，先后邀请了世界各国及我国港澳台驻京媒体和新华社、人民日报海外版、央视海外中心、中国日报等32家权威媒体走进伊利，聚焦伊利"放心奶工程"。在参观采访过程中，中外媒体记者亲眼看到伊利在国内首创的"奶牛合作社"，还看到了伊利拥有的国际先进的现代化全自动挤奶机和原奶质量检测分析系统，见证了伊利从源头保证最安全、最放心的原奶供应生产线。

四、建立危机预警系统

事后处理不如事中控制，事中控制不如事前预防，可惜不少组织未能认识到这一点，等到危机造成了重大的损失，才想到用公关去弥补，很多时候，为时已晚。在危机来临之时，正确、及时、妥当的处理固然很重要，将危机隐患消除于萌芽之时更为重要。组织应建立一套危机预警机制，组建危机管理小组，将危机预防工作落到日常工作的实处。建立危机预警机制，及时寻找危机根源、本质及表现形式，弄清危机的类型及特征，并分析它们所造成的冲击，应针对具体问题，随时修正和充实危机处理对策，通过降低风险和缓冲管理来更好地进行危机管理，是组织生存和发展的重要内容。

建立危机预警系统，及时捕捉危机的前兆，主要应做好的工作有：①建立起高度灵敏、准确的信息监控系统。加强信息收集和分析工作，及时掌握公众对组织的评价，了解外部环境的变化，并根据捕捉到的危机征兆制定对策，调整组织行为。②定期或不定期开展自我诊断，客观评价组织形象，找出薄弱环节，采取必要的补救措施。③重视与各类公众的信息沟通，积极妥善处理与公众之间的纠纷，无论纠纷大小都应予以高度重视。④进行危机预案演习。把危机管理纳入组织战略管理的核心内容，建立专门的危机预警机构，定期开展潜在危机预测和分类工作，分析预计危机情景，制定各种危机预防措施，根据危机处理预案进行定期或临时的演习，之后再检讨演习过程中有无疏漏。危机预案演习可以使员工在面临危机时，有经验可循，做到临危不乱，从容应对。

任务三　处理公共关系危机

《危机管理》一书的作者史蒂文·芬克（Steven Fink）所做的大量调查显示，80%的《财富》500强公司的CEO认为，现代企业界面临危机，就如同人面临死亡一样，是不可避免的事情。有55%的被访者认为危机影响了公司的正常运转，而危机困扰公司的时间平均历时8周半。这表明，面对客观存在的无法预见的危机，公司必须有一套良好的危机管理办法。在现代社会，谁能有效避免和控制危机，谁就掌握了发展的主动权。

一、公关危机处理的意义

公关危机处理又叫作危机公关（Crisis Public Relations）或称为危机管理（Crisis Management），是指组织调动各种可利用的资源，采取各种可能或可行的方法和方式，预防、限制和消除危机以及因危机而产生的消极影响，从而使潜在的或现存的危机得以解决，使危机造成的损失最小化的方法和行为。

危机公关是公共关系学和管理学结合的产物，是运用公共关系学的基本原理和方法，科学地处理组织潜在的或现存的危机，从而把"大事化小、小事化了"，甚至变坏事为好事的一种管理行为。公共关系危机处理具有重要意义。

（1）减少组织损失。妥善处理危机事件，迅速控制事态的发展，就能使组织的损失减少到最低限度。这对于事后迅速恢复生产经营活动具有重要的意义。

（2）维护组织形象。组织形象是组织的重要资源，无论是纠纷事件，还是突发事件，都会给组织带来一定的形象损失。公共关系以维护组织形象为己任，处理好危机事件，对于维护组织形象这一资源的重要性就不言而喻了。

（3）增强内部团结。处理危机事件不仅是对组织凝聚力的检验，也是加强内部团结的好时机。

（4）创造经营时机。在处理危机事件中的公关人员应树立"妥善处理危机就等于赢利"的观念。成功组织与失败组织之间的差别，并不在于是否出现过公众纠纷的危机事件，而在于出现危机后所采取的截然不同的处理方法，即借助于处理危机事件创造有利的经营因素和条件。

二、公关危机处理的目的与核心

（一）公关危机处理的目的

（1）预防与控制危机。对待危机如同对待SARS一样，预防与控制是成本最低、最简便的方法。企业应根据经营的性质，识别整个经营过程中可能存在的风险，并从潜在的事件及其潜在的后果追根溯源，排查出其滋生的土壤，然后收集、整理所有可能的风险并充分征求各方面意见，形成系统全面的风险列表，从而对这些可能导致危机的因素进行控制，并有针对性地练习内功，增强免疫力，以达到避免危机的目的。

（2）建立危机管理体系。建立危机管理体系主要是建立应对危机的组织，制定危机管理的制度、流程、策略和计划，从而确保在危机汹涌而来时能够理智冷静，从容应对。

（3）解决危机。解决危机主要是指通过公关的手段阻止危机的蔓延并消除危机。如建立强有力的危机处理班子；有步骤地实施危机处理策略；消除危机给企业造成的不良影响，尽快恢复企业或品牌形象；重获员工、公众、媒介以及政府对企业的信任等。

（4）在危机中求发展。危机管理的最高境界就是总结经验教训，让公司在事态平息后更加焕发活力。Intel 公司前任 CEO 安迪·格鲁夫曾这样说过："优秀的企业能安度危机，平凡的企业在危机中消亡，只有伟大的企业在危机中才能发展自己。"

（5）实现企业的社会责任。作为社会的一员，企业卓有成效的危机管理，将促进社会的安定与进步。反之，如果危机处理不当，将成为社会的负担，并带来不可估量的危害。

（二）公关危机处理的核心

危机从管理的角度来讲，是量变到质变的过程；而从传播的角度来看，则是由少数人知道到多数人知道的过程。大家都不知道的"秘密"不是危机，它只是潜在的危机。只有当企业员工、消费者、公众、媒体、投资者、债权人、供应商以及经销商都知道了，并且被各种因素和途径夸大了的危险，导致混乱和恐慌，才成为危机。

危机一旦发生，你我都无法改变。我们能做的只有两件事：

（1）Do right，即正确地处理，以减少或避免损失。

（2）Speak right，即正确地传播，客观理性地告知公众，以减少或消除恐慌。

正确地处理，是公关危机管理的前提；而正确地传播，则是公关危机管理的核心。向谁传播、传播什么、怎样传播是公关危机管理是否成功的关键。

三、公关危机处理的基本原则

西方学者用英文将危机处理的原则概括成 5S，即承担责任原则（shouldering the matter）、真诚沟通原则（sincerity）、速度第一原则（speed）、系统运行原则（system）、权威证实原则（standard）。下面我们分别按照这 5S 的次序，说明处理危机的原则。

（一）承担责任原则

无论发生什么形式的危机，一个组织都要敢于面对公众，承担起自己应当承担的责任。在实际生活中，有的时候事件发生得很突然，一时难以分清到底是谁的责任。这时具有公关意识的组织应当首先在公众面前坦诚宣布，自己绝不推托应负的责任，使公众感到心理安定。反之，那些遇事推诿的组织，其态度就会加重公众的反感情绪，使危机的处理更加困难。

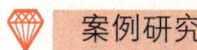 案例研究

强生公司的危机公关

1982年9月,美国芝加哥地区发生了7人服用含氰化物的泰诺药片中毒死亡的严重事故。事件发生后,在首席执行官吉姆·博克(Jim Burke)的领导下,强生公司迅速采取了一系列有效措施。首先,该公司立即抽调大批人马对所有药片进行检验。经过公司各部门的联合调查,在全部800万片药剂的检验中,发现所有受污染的药片只源于一批药,总计不超过75片,并且全部在芝加哥地区,不会对全美其他地区有丝毫影响,但公司仍然不惜花巨资在最短时间内向各大药店收回了所有的数百万瓶泰诺药片,并花50万美元向有关的医生、医院和经销商发出警报。

事故发生前,泰诺在美国成人止痛药市场中占有35%的份额,年销售额高达4.5亿美元,占强生公司总利润的15%。事故发生后,泰诺的市场份额曾一度下降。当强生公司得知事态已稳定,并且向药片投毒的"犯罪嫌疑人"已被拘留时,并没有马上将产品投入市场。当时美国政府和芝加哥等地的地方政府正在制定新的药品安全法,要求药品生产企业采用"无污染包装"。强生公司看准了这一机会,立即率先响应新规定,仅用5个月的时间就夺回了原市场份额的70%。

强生公司处理这一危机事件的做法成功地向公众传达了企业的社会责任感,受到了消费者的欢迎和认可。对此《华尔街日报》报道说:"强生公司选择了一种自己承担巨大损失而使他人免受伤害的做法。如果昧着良心干,强生将会遇到很大的麻烦。"强生因此获得了美国公关协会颁发的银钻奖,奇迹般地为强生公司赢得了更高的声誉,这归功于强生公司在危机管理中的正确决策和高超技巧。

(二) 真诚沟通原则

企业处于危机漩涡中时,是公众和媒介的焦点。你的一举一动都将接受质疑,因此千万不要有侥幸心理,企图蒙混过关。而应该主动与新闻媒介联系,尽快与公众沟通,说明事实真相,促使双方互相理解,消除疑虑与不安。真诚包括三个方面,即诚意、诚恳、诚实。如果做到了这"三诚",则很多问题都可迎刃而解。

(三) 速度第一原则

公关危机的发生,一般都具有突然性,如果不能得到及时的控制,则会导致迅速恶化的局面。俗话说:"好事不出门,坏事行千里。"在危机出现的最初12~24小时,消息会像病毒一样以裂变方式高速传播。而这时候可靠的消息往往不多,更多的是谣言和猜测。组织的一举一动将是外界评判组织如何处理这次危机的主要根据。媒体、公众及政府都密切注视组织发出的第一份声明。对于组织在处理危机方面的做法和立场、舆论赞成与否往往都会立刻见于传媒报道。因此组织必须当机立断,快速反应,果决行动,与媒体和公众进行沟通,正面解释,从而迅速控制事态。

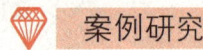 案例研究

快速反应使班特利海湾石油公司赢得信任

班特利海湾石油公司曾发生过一起油船大爆炸事件，有50人丧生，只有在控制塔上的一个人活了下来，但已经吓得神经错乱。不到3天，就聚集了300多名记者，新闻界向海湾石油公司挑战，要求尽快说明真相，要让活下来的那个人出来讲话，但他已无法出来作证，简直是一片混乱。

麦克·里杰斯特先生在中国公关培训班上讲了他处理这一危机事件的基本做法。第一步，危机发生后的前10天，每天举行两次新闻发布会，与记者保持沟通，使负面消息降低到最低程度。第二步，邀请当地公司的管理人员出席新闻发布会，让他们介绍公司对事故的善后处理措施，告诉记者公司是如何与死者家属沟通的，是如何让警察来辨认尸体的，是如何清理海难现场的。第三步，与当地政府联系。因为开始建石油中转站时，政府是同意的。把有关情况通报给政府，表示一定给予赔偿；在社区方面，由于平时注意搞好关系，所以事发后也就给了该石油公司很大帮助。第四步，积极进行海湾环境污染的处理。沙滩上有许多原油，每次涨潮后，都找人把海滩上的石油清除掉。一直去努力清除污染，说明公司是负责的。第五步，在爱尔兰做广告，向人们表示深深的歉意，并表示将尽快查出油船爆炸的真正原因。

面对突发性的危机事件，班特利海湾石油公司快速反应，坦诚面对，并迅速取得了公众和新闻媒介的信任，使这一事件顺利解决。这一案件的处理充分体现了快速反应的原则、真诚坦率的原则，体现了班特利海湾石油公司的人道主义精神和维护信誉的意识。

（四）系统运行原则

面对突发的公关危机，组织必须形成一个坚强有力的领导中心，使处理危机的各个部门在统一指导下工作，分头负责，协同作战，以求最佳效益。特别是面对众多的媒体，对外发布的消息必须指定统一发言人、统一口径、统一态度，做到"一个声音，一个观点"，确保安抚、引导和控制公众的情绪，以防在传播过程中消息被曲解、利用，造成负面影响。危机的系统运作主要是做好以下几点：

（1）以冷对热、以静制动：危机会使人处于焦躁或恐惧之中。因此组织高层应以"冷"对"热"、以"静"制"动"，镇定自若，以减轻组织成员的心理压力。

（2）统一观点，稳住阵脚：在组织内部迅速统一观点，对危机有清醒认识，从而稳住阵脚、万众一心、同仇敌忾。

（3）组建班子，专项负责：一般情况下，危机公关小组的组成由组织的公关部成员和组织危机涉及的高层领导直接组成。这样一方面是高效率的保证；另一方面也是对外口径一致的保证，并使公众信赖组织处理危机的诚意。

（4）果断决策，迅速实施：由于危机瞬息万变，在危机决策的时效性要求和信息匮乏条件下，任何模糊的决策都会产生严重的后果。因此以必须最大限度地集中决策所需使用资

源，迅速做出决策、系统部署、付诸实施。

（5）合纵连横，借助外力：当危机来临时，应充分和政府部门、行业协会、同行企业及新闻媒体配合，联手对付危机，在众人拾柴火焰高的同时，增强公信力、影响力。

（6）循序渐进，标本兼治：要真正彻底地消除危机，需要在控制事态后，及时找到危机的症结，对症下药、谋求治本。如果仅仅停留在治标阶段，就会前功尽弃，甚至引发新的危机。

◆ 相关链接

> 危机爆发后，为了确保组织对内对外传播沟通信息的高度一致，主动引导舆论，掌握危机处理的主动性，应立即选出一个新闻发言人。新闻发言人的职责就是全权向外部发布事实真相，以防止谣言的流传。新闻发言人一般由危机处理团队的核心人员担任。同时新闻发言人应具备以下几个方面的素质和能力：①极强的沟通协调能力；②相当的应变能力；③很高的伦理道德标准和社会责任感；④能从容面对媒体和记者；⑤有良好的个人魅力；⑥抗压性强；⑦头脑冷静地掌握全面情况。
>
> 新闻发言人应主动与新闻媒体沟通交流，以掌握对外报道的主动权，尽量不让外界通过其他途径来获取组织的危机信息。

（五）权威证实原则

危机发生后，面对公众和媒体的指责，如果自己的解释和说明不足以消除误会，获得谅解，组织应尽力争取政府主管部门、独立的专家或机构、权威的媒体及消费者代表出面说明，以便说服公众。

四、危机处理的一般程序

并不是只要组织有完善的运行机制就不会出现危机了，危机是一种客观存在的现象，它是不速之客，会经常与组织打"恐怖"的招呼。面对危机进行妥善处理是组织迫切需要的一种公关工作。危机一旦发生，不可避免的麻烦就到来了。社会组织如何才能正确地应对危机呢？

危机公关是公共关系工作的一种特殊形态，是组织的公共关系工作水平的综合显示。有效的危机公关不仅有助于避免组织不希望的事情发生，而且是组织自我保护、维护自身形象的客观要求，它对于防止组织形象的下降，保卫已有的公共关系工作成果有着不可替代的作用。危机公关的一般程序有别于常规公共关系工作的程序，它包括五个环节：采取措施，控制事态；坦诚告知，表明诚意；调查情况，收集信息；针对对象，确定对策；评价总结，改进工作。

（一）采取措施，控制事态

危机事件一旦爆发，消息便会像病毒一样以裂变方式高速度地传播，组织必须当机立断，在最短的时间内作出最快的反应，迅速表达自己的立场，采取果断措施控制事态，掌握主动权，防止事态扩大。反之，逃避、推脱、心存侥幸，都会使事态升级，使局势难以控制。因此，在危机发生的第一时间，有效控制事态是处理危机的关键。

（二）坦诚告知，表明诚意

危机事件已经发生，面对媒介、受害者、政府部门及社会公众的关注，我们究竟应该表达些什么？我们知道，处理危机事件的公关宗旨是"真实传播，挽回影响"。当事件发生后，与该事件有关的人们出于趋利避害的本能，强烈要求了解事件的状况及与自身的关系，如果缺乏可靠的信任，则往往作出最坏的设想来作为自己行动的根据。只有真实、准确地传播，才能获取公众的信任，争取公众的谅解与配合。

 案例研究

坦诚——危机公关的法宝

SOHO 中国有限公司是一家为注重生活品位的人群提供创新生活空间以及引领时尚生活方式的房地产开发公司，它在市场竞争中非常成功，自 1999 年以来，连续多年在北京乃至全国稳居项目销售冠军。1999 年 8 月，SOHO 总裁潘石屹为"寻找灵感"，到成都、拉萨、珠穆朗玛峰旅游。回到总部后，听到一个惊天的消息，负责销售的总经理向他汇报，正在进行"现代城"销售的 50 多名销售精英被 SOHO 的竞争对手——"中国第一商城"的邓智仁"挖"走了。得知消息的当晚，潘石屹便给跳槽的人开会，苦口婆心地做工作：目前公司前景光明，希望大家不要离开，与第一商城签订的合同，公司可以找律师处理。但是，仍然有 23 个人，被高薪"挖"走了。SOHO 陷入了"跳槽事件"的危机。一些朋友告诉潘石屹：家丑不要外扬了，20 多个人，不会产生什么大影响。经过一番思想斗争，潘石屹还是写了一封题为《现代城的四名副总监被高薪挖跑了》的信，并在第二天买了《北京青年报》《北京晨报》《北京晚报》和《精品购物指南》这几家北京最有影响力的报纸半个版面，发了这封信。信的最后，有这样一段话："现代城的员工们，无论我们是成功还是失败，无论我们受到竞争对手什么样的打击，千万不要忘记我们做人的准则，不要忘记我们的使命，也不要忘记客户对我们的期盼。"中央电视台《经济半小时》节目和北京电视台的《北京特快》节目都对此做了报道，《北京特快》节目一共做了 4 期，其中有两期节目还获了奖。这次危机给"现代城"带来的最大收获是，"现代城"一下子出名了，形象凸显出来了。1999 年全年销售额达到 18.9 亿元。

在 SOHO 的发展过程中，曾经历"邓智仁挖墙脚"以及"任志强炮轰"等危机事件，总裁潘石屹悟出了危机公关的真谛。他表示："我们所有人都已经进入了一个信息时代，这个信息时代就是一个媒体时代。在这个时代，我们对许多事情都应该有一个新的定位，跟我们在工业时代思考问题的方法应该有所不同。对媒体最重要的一个原则，我认为是要坦诚，你想什么事情，你就说什么事情；你做了什么事情，你就承认什么事情。只要你拿出足够的坦诚，媒体和社会公众就会理解你，如果你去躲躲藏藏，反而会出现一发不可收拾的情况。"

（三）调查情况，收集信息

组织对于突发性公关危机的处理，最终是建立在针对事件真相，采取相应、得体的公关措施的基础之上，因此，调查危机事件的真相就显得非常重要。也就是说，在灾难得到遏止、危机得到初步控制后，组织就要立即展开对危机的范围、原因和后果的全面调查，查明原因是为危机处理决策提供依据，也是成功处理危机的关键所在。

只有在调查研究的基础上，对信息进行分类、整理，向各个有关部门提供客观、真实、重要的信息，上报决策层，才能开展有效、严密的公关活动。同时加强与公众之间的协商对话，建立起组织与公众之间新的信任与合作关系，进而使危机的处理更加顺利。

（四）针对对象，确定对策

在对危机事件真相调查分析的基础上，组织就可以针对不同的对象确定相应的对策。这些对策大体上包括以下几个方面：

1. 组织内部对策

（1）迅速成立处理危机事件的专门机构，由一名本组织的主要负责人担任机构的领导。
（2）判明情况，采取措施，通告内部全体人员，以统一口径共同行动。
（3）可以奖励危机事件的有功人员，处罚事件的责任者，并通告有关部门，以平息众怒，求得公众的理解、同情、支持和合作。

2. 受害者的对策

（1）认真了解受害者的情况，实事求是地承担相应的责任，并诚恳地道歉。
（2）冷静地倾听受害者的意见，及时了解和满足有关赔偿损失的要求。
（3）给受害者尽可能多的安慰和同情，并尽可能提供他们所需要的服务。
（4）专人负责与受害者接触，在整个事件处理过程中，不随意更换处理工作的人员。

3. 上级主管部门的对策

（1）及时汇报。危机事件发生后，及时向上级主管部门汇报，不能文过饰非，更不能歪曲真相，混淆视听。
（2）及时联系。在事件处理中，应定期报告事态的发展情况，及时与上级主管部门取得联系，取得主管部门的支持和指导。
（3）总结报告。事件处理后要形成详细报告，包括处理经过、解决办法和今后的预防措施。

4. 业务往来单位的对策

（1）传递信息。尽快如实地传递事件发生的信息。
（2）告知对策。以书面的形式通报正在采取何种对策。
（3）当面解释。如有必要派人员到各单位去当面解释。
（4）说明处理经过。事件处理过程中，定期向各单位和各界公众通报处理情况。事件处理完毕时，要以书面的形式向对方表达诚恳的歉意。

5. 对其他公众的对策

（1）利用传播渠道。通过各种渠道向其他公众说明事件梗概，介绍事件经过、处理方法和今后的预防措施。
（2）接待来访。如果有人来访，不能拒绝，对于提出的问题，不能隐瞒事实真相，要坦诚回答、热情接待。

(3) 公开道歉或赔偿。可根据事件的性质和造成损害的程度，以组织或个人名义向社区公众表示歉意。必要时，应该赔偿经济损失。

（五）评价总结，改进工作

中国有句古话"前事不忘，后事之师。"组织在平息危机事件后，一方面要注意从社会效应、经济效应、心理效应和形象效应等方面评估消除危机的有关措施的合理性和有效性，并实事求是地写出处理报告，为以后处理类似事件提供依据；另一方面要认真分析事件发生的深刻原因，收集公众对组织的看法、意见和议论，总结经验教训，以便改进组织工作，从根本上杜绝类似事件再度发生。

五、网络危机处理

（一）网络危机原因分析

互联网时代，一则信息刚刚发布，很快就会通过新浪、网易、搜狐等门户网站传遍全世界。也正是网络的这种传播特点，为网络危机的产生提供了条件。据统计，全球约有20%的企业曾因网络攻击而遭受企业危机。

何谓网络公共关系危机？即由网络产生、传播或扩散升级的具有严重威胁性的不确定性事件，对组织声誉及其相关产品、服务产生不良影响，导致组织在公众心目中的形象受到严重破坏的事件。

网络危机是在网络环境下产生的，一般来说，网络危机产生的原因有以下几种：

（1）网络媒体的高自由度。由于法律、法规的限制以及传播范围的约束，传统媒体发布的信息一般来源于官方，故可信度较高，可以有效遏制谣言及一般性事件的升级和扩大。而网络媒体由于论坛（BBS）、博客（BLOG）、微信（WeChat）和网络社区的存在以及网络发言的匿名性，信息的来源复杂，审查也较传统媒体宽松，因此网络诽谤和传递谣言比以前更容易发生。对网络谣言的受害组织而言，与传统谣言和诽谤相比，网络谣言的威力和影响力更大。

（2）网络传播的快速性。在网络资源中，大量的中小网站基本采用转贴、复制或者直接引用的方式传播信息，使得同一信息在短时间内充斥各个网站和网络社区。这种信息传播方式的速度比传统媒体那种采访、撰写、审查、刊登或者获得授权转载、引用的典型方式要迅速得多，成本也低得多，这使得组织面对网络危机的反应时间大大缩短。一些小事件可以演变为难以控制的危机，一些原本站不住脚的谣言经过添油加醋般地改编会影响广大受众的判断。

（3）网络公众的互动性。互联网的出现极大地刺激了广大公众参与社会事务的积极性。通过网络讨论，一些普通事件和纠纷会升级到对整个品牌和组织的攻击；一些孤立的经济事件容易上升到政治和民族感情的高度，产生超越产品和服务本身的危机。

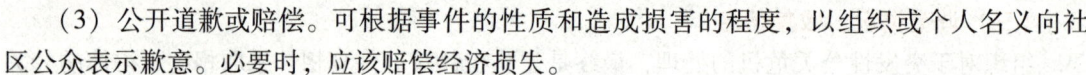
相关链接

2011年9月27日，老罗英语培训创始人罗永浩在微博中称三年前购买的西门子冰箱和洗衣机陆续坏了，特别是西门子冰箱的门不易关上。此条微博发布之后被网友们转载3000多次，评论超过1100多条。由于西门子方面没有做出积极的回应，最终导致事件升级。罗永浩来到西门子公司北京总部进行维权活动，用铁锤砸烂三台有质量问题或设计缺陷的冰箱并递交书面要求，希望西门子公司立即改正拒不承认产品问题、推卸责任、忽视消费者诉求的做法，并召回有问题的冰箱。最终，本次事件以西门子家用电器中国总裁兼首席执行官罗兰·盖尔克为"部分西门子冰箱门关不严"向中国消费者公开道歉，并承诺为问题冰箱提供免费维修服务为结局。

（二）网络危机的预防与处理

由于网络的介入，使得危机造成的负面影响极易扩散，造成严重后果。因此，有一个预警系统是必不可少的。

1. 网络危机的预防

在组织日常运营中，应加强防范网络危机的工作，使得防范网络危机日常化、制度化，力求从机制上减少或者快速发现危机的发生。为此，组织应该从以下几个方面入手：

（1）设立网络安全专员。组织有必要在公共关系部门或者网络部门下设网络安全专员，统筹日常的危机防范工作以及危机发生时的公共关系策略安排和资源配置。由于网络危机发生的根源可能存在于组织生产经营的各个过程而且可能牵扯到多个部门，危机发生时很有可能出现职责不清的情况，训练有素的网络安全专员就可以统筹规划，以标准的程序处理危机，防止出现部门间扯皮的现象。

（2）建立网络危机监测体系。组织要建立完善的网络危机监测体系，把网络危机监测纳入正常的经营活动中，防微杜渐，最大可能地在危机没有扩散的时候就消灭它。监测工作包括定期浏览三大门户网站（网易、新浪、搜狐）、各大传统媒体的网络版和有较大影响的网络论坛与社区，识别和分辨出可能的网络危机苗头，查看相关的新闻和评论，发现问题及时上报解决，杜绝不良信息上升为网络危机的可能。

（3）建立网络危机应急预案。组织应在专门人员的指导下，于危机来临前就建立和健全网络危机处理应急预案，充分考虑网络危机发生时可能出现的状况，提前制定危机发生时应采取的措施、步骤和人员安排。这样可以规范网络危机发生时的应急管理和应急响应程序，明确各部门的职责，有效提高组织抵御网络危机的能力。

（4）加强全员网络安全培训。网络危机涉及组织的方方面面，和组织的每一个人都息息相关，不仅仅是网络安全专员、网络部门或者是公关部门的事情。组织定期进行全员的网络安全培训可以增强员工的网络危机防范意识，熟悉网络危机处理的步骤和任务，从而在危机发生时可以更好地配合网络安全专员的工作。

2. 网络危机的处理

网络危机发生时，组织应该迅速反应，以积极务实的态度面对问题，主动抢占媒体先机。为此，可以采取的措施包括以下几个方面：

（1）组建危机处理机构。成立以组织高层为组长，网络安全专员牵头网络技术部门、生产部门、公共关系部门、客服部门和法律部门等各方组成的网络危机处理小组。确保处理危机时需要的各项资源、专门知识与工作畅通无阻。

（2）及时发布企业声明。在网络危机袭来之时，组织必须发表声明以正视听，起到澄清事实的效果。在产品和服务出现缺陷的时候，应公开道歉。声明和道歉必须显示出足够的诚意和耐心，必须正视问题而不能试图掩盖或者狡辩，那样做只能增加危机扩大的可能。

(3) 迅速采取实际行动。组织只有通过迅速处理危机的行动才可能化解危机，赢得信任。对于网络病毒以及黑客攻击可以采取的行动有：迅速组织技术力量进行维修，力求尽快恢复网站和服务；承诺加强网络维护的人员、技术和设备，给消费者和网民以信心；配合公安机关追查攻击来源，必要时运用法律武器维护自己的权益。

(4) 危机后的传播工作。在网络危机解决后，组织要通过各种网络媒体让这些信息传播到互联网上，这样可以在将来网民借助搜索引擎进行搜索相关信息时，不至于搜索到的仅仅是一些负面信息。同时，记住事后反思是必须要做的事情，只有有效的反思才能总结经验，不管这次应对处理效果如何，要争取下次不犯同样的错误。

六、危机评估和形象重塑

乔治·桑塔亚娜曾说过："那些不能记住过去的人，注定要重复过去。"危机后的组织在财产、人员、组织形象上都蒙受了巨大的损失，及时总结经验教训和形象的重塑必不可少。一方面，组织可以通过总结危机教训，避免危机的重现；另一方面，危机后形象的重塑是组织继续成长壮大的基础。

（一）危机评估

公关人员在危机的评估过程中，应从社会效益、经济效益、心理效益和形象效应等多角度来进行评估。从对象上考虑，评估对象应当包含对受害者的评估，了解他们对事件处理结果的满意程度；对媒体反馈信息的评估，追踪媒体报道，从中获知公众的诉求和意愿；对公众的评估，懂得公众对危机事件本身和事件处理方法的看法，把握公众心理动态；对公关人员的评估，了解危机处理过程中的成绩和不足，强化危机意识等。如果有必要的话，可以请专家进行评估，保证客观、权威反映危机所造成的损失、危机处理的结果，确保没有危机遗留问题发生。

针对评估的结果，实事求是地撰写评估报告，为以后可能发生的危机事件提供参考意见。同时，分析危机发生的原因、危机处理过程的成绩和不足，改进组织管理中薄弱环节，从根本上杜绝危机事件的发生。

◆ **相关链接**

公关危机管理评估的标准有四个方面：第一，在危机处理过程中公众受到的不良影响是不是已经降到最低；第二，在公关危机管理的实施过程中，给社会造成的损害是不是最少；第三，在危机事件发生后所进行的处理过程中，组织是不是以最小的代价，保住了组织在经济方面最大的利益；第四，在公关危机管理的处理完成后，组织在公众心目中的形象受到的损害是不是最小，或者是否已经以最大的努力在公众中建立起组织的新形象，以最大可能恢复了组织的美誉度和公众对其的信任。

公关危机管理评估的方法通常有两种：第一，数据分析统计法。此种方法是在公关危机管理实施过后，对公关组织在事件处理过程中所进行的一系列工作进行相关数据收集整理和量化核算，将其行为最终和组织的效益、形象以及公众的认可和社会利益结合起来，通过统计和换算，寻求在公关工作实施中成功的经验和失败的教训。因为数字是一种很能说明问题的佐证。第二，公关实效调查法。就是对在公关危机管理中公关手段实施所呈现出的实际效果进行调查。走访各方当事人，诸如组织中的决策者、管理者、责任人、受害人、社会公众、相关的专家、学者以及各种有关人员，从不同的角度分析、评价公关危机处理方法和措施的成败得失。使组织从中分析重点，找到成功的原因和不足之处，以便把握规律、积累经验、防患于未然。

（二）形象重塑

（1）将评估报告、危机后采取的一系列修正措施、服务方针向公众和媒体公布，以赢得公众的信任。

（2）继续关注新闻动态，及时处理即将报道或已经报道的负面消息，防止危机的重现。

（3）加强宣传，积极发挥公关职能作用，如开展公益或社区活动、加大广告宣传力度、展示一流生产线等活动，树立良好公众形象。

（4）进一步密切和利用与政府部门、权威机构和意见领袖的影响力作用，为组织"正名"。

事实上，有效处理危机事件有可能转化为组织的财富，成为组织的契机而非危机。

◆ 增值阅读

公共关系危机沟通的禁忌

在对危机事件真相调查分析的基础上，组织可以针对不同的对象确定恰当的沟通策略，有效地与公众进行沟通。危机沟通的作用是：帮助公众理解影响他们的生命、感觉和价值观的事实，让他们更好地理解危机，并做出理智的决定。危机沟通不仅是告诉人们你想要他们做的事，更重要的是告诉他们你理解他们的感受。

所有的组织面对危机时都是脆弱的。当组织要进行危机沟通时，必须考虑到外界和媒体所关注的事务，学习别人的经验和应该吸取的教训，通过危机沟通扭转乾坤，转危为安。当组织面临危机时，应该避免出现下列做法：

1. 采取"鸵鸟政策"

有些组织在危机爆发时，总是希望没人知道，不采取措施，不及时作出反应，采取"鸵鸟政策"，这样只能让危机持续扩大。当危机来临时，组织应该马上予以重视，在第一时间内作出反应，充分利用第一个"24小时"。赢得时间就意味着损失的减少，迅速了解情况，找出事实真相，召开新闻发布会或对外发表声明、迅速做出判断，控制事态的发展，阻止不利情势的蔓延，从而最大可能降低危机对组织所造成的伤害。

2. 让组织声誉来说话

许多信誉及运营良好的组织机构常常在面对危机时，公共关系人员无法有效处理并控制危机，为避免危机的扩大，自视组织"不可能"出现如此瑕疵，对于突如其来的危机刻意规避，甚至归咎于外界。许多危机事件之所以发展到不可收拾的地步，通常都源自组织自以为形象良好，不对危机予以重视，直到事情发展到不可收拾的地步才察觉到事态的严重性。

3. 视媒体为敌人

许多组织在获知媒体的负面报道后的第一反应就是以各种方式告诉记者，报道非常糟糕，并以不友善的态度来否定记者的各种报道，进而关闭与媒体沟通的渠道。针对媒体报道有误，不能理性地要求对方修正，反而用激烈的手段驳斥媒体，与其抗争，进而造成与媒体沟通危机，是危机沟通中的不明智之举。

4. 口径不一

组织在危机发生后，一定要做到口径一致，由专门的新闻发言人来应对媒体，而组织其他成员在发表观点前，应及时与新闻发言人沟通，做到口径一致。如果组织发布的信息前后矛盾，媒体就会对组织发布的信息产生怀疑，甚至会造成谣言的传播，对组织造成更大的威胁，造成更坏的影响，损失更加严重。

5. 陷入被动回应模式

组织在陷入舆论指责时，不能主动予以响应，等到外界的舆论压力势不可挡时，才被动地采取相关手段来应对外界舆论压力。不采取"主动出击"的策略，会让组织在应对危机时处于被动的地位。组织在面对媒体质疑和负面报道时，应主动出击，引导媒体的舆论向有利于组织或者组织希望的方向发展，这样才能降低组织的损失。

6. 反复提及谣言

在发布正面真实的材料时，不要提及谣言本身，提及谣言本身会使谣言本身得到重复传播，有助于谣言的扩散，加深谣言内容对人们的影响。特别是在电子传媒方面，更不能重复提及谣言本身，不然极容易造成各种误解，并且使许多本来不知道谣言的人，得知了谣言的内容。

项目小结

1. 公共关系危机是组织与其公众之间因某种非常性因素引起的表现出某种危险的非常态关系状态，它是组织公共关系状态严重失常的反映。

2. 公共关系危机有普遍性、突发性、隐蔽性、紧迫性、严重危害性、连锁效应、不规则性、舆论的关注性、结果存在双重性等特征。

3. 公共关系危机一般要经历潜伏期、爆发期、恢复期和解决期四个发展阶段。

4. 从内容方面来看，公关危机可以分为信誉危机、效益危机和综合危机；从形式方面来看，公关危机包括点式危机、线性危机、周期性危机和综合性危机；从发生的程度上看，公关危机包括一般性突发事件危机和重大突发事件危机；从发生的外显度上看，公关危机包括显在危机和潜伏危机。

5. 引起组织公关危机的原因有很多，大体可以分为组织内部原因和组织外部原因。

6. 公关危机的识别包括两个方面：一种是隐性状态下的察觉；另一种是显性状态下的发现。

7. 预防公共关系危机的方法有：树立全员公关意识、建立漏洞审查制度、保持良好的媒介关系、建立危机预警系统。

8. 妥善处理危机有重要意义，可减少组织损失、维护组织形象、增强内部团结、创造经营时机。

9. 公关危机处理的目的有：预防与控制危机、建立危机管理体系、解决危机、在危机中求发展、实现企业的社会责任。公关危机处理的核心是：正确地处理（Do right）与正确地传播（Speak right）。

10. 公关危机处理有承担责任、真诚沟通、速度第一、系统运行和权威证实五原则。

11. 危机公关的一般程序有别于常规公共关系工作的程序，它包括五个环节：采取措施，控制事态；坦诚告知，表明诚意；调查情况，收集信息；针对对象，确定对策；评价总结，改进工作。

12. 社会组织要重视网络公共关系危机的预防与处理工作。

13. 危机处理后，要进行危机评估和组织形象的重塑。

关键概念

公共关系危机　危机公关　网络公关危机

教、学、做一体化训练

即测即评

请扫描二维码，在线测试本项目学习效果。

选择题

判断题

思考与练习

1. 简述公共关系危机的特征。
2. 公共关系危机一般要经历哪几个阶段？
3. 简述公共关系危机的类型。
4. 简要说明公共关系危机发生的原因。
5. 如何识别公共关系危机？
6. 预防公共关系危机的方法有哪些？
7. 处理公关危机有何重要意义？

8. 简述公关危机处理的目的与核心。
9. 公关危机处理有哪些原则？
10. 简述危机处理的一般程序。
11. 如何进行网络公共关系危机的预防与处理工作？
12. 危机处理后，应如何进行危机评估和组织形象重塑？
13. 公关危机沟通有哪些禁忌？

课堂讨论

丰田："问题广告"事件

广告事件缘起于丰田所做的两则广告，其一为霸道广告：一辆霸道汽车停在两只石狮子之前，一只石狮子抬起右爪做敬礼状，另一只石狮子向下俯首，背景为高楼大厦，配图广告语为"霸道，你不得不尊敬"；其二为"丰田陆地巡洋舰"广告：该汽车在雪山高原上以钢索拖拉一辆绿色中国国产大卡车，拍摄地址在可可西里。为此，众多网友在新浪汽车频道、TOM 以及 XCAR 等专业网站发表言论，指出狮子是中国的图腾，有代表中国之意，而绿色卡车则代表中国的军车，因此，网友认为丰田公司的两则广告侮辱了中国人的感情，伤害了国人的自尊，并产生不少过激的言论。

因两则"问题广告"闹得沸沸扬扬的危机爆发后，丰田公司承认了错误。日本丰田汽车公司和一汽丰田汽车销售公司联合约见了十余家媒体，称"这两则广告均属纯粹的商品广告，毫无他意"，并正式通过新闻界向中国消费者表示道歉。在致歉信中，丰田表示："对最近中国国产陆地巡洋舰和霸道的两则广告给读者带来的不愉快表示诚挚的歉意""目前，丰田汽车公司已停止这两则广告的投放"。丰田表示，将停止广告刊发并通过媒体向公众道歉，并已就此事向工商部门递交了书面解释。

在随后的危机过程中，刊登"丰田霸道"广告的《汽车之友》杂志率先在网上公开刊登了一封致读者的致歉信。

这两则广告的制作公司——盛世长城国际广告公司也公开致歉，该广告公司表示："一些读者对陆地巡洋舰和霸道平面广告的理解与广告创意的初衷有所差异，我们对这两则广告在读者中引起的不安情绪高度重视，并深表歉意。我们广告的本意只在汽车的宣传和销售，没有任何其他的意图。"同时，该公司还表示："对出现问题的两则广告已停止投放。由于12月的杂志均已印刷完成并发布，这两则广告将在1月份被替换。"

讨论：该案例中的危机能否避免？导致该案例危机产生的原因是什么？面对危机，丰田公司采取了哪些措施？为什么广告的制造公司及刊登广告的杂志也都公开致歉？

案例分析

埃克森公司原油泄漏事件

埃克森公司是一家规模宏大的石油公司，其原油生产和销售业绩曾高居美国国内石油公司之榜首。在美国《幸福》杂志1990年4月所列出的全美500家公司中，埃克森公司名列第三位，仅次于通用汽车公司和福特汽车公司，其业务范围遍布全世界。然而，由于对突发性危机事件反应迟钝，一次油轮泄漏事件令埃克森公司在企业形象和经济上都遭受了巨大损失。因这一事件的影响，埃克森公司在人们心目中成了"破坏环境，傲慢无礼"的公司，西欧和美国的一些老客户纷纷抵制埃克森公司的产品。此外，埃克森公司还陷入旷日持久的法庭诉讼中。1991年，埃克森公司为此支付了9亿美元的调解费，赔偿了3亿美元用于安抚受其影响的渔民，但根据当时的裁决，联邦政府和阿拉斯加地方政府有权在事后针对当时无法预测的损害追加埃克森公司的责任。这一案件最初于1994年开始在纽约审理，一个陪审团作出裁定，要求埃克森公司向32000名渔民、阿拉斯加当地居民以及其他受影响的人支付共50亿美元的赔偿。后来美国一家上诉法庭裁定赔偿金降为25亿美元。直至2006年，美国相关部门及阿拉斯加地方政府还裁决埃克森公司再交9200万美元罚款，为十几年前埃克森·瓦尔代兹号油轮原油泄漏事件买单。

1989年3月24日，埃克森公司的一艘巨型油轮埃克森·瓦尔代兹号在阿拉斯加州美、加交界的威廉王子湾附近触礁，原油泄出达800多万加仑，在海面上形成一条宽约1千米、长达800千米的漂油带。事故发生地点是一个原本风景如画的地方，盛产鱼类，海豚、海豹成群。事故发生后，礁石上沾满一层黑乎乎的油污，不少鱼类死亡，附近海域的水产业受到很大损失，纯净的生态环境遭受了巨大的破坏。

事故发生以后，地处较偏僻的阿拉斯加地区少有记者光顾，偶尔有几个，他们也只是随意拍几张照片，报道的不过是一个一般性的泄油事故。环境保护组织对这一突发事件感到伤心，加拿大和美国当地政府的官员敦促埃克森公司尽快采取有效措施解决这一难题。

对于这一事故，埃克森公司方面却无动于衷。它既不彻底调查事故原因，也不及时采取有效措施清理泄漏的原油，更不向美、加当地政府道歉，致使事态进一步恶化，污染区域愈来愈大。到了3月28日，原油泄漏量已达1000多万加仑，25万只海鸟、2000多只海豚、海豹和至少22只鲸鱼死亡。加拿大和美国当地政府、环境保护组织以及新闻界对埃克森公司这种置公众利益于不顾、企图蒙混过关的恶劣态度极为不满，群起而攻之，发起了一场"反埃克森运动"。各国新闻记者从世界各地纷至沓来，电视台、广播电台、报纸、杂志、新闻电影制片厂动用了所有的媒介手段，向埃克森公司发起总攻，埃克森公司一下子陷入了极为被动的境地之中。

各国新闻媒介的群起而攻和国际环保组织的严厉批评，惊动了美国总统。3月28日，总统派出了运输部部长、环保局局长和海岸警卫部队总指挥等高级官员组成特别工作组，前往阿拉斯加进行调查。经过调查得知，造成这起恶性事故的原因是船长玩忽职守，擅离岗位。事故发生时，船长因饮酒过量而不在驾驶舱，油轮由一个未经海岸警卫队认可的三副驾驶。港口领航员和海岸警卫队官员在发生事故后都从船长的呼吸中闻到很浓的酒气。调查结果传出后，舆论哗然。埃克森公司的公共关系危机不可避免地出现了，以往埃克森公司曾做过这样那样对社会有益的事情，现在都被公众抛在脑后。人们现在所知道的，就是埃克森公司是个破坏环境、傲慢无礼的公司。结果，埃克森公司被迫以重金聘请人员清理海滩、刷洗岩石。初春的阿拉斯加寒风袭人，海滩的清理工作十分费力、进展缓慢。据路透社报道，埃克森公司仅此一项就付出了20多亿美元。

埃克森公司在漏油事件发生后的一个星期内公司高层都没有公开发言，不仅没有在第一时间展开补救行动及对外公布信息，还企图靠拖延时间、指责政府部门延误清除油污等来推卸自身责任，在事故发生后的10多天用大篇幅广告来进行正面回应时，仍然不能掩盖媒体铺天盖地的批评指责。这一事件引起美国公关界的高度重视，他们一面分析埃克森公司在原油泄漏事件中公关失败的原因，一面提醒企业经理们要从中吸取教训，该案例被评为1989年美国最差公关案例。美国公关协会会员、公关学者詹姆斯·卢卡斯泽威基教授对这一公关危机进行了系统分析，指出埃克森公司犯了以下错误：反应迟钝；企图逃脱自己的责任；事先毫无准备，既无计划，也无行动；对地方相关部门傲慢无礼；自以为控制了事态发展；不接受任何解决问题的意见；存在侥幸心理；信息系统失控；忽视了能够赢得公众同情和支持的机会；错误地估计了事故规模；丝毫没有自责感。

如果埃克森公司在事发后能快速行动，积极清理泄漏原油以防止事态扩大；如果埃克森公司能及时同政府、新闻媒介和环保组织等公众进行有效沟通，是否能够避免多方责难及公共关系危机？埃克森公司的悲剧告诉我们，有效的公共关系活动对于任何一个社会组织都是至关重要的，正确的公关决策，及时而恰当的公关行动，在危机处理中显得尤为重要。

思考：
(1) 在事故发生伊始，你认为埃克森公司应该如何做才能赢得公众的同情和支持？
(2) "反埃克森运动"开始之后，假如你是该公司的公关顾问，你将提出怎样的建议以帮助公司重塑形象？

实践与操作

实训一：分组辩论与研讨
正方观点"危机公关是回天术"，反方观点"危机公关是大商道"。

实训二：公共关系危机管理计划的制订
[目的] 通过危机管理计划的制订，初步掌握危机管理的程序和沟通协调的技

巧，学会理论与实践相结合，提高学生实战水平。

[地点]　课堂或实训室。

[内容与要求]

1. 情境设计："三鹿奶粉"事件发生后，某奶制品企业的产品中尽管没有检测出"三聚氰胺"，但为了预防今后发生危机，以备危机出现时能够从容应对，公司需要制订一份危机管理计划。

2. 每班分5~6人为一个小组的若干小组。分组扮演公关部门的成员，制订公关危机管理计划。

3. 危机管理计划写作要求：1500~2000字；有创新性、可行性；语言流畅，逻辑性强，条理清晰。

4. 实训步骤：

分组并确定小组负责人——明确公共关系危机管理计划的内容——熟悉公共关系危机管理计划的格式——制订公共关系危机管理计划——课堂展示——对各组的计划进行评比打分。评分表见7-1。

表7-1　公共关系危机管理计划制订评分表

专业		班级		学号		姓名	
考评地点							
考评内容	公共关系危机管理计划制订						
考评标准	内容				分值/分		评分/分
	对相关知识掌握准确				20		
	在制订计划过程中态度认真				10		
	计划的内容全面、规范，符合要求				40		
	计划条理性强，语句通顺				30		
	合计				100		

项目八

塑造组织形象

学习目标

知识目标

为了完成本项目,需要的理论知识:
1. 组织形象的含义与构成要素。
2. 组织形象的价值、作用与塑造原则。
3. 组织形象的分析(重点)。
4. CI 战略的含义、原则。
5. CI 战略的设计(重点)。
6. 企业导入 CI 战略的步骤(难点)。

技能目标

通过完成本项目,应该能够:
1. 对组织形象和 CI 战略的内涵有充分的了解。
2. 能运用组织形象衡量指标分析评价身边的组织,并能提出相应的对策。
3. 学会运用所学知识分析组织行为,并能进行初步的组织形象设计。

引导案例

CI 的典范——麦当劳

麦当劳的案例被收进 CI 专著《日本型 CI 战略》,因为麦当劳的理念、行为、视觉识别均很出色。不过从未见麦当劳从整体 CI 的角度标榜过自己,麦当劳的初衷和思路,主要是在连锁经营上。麦当劳无心插柳,却成了 CI 的典范,这说明 CI 与经营、管理在某种意义上是殊途同归的。

麦当劳是当今世界上最大、最成功的快餐连锁店，在70多个国家开设了14000多家，每天接待2800万人次的顾客，并且以平均每7.3小时新开一家餐厅的速度发展着。而顾客走进任何地方的任何一家麦当劳餐厅，都会发现，这里的建筑外观、内部陈设、食品规格和服务员的言谈举止、衣着服饰等诸多方面都惊人地相似，都能给顾客以同样标准的享受。

麦当劳的企业识别有三大特点：第一，企业理念明确；第二，企业行为和企业理念具有统一性；第三，企业外观设计的一致性。

麦当劳企业在美国现代社会中具有强烈的存在意义，其理念是Q、S、C、V，即优质（Quality）、服务（Service）、清洁（Cleanliness）、价值（Value）。

Q（Quality）是指质量、品质。麦当劳的品质管理十分严格，食品制作后超过一定时限，就舍弃不卖，这并不是因为食品腐烂或食品缺陷，而是因为麦当劳的经营方针是坚持不卖味道差的食品，这种重视品质管理的做法，使顾客能安心享用，从而赢得公众的信任，建立起良好的信誉。

S（Service）是指服务，包括店铺建筑的舒适感、营业时间的方便性、限售人员的服务态度等。微笑是麦当劳的特色，所有的员工都面带微笑、活泼开朗地和顾客交谈、做事，让顾客感到满意。员工一进入麦当劳，就接受系统的训练。全体员工实行快捷、准确、友善的服务，排队不超过2分钟，在顾客点完所有食品后，服务员要在1分钟内将食品送到顾客手中。餐厅还提供多种服务，如为小朋友过生日，为团体提供订餐和免费送餐服务等。

C（Cleanliness）是指卫生、清洁。麦当劳员工规范中，有一项条文是"与其靠着墙休息，不如起身打扫"，全世界一万多家连锁店所有员工都必须遵守这一条文。

麦当劳的企业理念一度只采用Q、S、C三字，后来又加了V，即价值。

V（Value）是指价值，意为"提供更有价值的高品质物品给顾客"。麦当劳的食品营养经过科学配比，营养丰富，价格合理。让顾客在清洁的环境中享受快餐的营养美食，这些因素合起来，就叫"物有所值"。现代社会逐步形成高品质化的需要水准，而且消费者的喜好也趋于多样化，麦当劳强调V，意即要创造和附加新的价值。它表达了麦当劳"提供更有价值的高品质物品给顾客"的理念。

如果企业只提供一种模式的商品，消费者很快就会失去新鲜感。麦当劳虽已被认为是世界上第一大饮食企业，但它仍需适应社会环境和需求变化，否则也无法继续生存。麦当劳强调价值，即要附加新的价值。

麦当劳忠实地推行它的企业理念，而且渗透到整个现实组织内，推出具体的企业行为，这就是麦当劳企业识别的优点。在现代社会中，大多数企业都提出古装剧的企业理念，但能使之行动化的不多。因此，麦当劳的作风赢得了良好的评价。

麦当劳的视觉传达也独具特色，企业标志是弧形的M字，以黄色为标准色，稍暗的红色为辅助色，标准字设计得简明易读，宣传标语是"世界通用的语言：麦当劳"。这个标语没有设计成"美国口味，麦当劳"，实在是麦当劳的成功之处。

> 麦当劳的视觉识别中，最优秀的是黄色标准色和 M 字形的企业标志。在任何气象状况或时间里，黄色的辨认性都很高。M 形的弧形图案设计非常柔和，和店铺大门的形象搭配起来，能令人产生走进店里的欲望。从图形上来说，M 型标志适合单纯的设计，无论大小均能再现，而且从很远的地方就能识别出来。
>
> 麦当劳企业识别的优越性就在于企业理念实施得非常彻底，为了达到这个目的，麦当劳对员工进行教育，发行编制相当完备的行动手册，同时还完成了非常优秀的视觉识别设计，从企业识别的立场来审视麦当劳的历史，可以发现，麦当劳是综合性企业识别的范本，实行得很成功。
>
> 从上述案例可以看出：麦当劳（McDonald's）取 M 作为其标志，颜色采用金黄色，它像两扇打开的黄金双拱门，象征着欢乐与美味，象征着麦当劳"Q、S、C、V"像磁石一般不断把顾客吸进这座欢乐之门。无论走到世界何地，人们只要看到同样的"M"标记，就知道"麦当劳"在欢迎你。对于消费者来说，"麦当劳"意味着装饰一致、干净优雅的就餐环境；着装一致、笑脸相迎的服务人员；标志一致、独具特色的饮料杯、薯条袋、包装纸；规格一致、质量一致、口味一致的汉堡等。这就是"麦当劳"通过精心设计和严格管理在世界消费者心目中形成的独特组织形象。

任务一　组织形象分析

一、组织形象的含义

形象是指能引起人的思想或感情活动的具体形状和姿态。任何组织都有自己的组织形象。公众对组织的基本态度是基于组织有意或无意透露给公众的有关组织的零星信息以及公众自己对类似事情的体验而形成的，公众态度的基本趋势构成了组织在各类公众中的形象。因此，组织形象是指社会公众心目中对一个组织综合认识后所形成的全部认知、看法和综合评价。

组织形象是一个完整的有机系列，它不是个别要素形象，而是涉及经济、技术、管理、社会、文化、心理等各种要素的总和。组织形象不仅来自有形的、看得见、摸得着的外显性事物，而且来自长期为公众所感知和记忆的组织行为所表现出来的内在精神和素质；不仅来自通过过去努力所形成的静态形象，而且来自通过公共关系活动所呈现出来的动态形象。组织形象包括的内容很多，它是组织精神、价值观念、行为规范、道德准则、经营作风、管理水平、人才实力、经济效益、福利待遇等要素的综合反映。

二、组织形象的构成要素

组织总体形象的建立是受众多具体要素影响的。构成组织总体形象的要素有以下九点：

（1）实力形象。实力形象是组织形象存在的物质性基础。实力形象主要包括组织固定资产、总资产、流动资金、产品销售、生产发展规模、员工人数、装备的先进性等。

（2）产品形象。产品形象是组织形象最基本的形象构成，是公众对组织形象最基本的认识来源。产品形象包括本产品的质量、特征、风格、包装、价格、坚固性、完美性、耐久性、依赖性、可修性等。

（3）服务形象。服务形象是指公众对组织形象的感受性体验。它包括服务的时间、方式、方法、满意度、安装、维修质量、零配件可用性。

（4）外观形象。外观形象是指组织形象的物质外壳。它包括地理位置、建筑风格、内部装饰、环境等。

（5）人才形象。人才形象是指组织现有人才的状况对组织形象的影响。它包括员工形象、领导者形象。一个人才济济、阵容整齐的组织，会使组织的形象倍增光彩。人才形象主要包括人才阵容、科技水平、管理水平等。

（6）营销形象。营销形象是指组织所有营销活动与能力。它包括组织的销售数量、销售能力、销售渠道、营业推广（包括广告、公共关系、促销）等。

（7）社会形象。社会形象是指组织在社会中发挥的作用。社会形象包括：组织的社会行为，即对社区的居民、环境及生活质量的责任和关注；组织的捐献行为，即对社会公益事业的支持行为等；组织的商业行为，即组织在经营中的诚信和商誉等。

（8）文化形象。文化形象是组织形象的精髓所在。它以组织的价值观为基础，以组织系统和物质系统为依托，以组织员工的群体意识和行为为表现，形成具有特色的生产经营管理的思想作风和风格。文化形象主要包括组织使命、组织精神、组织价值观和组织目标。

（9）品牌形象。品牌形象是指组织的产品质量和服务、组织的标志等留给公众的总体印象。品牌形象是组织形象的生命线。其他要素存在缺陷仅仅会影响其他形象，而品牌形象的低劣则会使组织形象毁坏殆尽，从而直接威胁到组织的生存。

总之，一个组织形象的状况不是由一两个因素决定的。组织形象是一个有机体，它的每一个要素都会对组织形象产生效应。如果忽视了其中一个或几个要素，就有可能使整个组织形象毁于一旦。

三、组织形象作用

良好的组织形象是一笔宝贵的无形资产。组织形象的建设，实际表现为资产的积累。良好的组织形象之所以成为宝贵财富，主要在于它的巨大作用。

在商品经济不断发展、市场日趋繁荣、竞争手段越来越巧妙的经济世界中，良好的形象具有无法替代的作用。组织形象之所以有巨大的价值，根本原因是它能为组织带来巨大的好处。

（1）良好组织形象可以创造消费信心。在组织内部，组织形象可以强化员工的归属感，充分调动员工的积极性和创造性，从而增强组织的向心力和凝聚力。一般而言，良好的组织形象会使员工产生自豪感，让员工保持一种士气昂然、奋发进取的精神状态。

（2）良好的组织形象是留住顾客的根本途径。良好的公众关系网络是企业生存与发展的外部资源。社区公众的理解、政府公众的支持、新闻公众的合作，特别是消费公众的信任，是企业不断发展的重要条件。因而在策划企业形象战略时，从产品质量和服务这个着眼点入手，才是根本。

（3）良好的组织形象优化了组织的生存环境。良好的组织形象对外有强大的吸引力，对内有强大的凝聚力，是现代组织竞争的法宝。在现实生活中，一些知名度、美誉度高的企业，其社会地位都比较高：政府器重，客户信赖，金融界支持，往往振臂一呼，应者云集。这种良好的社会形象，优化了组织的生存环境，为解决企业各类难题、争取更有利的外部条件提供了极大的便利。

有人说，如果可口可乐公司遍及全世界的工厂一夜之间被大火烧光，那么，第二天的头条新闻是：各国银行巨头争先恐后地向它提供贷款，以便让它尽快恢复生产。这是因为人们相信可口可乐"世界第一饮料"这一良好的品牌形象。

正因为组织形象有如此巨大的作用，所以不少企业步步为营，一点一滴、辛辛苦苦地构筑良好的企业形象，创名牌、保名牌，以不断努力增强自己的竞争实力。现代企业家必须清醒地认识到企业形象在激烈的商战中举足轻重的地位。可以说，今天的商战已转变为一场异彩纷呈的"形象战"。"形象战"是当今商战的主要形式。因此，拿起"形象"这个市场竞争的利器已是刻不容缓。

四、组织形象的分析

企业组织形象的衡量指标，通常以知名度、美誉度和认可度来表示。

（一）知名度、美誉度、认可度的含义

（1）知名度。知名度是指公众对企业及其产品、服务、品牌名称的识别记忆状况。其测算公式是：

$$N（知名度）=\frac{m（知晓公众人数）}{M（调查公众总人数）}\times 100\%$$

一般而言，N 大于 50% 属于高知名度，小于 50% 则属于低知名度。在公众市场上，对于企业来说，知名度本身就意味着良好的形象指标与市场占有率，这是因为公众倾向于选择自己熟悉的品牌，只要企业的品牌为公众所知晓，就容易成为公众的首选目标。企业要想在较短时间内提高知名度，就要善于策划一些带有新奇色彩，能给公众以鲜明、强烈刺激的产品推介和公共关系活动。

（2）美誉度。美誉度又称信誉度，是指公众对企业及其产品、服务、品牌名称的褒奖赞誉状况。其测算公式是：

$$B（美誉度）=\frac{m'（顺意公众人数）}{m（知晓公众人数）}\times 100\%$$

经过调查测试，B 大于 50% 属于高美誉度，低于 50% 则属于低美誉度。企业要想赢得较好的美誉度，就要讲究信誉，提高服务水平。信誉是树立企业形象的根本。没有良好的信誉，就不可能有美誉度，也就不可能有真正的企业形象。

（3）认可度。所谓认可度，即组织的产品和服务让公众在观念上认同的同时转化为实际选择性行动的程度，表示组织形象最终被公众接纳的广泛程度。

（二）组织形象定位分析

在前面，我们已经介绍了"企业实际形象的调查"的基本情况，在本任务中，我们将详细介绍调查后不同组织形象定位的不同解决对策。

通过调查，我们可以利用统计学的方法获知组织的实际形象定位情况。如对一家企业公众进行抽样调查，所发的 1000 份调查问卷中，如果 100%的公众对该企业有所了解并表示赞赏，则知名度、美誉度为 100%，这个时候，企业的知名度、美誉度达到了最佳。如果调查的 1000 名公众中，有 800 人知道和了解该企业，而知道和了解该企业的公众中，仅有 200 人对该企业表示赞赏，那么这个企业的知名度为 80%，美誉度为 25%。

确定企业形象定位后，下一步的工作就是解决企业现存的组织形象问题。具体处理对策如表 8-1 所示。

表 8-1　组织形象状况及公关对策

象限	形象状况	评价	公关对策
Ⅰ	高知名度 高美誉度	理想状态	继续保持和发扬
Ⅱ	低知名度 高美誉度	欠佳状态	处于该形象状态的企业具有较高的美誉度，只需要通过宣传提高企业知名度，则可实现高知名度、高美誉度
Ⅲ	低知名度 低美誉度	最差状态	这是初创期的企业经常碰到的问题。处于该形象状态的企业应当放低姿态，从企业产品着手，提高工作质量，提高美誉度；再通过扩大知名度达到企业的理想状态
Ⅳ	高知名度 低美誉度	危险状态	处于该形象状态的企业处境较为危险，很容易因为企业差的产品或服务引发公关危机，因此企业应当把工作中心转向内部，分析公众需求，提高产品或服务的客户满意度，待美誉度得到提高后再进一步扩大知名度

五、组织形象塑造的原则

组织形象塑造的原则，是组织制定和实施形象战略必须遵循和贯彻的指导思想，是塑造组织形象的行为准则。它包括以下四个方面。

（一）以质量为本的原则

产品形象的塑造是树立良好企业形象的关键。塑造产品形象，除了品牌建设外，还必须靠过硬的质量、合理的价格、周到的服务取信于公众。经营者永恒的主题就是以质取胜。我国许多老字号，经过几百年的风风雨雨历久不衰，主要靠的是质量过硬，不虚不假；而企业如果不注重产品质量和服务质量，即使是名牌、老牌子也会倒掉。

◆ 相关链接

闻名天下的张小泉剪刀就创出了七大质量特色，即：剪体精巧，钢火纯明，口锋刃利，刻花新颖，开合和顺，耐磨经用，手感舒适。有人做过试验，一把民用张小泉剪刀可以剪下 72 层细布，连剪数次不卷刃、不松垮、不变形，剪丝绸不挂丝。

天津狗不理包子成为享誉海内外的美食，更是以质量取胜的典范。狗不理包子铺创

> 建于清朝同治年间,它的包子每个18个褶,疏密适中,像一朵白菊花。出笼后看上去大小整齐,色白如玉,不塌帮、不跑油、不露馅、不掉底。吃起来皮薄馅多有嚼头,清香味美,鲜嫩可口。狗不理的良好形象是由一套相当考究的制作工艺做保证的:包子皮是用半发面做的,做馅的猪肉不但要新鲜,而且肥瘦按不同季节搭配。夏天人的口味偏素,用肥三瘦七;春秋天气冷热适中,肥瘦各半;冬季北方较冷,人体需要较多的热量,则用肥六瘦四。一年四季都要保持肥而不腻。肉馅要用骨头汤调。一公斤肉用多少肥瘦骨汤,多少香油、酱油、葱、姜,都有严格的比例规定。

(二)视信誉为生命的原则

组织形象的核心指标是信誉,信誉是企业的生命,是无可替代的财富。企业及一切组织的形象塑造,都要坚持"信誉高于一切"的原则。良好的信誉会在消费者心目中树立起牢固的组织形象基础,真正的企业家宁可承受经济上的损失,也不会放弃信誉。下面的例子会给我们带来很多有益的启示。

 案例研究

英国航空和多米诺皮的信誉观

> 英国航空公司所属波音747客机008航班,准备从伦敦飞往日本东京时,因故障推迟起飞20小时。为了不使在东京候此班机回伦敦的乘客耽误行程,英国航空公司及时帮助这些乘客换乘其他公司的飞机。共190名乘客欣然接受了英航公司的安排,分别改乘其他公司的飞机飞往伦敦。但其中有一位日本老太太叫大竹秀子,说什么也不肯换乘其他班机,坚决要乘008号班机。出于信誉,原拟另有飞行安排的008号只好照旧到达东京再飞回伦敦。这样东京至伦敦008号航班只载一名乘客,航程达13000公里。大竹秀子一人独享该机的353个座位及6位机组人员和15名服务员的周到服务。有人估计,这次飞行使英航至少损失10万美元。从表面看对英航的确是不小的损失,但从深层来看却换取了一个用金钱也难以买到的良好的企业形象。
>
> 多米诺皮公司总是保持在订货后30分钟内,将客户的订货送到任何规定的地址。有一次长途运输车出了故障,有一家商店差点中断了生面团的供应。公司总裁得知后,当机立断包了一架飞机,把生面团及时送到那家商店。当时有人提出疑问:"几百斤生面团,值得包一架飞机吗?"总裁回答说:"我们宁可赔偿高价运输费,也不中断商店的供货。飞机送去的不是几百斤的生面团,而是本公司的信誉!"几年以前,由多米诺皮公司供货的一个商店,曾经因多米诺皮公司的原因出现终止货物供应情况,导致这个商店停止营业一天。公司总裁硬是让助手上街买回来一千多个黑袖纱,命令全体员工佩戴了好长时间,以此来表示对这类不幸事件的哀悼,这一做法给公司员工留下了极其深刻的印象,也牢牢树立起该公司的信誉观。

（三）注重传播的原则

一个良好的组织形象，首先来源于这个组织的行为，来源于它的实力和努力。但是，仅一点是远远不够的，良好组织形象的塑造还必须靠有效的传播手段。这就是说，必须通过适当的渠道宣传自己，使本组织的形象尽可能在更多的公众心目中留下良好的印象。那种不注意传播有效信息的组织根本谈不上公共关系。

（四）注重全局的原则

对于一个组织来说，建立良好的组织形象是一项全方位的工作，这是由组织形象整体性的特点决定的。它主要包括4个方面：组织形象的目标具有全面性；组织形象涉及组织的各方面；组织形象的塑造需要全体人员共同努力；塑造良好形象应运用多种方法。

正因为良好形象的塑造涉及组织的方方面面，所以要求组织各部门必须有大局观念，切忌各自为政；一定要从全局出发，部门利益服从整体利益。在对外开展公共关系活动时，公关部门应事先争取各有关部门的支持和配合，以求得协调一致，统一口径。

任务二　现代企业组织形象设计

一、CI 战略的含义

"CI"，又称"CIS"，是英文"Corporate Identity System"的缩写。其中，Corporate 泛指企业、社团、机构等，Identity 指证明、身份、同一性，System 指系统。Corporate Identity System 连起来中文意思就是企业识别系统。企业识别系统由理念识别系统 MI（Mind Identity）、行为识别系统 BI（Behaviour Identity）、视觉识别系统 VI（Visual Identity）三部分组成。

CI 战略又称形象识别战略，是指通过一系列的形象设计，将企业的经营理念、行为规程和视觉形象有序地传达给社会公众，以取得社会公众认同的企业形象策略。其实质就是通过塑造企业形象，解决企业所面临的问题，创造新的形象。

CI 战略着力于组织整体形象的塑造，并通过良好形象的塑造来创造名牌，通过创造名牌来促进产品的销售。CI 战略是一种新型的经营管理技法和企业信息传播战略，其目的在于全面整理、革新、提升企业形象。它是将企业理念与文化，运用统一的传达识别系统，传达给企业的内外公众，并使其对企业产生一致的认同感和价值观。

二、CI 战略的原则

（一）统一性原则

统一性原则是 CI 战略的一个显著特征。即对企业所有可能的传播媒体进行标准化、系统化的设计，通过统一的视觉系统，把企业的理念有效地传递给外界。统一性原则是企业稳定市场的重要法宝。

相关链接

1873年创业的日本小西六写真工业公司拥有小西六、柯尼卡、樱花、优美4个著名商标，占领着日本80%的相机和胶卷市场。而1934年才创业的日本富士胶卷公司，一开业就将公司名、品牌名、商标名统一用"富士"命名，靠着这一"统一性"，富士很快就抢走了小西六一半的市场，坐上了日本国内胶卷市场的第一把交椅。在严峻的形势面前，小西六痛下决心，抛开历史包袱，将4个驰名商标统一为柯尼卡，公司也更名为柯尼卡公司。就因为顺行进行了CI策划，小西六公司得以新生，一个新的形象展现在公众面前。很快，统一性的魅力发挥了作用，现在其销售量已直逼富士，富士的老大地位在柯尼卡面前已开始动摇。

（二）系统性原则

CI系统包括三个有机的组成部分，即理念识别系统（MI）、行为识别系统（BI）和视觉识别系统（VI）（见图8-1）。其中，MI是整个CI系统的核心与灵魂，BI和VI是MI的定型和扩展，三者紧密联系，交相辉映。MI是企业在长期发展中形象的独特价值体系，左右着BI和VI的设计和定位。BI是在企业理念的指导下建立起来的全体员工的行为方式和工作方法，是MI的动态表现形式。VI则是对企业理念的静态具体展示，是外部公众最经常接触的企业视觉信息。VI如果能将企业的精神内涵准确地表达出来，就可以在社会上取得形象识别、形象认知的目的。

在进行CI设计时，设计人员一定要对企业的理念、文化、组织管理、经营方向、发展战略、社会责任等内容进行完整的概括，然后再通过企业的标志、标准色及多层次的标志物将其反映出来。如果离开了企业的经营理念，把CI设计仅仅当成是一种视觉形象的设计，则会使外部的现象脱离内在的精神，变成"无源之水，无本之木"，成为一种缺乏内涵的外在包装。在现代经济生活中，每一个企业都像人一样，是一个活的有机体。有人用人的形象来形容企业的形象，说理念识别是人的"心"，行为识别是人的"手"，视觉识别是人的"脸"。只有心、手、脸三者协调一致，才是一个健全的人、强壮的人、美丽的人。因此，在导入CI战略时，必须对企业的经营理念、行为规程、视觉形象等各方面进行全方位的系统设计。忽视了任何一个方面，都有可能影响整体形象效果。

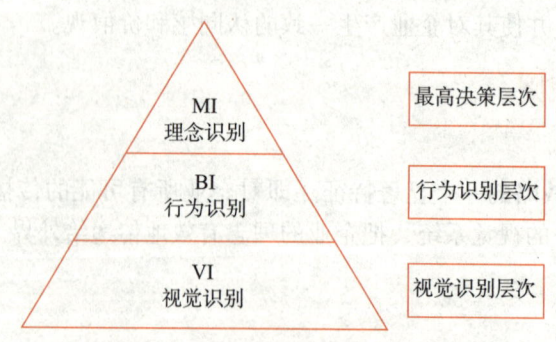

图8-1　MI、BI和VI的关系示意图

(三) 个性化原则

个性化是指企业在进行 CI 设计时，无论是经营理念、行为规程，还是视觉形象等方面，都要有自己的特色，体现出鲜明的个性，让公众容易识别并能形成牢固的记忆。例如，美国可口可乐公司以其醒目的红色和波浪形字体的独特造型，形成独具个性的商标标志，使广大消费者过目不忘。

三、CI 战略的设计

企业 CI 是一个完整的系统，其中，理念识别（MI）、行为识别（BI）和视觉识别（VI）分别发挥着各自的作用。CI 战略的设计，就是对理念识别系统（MI）、行为识别系统（BI）、视觉识别系统（VI）这三个识别系统的设计。

（一）企业理念设计

企业理念设计是对企业的经营理念、管理理念、发展理念等构成因素的设计，具体包括经营宗旨、经营方针、价值观、企业精神等内容。它是企业运作的理论依据和指导思想。企业理念具有导向力，它说明企业提倡什么、崇尚什么、员工们追求什么；企业理念具有凝聚力，是企业员工行为的中心；企业理念还具有激励、辐射和稳定的功能，可以引导员工长期为之奋斗。企业 MI 设计即理念设计的具体内容如下：

1. 经营宗旨

经营宗旨是企业经营的最高目标，它一般可包含三个层次：经济目标、社会目标、文化目标。这就要求企业在实现经济效益和社会效益的同时，必须注重文化建设，要创建独具特色的企业文化。企业文化一旦建成并为社会所认同，它就变为社会财富，为社会所广泛采用，它的意义远远超过仅仅为社会奉献产品。

◆ **相关链接**

> 海尔集团成功的奥秘，就在于长期坚持顾客至上、质量第一、服务到位的经营宗旨。他们提出的国际星级售后服务"一二三四"模式就很有特色：
>
> 一个结果——服务满意；
>
> 二条理念——带走用户的烦恼，留下海尔的真诚；
>
> 三个控制——服务投诉率小于 10%，服务遗漏率小于 10%，服务不满意率小于 10%；
>
> 四个不漏——一个不漏地记录用户反映的问题，一个不漏地处理用户反映的问题，一个不漏地复审处理结果，一个不漏地将处理结果反映到设计、生产、经营部门。
>
> 正因为多年来他们一直坚持了这种服务理念，海尔留下了一批动人的故事，从而在公众中树立了的威信。

2. 经营方针

经营方针是企业运行的最高原则。在这个原则指导下制定出的行为规程，是企业运行的具体依据。企业经营方针的制定必须考虑行业的特点，不同行业应有其不同的要求；同时要充分了解目标公众的需要，并以这种需要为基础来设计。经营方针必须简洁明快，便于传达，便于记忆。如日本松下电器公司的经营方针是：光明正大、和睦团结、奋斗向上、礼貌谦让；美国麦当劳公司的经营方针是：品质上乘、服务周到、优雅清洁、物有所值。

3. 价值观

价值观是反映企业对其全部经营行为的看法。它包括质量观、服务观、责任观、人才观等。价值观不同，企业经营行为的方向和后果就不同。

例如，对服务观的认识：有人认为服务是企业行为的必然延伸；有人认为服务是企业的一种额外活动；有人认为优质服务是消费者应享受的基本权利；有人认为提供优质服务只是为了从消费者手中获得更多的报酬等。不同的服务观念导致不同的服务态度、服务行为和服务质量。

◆ **相关链接**

企业理念的文字形式如下。

◆ 标语、口号

企业理念最常见的一种形式，就是将其概括成一句精粹凝练、通俗上口的标语或口号。如美国德尔塔航空公司的"亲如一家"，美国IBM公司的"IBM就是服务"，美国电报电话公司的"普及服务"，日本松下电器公司的"以技术开创世界的繁荣"，日本日立公司的"品不良在于心不正"，四通公司的"高效率、高效益、高境界"，宝山集团公司的"创造新的文明"，等等。标语、口号的好处是可以在企业的大门、墙壁、标牌、车间、产品、包装等处张贴、印刷，随时提醒员工自觉执行。同时它也因言简意赅、内涵广泛、意义深刻，容易被社会公众注意、理解、记忆。

◆ 训词

有些企业将自己的企业理念提炼成一句训词，如同箴言、警句，作为全体员工的座右铭。如广州白云山制药厂的"爱厂、兴利、求实、进取"，北京西单购物中心的"热心、爱心、耐心、诚心"，康佳集团的"康乐人生，佳品纷呈"等等。

◆ 歌曲

有些企业将自己的企业理念谱写成歌曲，在员工中广泛传唱，既利用歌曲慷慨激昂的旋律达到鼓舞干劲的目的，又借助优美动听的歌词传播了企业信息。

◆ 分层表达

由于企业理念系统比较复杂，包含的内容十分庞杂，一句口号往往无法完整表达，所以企业可以根据对内、对外的不同情况设计多个宣传口号，以便在不同的领域使用。例如康佳电器理念系统：

康佳理念：创新生活每一天。

康佳宗旨：质量第一，信誉为本。

康佳精神：团结开拓，求实创新。

康佳目标：领先国内，赶超世界。

康佳口号：员工至亲，客户至上。

康佳信念：建设一流环境，培养一流人才，练就一流技术，生产一流产品，提供一流服务，创造一流效益。

康佳风格：我为你，你为他，人人为康佳，康佳为国家。

康佳服务承诺：康佳产品遍四方，售后服务到府上。

（二）企业行为设计

企业行为设计是对企业运行的所有规章制度的设计，具体包括企业的组织管理制度、员工行为规范等因素的设计。当企业推出一种新的企业理念之后，必然要求相应的企业行为与之配合，因此BI设计即行为识别设计至关重要。通过BI设计，形成科学合理的组织制度体系，正是MI设计得以落实的根本保证。下面重点介绍组织制度设计和员工行为规范设计。

◆ 相关链接

> 企业的内部行为识别系统包括：员工教育（敬业精神、服务态度）、规范确立（服务水准、应接技巧、电话礼貌）、生产福利、工作环境、内部设备、公害对策（废弃物的管理）、研究发展等。这些方面的系统设计和规划，可以使企业员工的行为达到整齐划一的识别目的，在内部产生一种团结一致的凝聚力，在外部公众眼中形成一种良好的形象。
>
> 企业的对外行为识别系统包括：市场调查、产品开发、促销活动、流通对策、广告宣传、公关活动等。其中，公关活动是最引人注目的。

1. 组织制度设计

组织制度是一个由多方面制度构成的制度体系，主要分为经营管理制度、员工管理制度和其他制度。

（1）经营管理制度。主要包括管理机构设置、管理过程、管理方法、管理责任制度等。

（2）员工管理制度。主要包括员工招聘、管理、考核、奖惩、培训、进修等各项管理制度。

（3）其他制度。主要包括保险福利、职代会、民主评议、干部访问、对话制度等。

2. 员工行为规范设计

员工行为规范是指在同一组织中，所有员工应该具有的一些共同的行为规范和工作习惯。具体内容有岗位纪律、工作程序、仪表仪容、待人接物、素质修养、环卫安全等多个方面。这种行为规范和习惯虽然不如组织制度那样具有强制性，但带有明显的导向性和约束性，通过倡导和推行，容易达成共识和自觉意识，从而促使员工的言行举止和工作习惯向组织期望的方向转化。

现在，员工行为规范已经成为企业文化建设中的一项重要内容，毫无疑问也是组织行为识别系统不可缺少的组成部分。员工行为规范设计要做到：条理清楚，简明流畅；表述准确，针对性强；内容全面客观。

◆ 相关链接

> 麦当劳为了保证组织行为达到高度的统一，针对全体员工专门制定了一本厚达385页的行为规程。其员工的行为规范主要包括以下几点：
>
> （1）营业的训练手册。详细说明麦当劳的各项规定，餐厅各项程序、步骤和方法，是指导麦当劳运转的"圣经"。
>
> （2）岗位检查表。麦当劳把餐厅服务工作分为20多个工作段，每个工作段都有岗

位检查表，上面详细说明工作段检查的项目、步骤和岗位责任。

（3）品质导正手册。管理人员人手一册品质导正手册，手册详细说明了各种半成品的接货温度、储存温度等各种与质量有关的数字。

（4）管理人员训练。麦当劳的训练系统很完善，所有的经理都从员工做起，编写的经理发展手册共四级四本。学完第四册，升到第一副经理后就要送到芝加哥汉堡包大学学习高级课程。麦当劳经理实行的是一带一的训练，即一个经理训练一个经理，训练合格后，才有晋升机会。

（三）视觉形象设计

视觉形象设计，是对企业中能够进行视觉识别的所有要素的标准化设计，包括组织的基本标志、应用标志、厂容厂貌等构成要素。其中：基本标志——指组织名称、标志、商标、标准字、标准色等；应用标志——指象征图案、旗帜、服装、口号、招牌、吉祥物等；厂容厂貌——指组织自然环境、店铺、橱窗、办公室、车间及其设计和布置。

这里主要介绍名称设计、标志设计、标准字和标准色设计这三个方面的内容。

1. 名称设计

名称设计是指对企业名称、品牌名称和商标名称的设计。根据 CI 的统一性原则，企业应尽可能做到对这三个名称的统一。名称对于企业非常重要，一个美好而独特的名称，可以提升企业的形象。企业命名要注意以下要求：

（1）寓意准确。所命名称要与企业的行业领域、经营范围和产品特性有密切关系，使公众容易产生联想。

如奔驰汽车、飘柔洗发水、白加黑感冒片等寓意明确；联想计算机、暖蓓儿内衣、可口可乐等使人产生美好遐思。

（2）表现理念。使名称成为企业理念的生动展示和形象化表达。

如同仁堂、万家福等表现了造福万民的经营理念。再如太阳神的企业标志：图案由简洁的圆形与三角构成，圆形是太阳神的象征，代表健康、发展的企业经营宗旨；三角形呈向上趋势，是其英文标准字"APOLLO"的字首，象征"人"字的造型，体现企业不断发展和以人为本的管理观念，如图 8-2 所示。

图 8-2　太阳神集团标识

(3) 独特别致。独特而有个性，过目不忘。如傻子瓜子、狗不理包子、王麻子剪刀。

(4) 简短易记。语感要好，语音响亮，便于识别和记忆。如TCL、海尔、柯达。

(5) 吉祥吉利。名称要力求吉祥吉利，防止出现负面联想；要符合民俗习惯，尊重宗教信仰。

◆ 相关链接

企业经营者为企业命名时应遵循的原则

◆ 易读、易记原则

(1) 简洁。名字单纯、简洁明快，易于和消费者进行信息交流，而且名字越短，就越有可能引起顾客的遐想，含义更加丰富。绝大多数知名度较高的企业名称都是非常简洁的，这些名称多为两三个音节，如BWM、SONY、Koda等。据有关市场调查表明，企业名称的字数对企业认知有一定的影响，企业名称越短越有利于传播。

(2) 独特。名称应具备独特的个性，力戒雷同，避免与其他企业名称混淆。如日本索尼公司（SONY），名称风格独特、醒目、简洁，并能用罗马字母拼写，这个名称无论在哪个国家都保持相同的发音。

(3) 新颖。企业名称要有新鲜感，赶上时代潮流，创造新概念。如柯达（Kodak）一词在英文字典里根本查不到，其本身也没有任何含意，但从语音学来说，"K"音能够给人留下深刻的印象；同时"K"字的图案标志新颖独特，消费者第一次看到它，精神常为之一振，这就进一步加深了消费者对Kodak的记忆。

(4) 响亮。企业名称要易于上口，难发音或音韵不好的字，都不宜用作名称。例如，健伍（DENWOOD）音响原名为特丽欧（TRIO），改名的原因是"TRIO"音感的节奏性不强，前面"特丽（TR）"的发音还不错，到"O"时，读起来便头重脚轻，将先前的气势削弱了许多。改为"KENWOOD"后，效果就非常好。因为"KEN"与英文中的"CAN"（能够）有谐音之妙，而且朗朗上口，读音响亮。"WOOD"（茂盛森林）又有短促音和谐感，节奏感非常强。二者组合起来，确实是一个非常响亮的名字。

(5) 有气魄。企业名称要有气魄、起点高、具备冲击力，给人以震撼感。如珠海海蓉贸易公司为了使其生产的服装打入国际市场，参与世界竞争，公司决定改名。通过对几个方案的比较，最后决定用"卓夫"为公司和产品的名字，"卓夫"是英语"Chief"的音译，有首领、最高级之意，中文含义为"卓越的大丈夫"。中英文合二为一，演绎出一种高雅、俊逸、不同凡响的风格和意境。正如设计者所言："作为产品，它是高级、高档、高质的象征；作为企业，它是卓越、领先、超众的代表。"

◆ 暗示产品属性原则

企业名称还应该暗示产品某种性能和用途。例如"国光瓷业"，它暗示该企业产品以瓷器为主，类似的还有"青岛啤酒"等。一个显而易见的问题是，名称越是描述某一类产品，那么这个名称就越难向其他产品上延伸。因此，企业经营者在为企业命名时，勿使企业名称过分暗示经营产品的种类或属性，否则将不利于企业的进一步发展，企业名称也因此而失去了特色。这类企业较著名的有"美国联邦捷运"（Federal Express）等。

◆ **联想原则**

它是指企业名称要有一定的寓意，让消费者从中得到愉快的联想。在中国市场，更有效的策略却是学习中国老字号的命名，塑造有中国文化含义的联想。例子如下：

（1）"健力宝"：让人联想到运动、强健的体魄和各种运动会。

（2）美加净（MAXAM）：汉字品牌国际化并且取得成功的最早一个实例。与"美加净"音相近，左右对称，来自maximum（最大）。

（3）彩虹（IRICO）：1995年，我国最大的彩色显像管生产基地陕西彩虹集团导入CIS，并使品牌国际化。新品牌是一个典型的英文品牌，源于Iris corporation（彩虹公司）。Iris是古希腊神话中专门传播美好消息的彩虹女神，含义高雅，与原汉字品牌相关联。

（4）海信（HiSense）：1996年，青岛电视机厂改组为海信集团，汉字品牌名称为"海信"，同时，为了体现国际化策略，在它的基础上加了一个谐音的英文品牌——HiSense，来源于Sense（高灵敏、高清晰），符合产品特点。它又可引申为"卓越远见"，体现企业的抱负。

（5）新飞（FRESTECH）：汉字名称来源于"新乡飞机公司"+"飞利浦"缩写，英文名称来源于fresh（新鲜）和technology（技术），具有提示商品信息的功能。

（6）雅戈尔（Youngor）：原名为"北仑港"，一个地理名称，不具国际性。英文品牌名称Youngor适合用作服装国际品牌。

（7）小霸王（Subor）：该英文品牌来源于super（超级）的变体，与原汉字品牌有意义上的联系。

（8）美的（Midea）：它的国际化品牌名称Midea，可理解为My idea（我的创意）等。

2. 标志设计

标志是用于表明企业理念与行为的视觉语言，包括图、文、色等视觉要素，常以商标或品牌的形式出现（见图8-3）。标志设计除遵循名称设计的一般要求外，还应同时坚持以下原则。

（1）艺术性原则。企业标志是视觉识别的重要内容，要靠人的眼睛去感受，因此首要的原则就是要有艺术性，要有美感。讲究艺术性，应注意标志构图的均衡，以及色彩的选择和搭配，而且要特别注意细节的处理。艺术具有无穷的魅力，只要经过麦当劳快餐店门口的人，谁都会被它那独具特色的标志性设计所吸引。

◆ **相关链接**

世界著名的麦当劳快餐集团的企业标志，是将字母M（麦当劳英译名的第一个字母）以明快的黄色，画成门的形状，门旁坐着一脸滑稽、憨态可掬的红衣小丑，非常醒目。无论在世界上任何一个国家、任何一个城市，只要消费者一看见这个标志，就知道这是麦当劳快餐店所在地,并联想到其美味的快餐、周到的服务和优美的就餐环境。麦当劳的标志等于一种图形(图案)标志,它的设计特点,就是通过象形、象征、示意、转借、字母等表达方式揭示企业个性形象,它的神秘力量就是由于这种刻板的形象扎根于人心灵的"无意识深层",使人们的思维过程简捷化,很快导出与这种符号标志目标一致的行为。

(2)持久性原则。企业标志一般应具有长期使用价值,因此不应单纯追逐时髦和流行,而要有那种超越时代的品质。企业标志在各种场合被反复使用,经常变动,不利于形成稳定的企业形象,影响企业的经营业绩。

(3)适应性原则。企业标志往往不是单独出现,而是经常与其他载体同时出现的,如出现在产品包装、招牌、橱窗、广告图片中。这就要求企业标志无论在形式还是在内涵上,都应该适合于它经常出现的环境,做到既能和谐统一,又能相对突出。

图 8-3 企业造型举例

◆ 相关链接

2001年5月26日,作为献给新世纪第一个儿童节的礼物,《海尔兄弟》动画片封镜仪式在京举行。同时,海尔集团也与美国电视台签订了将近期开播长达212集的《海尔兄弟》的计划。《海尔兄弟》是海尔集团投资3000万元、历时8年制作的一部目前中国最长的动画片,其画稿连起来长达1000千米,世界排名第四,并居全球业外企业投资拍摄动画片的时长之首。在签订播出计划前,美国权威的儿童电视节目"美国卡通频道"进行了相关测试,结果表明《海尔兄弟》在美国儿童中极受欢迎。

3. 标准字与标准色设计

标准化是 CI 设计的一个重要特点，它是执行 CI 设计的系统化原则的具体表现。

标准字设计就是要求企业的名称、品牌、商标自始至终都以同一字出现，以便强化公众的感知（见图 8-4、8-5）。美观大方的标准字设计，具有传播企业形象、强化视觉识别、强化固定联系和增强区分度等作用。同时一个优美的标准字设计本身就具有很大的魅力，能吸引公众的注意，产生美好的联想，提高企业的文化品位。

图 8-4 英文标准字体选择示例

图 8-5 中文标准字体选择示例

标准色设计是用标准色号将企业常用的主色和辅色固定下来，形成企业独特的代表色。标准色设计充分利用了色彩具有比文字、图像更简单易识的特点，通过联想使人们产生由此及彼的心理活动，以至于人们不用看到企业、产品，仅凭特定的色彩或色彩组合就能联想到该企业及其产品和服务。

例如，绿色的邮车、红色的消防车、白色的红十字救护车，简单易识，具有鲜明的行业标志。

四、企业导入 CI 战略的步骤

CI 战略是一项理性化、系统性很强，项目繁多复杂的工作。它要求企业对导入与实施的各个环节进行严密的组织与管理。应该说，完整的 CI 战略是 MI、BI、VI 三个子系统的完整统合。但在实际中，由于企业状况和特点以及工作侧重方法不同，使各企业导入 CI 战略的程序不完全相同。一般来说，企业导入 CI 战略的工作包括以下步骤：

（一）准备计划阶段

导入 CI 战略有一个前期准备阶段，主要工作内容包括：

（1）导入 CI 战略的必要性、可行性分析。具体内容有：其他企业导入 CI 战略的状况，搜集各类有关 CI 战略的信息，进行专家咨询论证和 CI 战略解决企业某类问题的可能性、可行性分析等。

(2) 确认导入 CI 战略的方针和目标。

(3) 成立 CI 战略的专门机构——CI 委员会。它是 CI 战略决策和实施的组织管理机构，一般由企业最高负责人、外部咨询专家、设计专家、企业广告和公共关系部门的工作人员以及经营管理等相关部门的负责人员组成。

(4) 确定 CI 战略的基本计划。基本计划是企业导入 CI 战略的工作大纲。其主要内容包括：企业导入 CI 战略的背景和理由说明，CI 战略活动的基本方针，导入时间和完成时间，预定完成的内容，负责人员和机构，以及费用预算等。

（二）企业实态调查阶段

CI 战略导入机构成立后，所要做的第一件事就是进行企业实态调查，即 CI 调查。CI 调查分为内部调查与外部调查两部分。

企业内部的调查，包括企业的经营状况和经营战略、经营理念、企业精神、组织结构、员工素质、企业内部形象、现有企业视觉识别系统、企业的信息传播渠道等，需要逐一地加以了解、研究、分析，然后制定出企业形象的理想定位。企业内部调查的重点，主要是和高层主管人员的沟通，应以相互信赖和共同发掘问题为基础，将企业经营状况、内部组织、经营方向等正负面问题深入探讨，以便确定 CI 开发设计的方向。内部员工对企业的认知状况，也是调查作业的重点之一。员工对内部作业环境、福利待遇、管理体制等问题的反映和看法，也是开发 CI 较好的参考资料。

企业外部的调查，一般也涉及企业内部的调查内容，但主要侧重于消费市场环境、相关企业形象、社会公众对企业形象的认知与评价等。有关消费市场与特定对象的调查分析，是调查工作的重要内容。

调查工作结束后，应对调查结果进行综合整理，写出调查报告。

（三）企划分析阶段

企划分析阶段主要是以调查结果为依据，深入分析公司内部、外界认知，市场环境与各种设计系统的问题，进行未来公司的定位设计，构筑理念系统，研讨具体可行的形象塑造方案。

在企划分析阶段，要对调查结果作出综合性评论，归纳整理出企业经营上的问题，并给予有效的解答；还要对本企业今后的活动及形象的构筑方向，提出新形象概念，设定出基础设计的方向，并根据总概念，具体提出识别系统的方案。

在企划结束时，应提交一个能表达总体企划思想和战略的文本，亦称总概念报告书，指出 CI 计划的要旨和未来管理作业的方向。

总之，该阶段就是通过公众关于企业各方面的评价，从中分析把握企业总体运行状况，为改善提高企业形象提供决策依据。其主要内容包括：企业形象调查、视觉要素调查、营销活动及经营状况调查、企业经营环境调查与预测，以及调查结果的统计分析等。

（四）设计开发阶段

这一阶段主要是将前面各项作业所设定的识别概念、基础概念，转换成系统的视觉传达形式，也就是说，设计开发就是对企业形象视觉要素的统合设计过程。这是 CI 战略中专业设计性最强的工作，是 CI 战略的重要组成部分。设计开发阶段必须以贯彻、传达、体现企业理念为基本宗旨，可分为三个步骤：

(1) 将识别性的抽象概念，转换成象征性的视觉要素，并对其不断调查、研究，直到设计概念明确化为止。

（2）创造以实体象征物为核心的设计体系，开发基本设计要素，以奠定整理CI传播系统的基础。

（3）以基本设计要素为基础，展开应用设计要素的开发作业，以及新制度的导入、变换和管理、运用系统等各种开发作业。

这一阶段的工作，可细分为基本设计要素的开发和应用设计系统的开发。其中基本设计要素的内容包括企业命名、企业标志设计、标准字设计、商标设计、象征图案设计、标准色设计等，其工作十分艰巨，整个视觉识别系统即以此为中心。

应用设计系统包含的要素很多，主要有：办公用品设计，包括专用信封、信笺、便笺、公文笺、名片、员工证件、胸卡、徽章、票据、文件夹、公文包、办公标志等；环境空间设计，包括办公区建筑外观设计、室内装饰设计、车间环境设计、旗帜设计、生产区内外环境指示系统设计等；标准服饰设计，包括职员制服、生产员工工作服、特殊工种制服、专用领带、领带夹等；产品包装设计，包括类型、大小、材料的包装、礼品袋、纪念品等；广告设计，包括招贴广告、报纸广告、杂志广告、POP广告、路牌广告、电视广告等；交通运输设计，包括车身广告、车辆标志与装饰等。

（五）贯彻实施阶段

实施阶段的重点在于将设计规划完成的识别系统制成规范化、标准化的手册或文件，策划CI发布活动、宣传活动，建立CI实施小组和管理系统。

在这一阶段，一般应进行的活动有：

（1）择机在企业内外进行CI战略的发布，如举行隆重的CI发布仪式，利用媒体向公众进行宣传。

（2）建立相应机构，监督CI战略的执行。当CI设计完成后，企业内部还应保留CI委员会，并成立CI推动小组，担负监督实施与管理的功能。

（3）拟定符合CI战略的广告宣传策略。广告宣传包括产品宣传、企业形象宣传和公关宣传等。

总之，该阶段就是在新的企业理念指导下，将CI战略规定的各项战略、方针具体融合在企业经营管理的各个方面，不断贯彻实施。在此过程中，应定期对CI战略的实施效果进行调查、总结、评估，使之形成反馈控制，不断改善提高运作态势。

（六）编制CI手册

编制CI手册是将视觉设计成果整理成册，予以系统化、标准化、序列化，便于查阅使用。CI手册是企业实际作业的水平和规范的标准，同时，它也是进行企业形象识别要素综合管理的依据和参照。CI设计手册的具体结构内容和风格视企业情况而各不相同，但至少应该有如下内容：

（1）总论部分。包括董事长、总经理的致辞；企业经营的理念与发展规划展望；导入战略的目的；CI手册使用方法的概论。

（2）基本要素。包括标志、标准字、标准色；标志、标准字、标准色的变体设计；标志、标准字、标准色的制图法与标准色的标示法；附属基本要素。

（3）基本要素组合系统。包括基本要素组合系统；基本要素组合规范；基本要素组合系统的变体设计；禁止组合的范例。

（4）应用要素。包括办公系统（信封、信笺、文件夹等）；环境系统（建筑物外观、营业环境等）；标志系统（路标指示、招牌等）；服饰系统（员工服装及饰物等）；运输系统（业务用车、手推车等）；包装系统（产品外观、大小包装等）；广告系统（各种广告媒体设计）。

（5）标志。标准字印刷样本及标准色色票。

公共关系的目标就是塑造企业的良好形象。良好的组织形象是一笔宝贵的无形资产，具有巨大价值和作用。企业组织形象的衡量指标，通常以知名度、美誉度和认可度来表示。现代企业的 CI 战略着力于组织整体形象的塑造。CI 策划是目前塑造组织形象的一种重要而又科学的手段，已经为国内外许多成功的企业所采用。

 相关链接

CS 战 略

1. CS 战略的内涵

CS 是英文 Customer Satisfaction 的缩写形式，意为"顾客满意"，是顾客接受企业有形产品或无形产品后感到需求满足的状态。CS 的基本指导思想是：企业的整个经营活动要以顾客满意度为指针，要从顾客的角度、用顾客的观点而不是企业自身的利益和观点来分析考虑顾客的需求，尽可能全面尊重和维护顾客的利益。

这里的"顾客"是一个相对广义的概念，它不仅指企业产品销售和服务的对象，而且还指企业整个经营活动中不可缺少的合作伙伴。总的来说，企业将内部员工和外部客户都视为顾客。它包括三方面的内容。

（1）企业的股东和员工是企业的基本顾客，即企业将投资机会出售给股东，股东出钱购买投资机会；企业将就业机会出售给员工，员工以付出智慧和劳动购买就业机会。

（2）企业各职能部门之间通过提供服务完成内部协作关系，"提供"与"被提供"构成顾客关系，如企业生产部是采购部的顾客，销售部又是生产部的顾客。三个部门表面上是货物转移关系，但实质上也是一种交易行为，只是这种交易以资金、营业额等形式来体现。

（3）在生产环节上，下一道工序是上一道工序的顾客。只有当第一道工序的产品被第二道工序完全接受之后才实现了第一道工序员工的劳动价值，或实现了报酬。

2. CS 战略的构成

（1）理念满意系统（Mind Satisfaction，MS）。指企业理念带给顾客的心理满足状态。它包括企业的经营宗旨、管理理念、企业精神和经营价值等的满意情况。

（2）行为满意系统（Behavior Satisfaction，BS）。指企业全部运行状况带给顾客的心理满足状态。包括企业的投资、经营、管理等行为机制、行为规则和行为模式等满意情况。

（3）视听满意系统（Visual Satisfaction，VS）。指企业所具有的各种可视性的外在形象带给顾客的心理满足状态。它包括对企业的名称、标志、标准字体、标准色和宣传口号等要素的认同，以及赏心悦目的感觉。

(4) 产品满意系统（Product Satisfaction，PS）。产品满意是 CS 的核心内容，是指企业产品带给顾客的心理满足状态。它包括对企业产品的质量、功能、价格、品牌等满意。

(5) 服务满意系统（Service Satisfaction，SS）。指企业提供的服务带给顾客的心理满足状态。它包括要树立顾客至上的服务观念、建立完整的服务目标、服务满意度考查和强化服务满意的行为机制等内容。

3. CS 战略的实现途径

(1) 识别顾客。即识别本企业的顾客是哪些？他们是什么阶层的？以确定如何去满足顾客及市场的需求。

(2) 调查顾客的需求。根据不同的顾客需求，确定相应的服务标准。

(3) 满足顾客要求。不断开发产品，做好顾客服务。

(4) 测评顾客满意度。具体指标包括顾客期望、顾客对产品质量的感知、顾客对服务的感知、顾客对价值的感知、顾客抱怨、顾客忠诚等。通过测评，查找不足，改进经营管理，不断提高顾客满意度。

4. 与 CIS 战略的比较

表 8-2　CS 战略与 CIS 战略的比较

	CS 战略	CIS 战略
价值观	以顾客为中心	以企业为中心
企业理念	以客为尊	以企业利益为重
战略指导思想	顾客主导，从外而内的思维方式	企业主导，从内而外的思维方式
战略目的	达成顾客满意	提高企业业绩
战略核心	高品质产品（服务）	名牌战略（产品）
战略关键	情感	识别
战略方法	CS 战略及其方法	CIS 战略及其方法

增值阅读

CIS 战略五要素说

一般来说，CIS 包括理念识别（MI）、行为识别（BI）和视觉识别（VI）三个要素。可是后来，又有专家在 CIS 战略中加入了两个要素，即听觉识别系统和环境识别系统。

听觉识别系统（Audio Identity System，简称 AIS）亦称听觉形象统一化，它主要作用于公众的听觉。其内容包括：一是组织歌曲。如企业歌曲、球队歌曲、校歌等，它们既是教育员工、陶冶员工情操、传播企业理念的宣传工具，又是企业文化的重要组成部分。二是广告音乐。广告音乐包括广告歌曲和广告乐曲。广告歌曲有歌词与乐谱，广告乐曲无歌词，用于广告宣传，如英特尔的广告音乐。三是企业注册的特殊音乐。如本田公司将自己生产的摩托车发动机发出的声音制成特殊音响，凭这一音响就可识别这一企业。四是特殊的发言人的声音。这往往与固定的形象代表统一起来。例如小鸭圣吉奥请唐老鸭的配音演员李扬为其广告配音。大家不用看电视画面，一听声音就知道是什么企业。

环境识别系统（Environment Identity System，简称 EIS）亦称环境形象统一化。环境识别是企业的"家"，其内容包括：一是组织内部。门面，通道，楼道及室内的指示系统管理，厕所，配套家具、设施的风格、质量、价格，智能化通信设施，空气清新度，安全设施等。二是组织外部。环境艺术设计，生态植物、绿地、雕塑、标志象征、吉祥物，建筑物外饰、广告、路牌、灯箱，组织环境风格与社区风格的融合程度。

五个要素的关系及其所包含的内容，可用图 8-6 作以归纳总结。

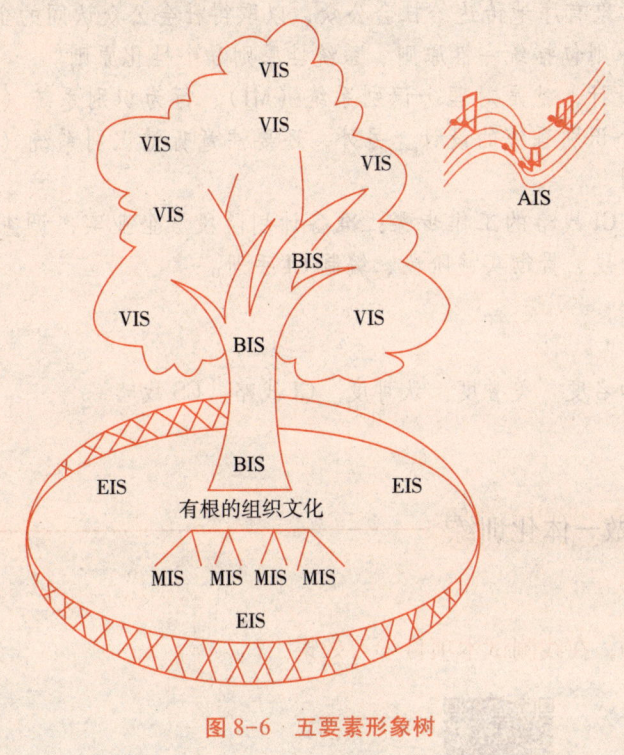

图 8-6 五要素形象树

项目小结

1. 组织形象是社会公众心目中对一个组织综合认识后所形成的全部认知、看法和综合评价，是组织内外部因素的有机统一。

2. 组织总体形象的建立是受众多具体要素影响的。构成组织总体形象的要素有实力形象、产品形象、服务形象、外观形象、人才形象、营销形象、社会形象、文化形象与品牌形象。

3. 组织形象的作用：良好的组织形象可以创造消费信心；良好的组织形象是留住顾客的根本途径；良好的组织形象优化了组织的生存环境。

4. 企业组织形象的衡量指标，通常以知名度、美誉度和认可度来表示。

5. 公共关系知名度、美誉度和认可度是企业形象的三个组成部分，与企业形象之间的关系主要有以下几种情形：知名度、美誉度和认可度都高；知名度、美誉度和认可度都低；知名度、美誉度都高，但认可度偏低；美誉度、认可度都高，但知名度偏低；知名度高，但美誉度、认可度不高。

6. 组织形象塑造的原则：以质量为本的原则、视信誉为生命的原则、注重传播的原则、注重全局的原则。

7. CI战略又称形象识别战略，是指通过一系列的形象设计，将企业的经营理念、行为规程和视觉形象有序地传达给社会公众，以取得社会公众认同的企业形象策略。

8. CI战略的原则包括统一性原则、系统性原则和个性化原则。

9. CI战略的设计，就是对理念识别系统（MI）、行为识别系统（BI）和视觉识别系统（VI）这三个识别系统的设计。另外，还要注意听觉识别系统（AI）和环境识别系统（EI）的设计。

10. 企业导入CI战略的工作步骤：准备计划阶段、企业实态调查阶段、企划分析阶段、设计开发阶段、贯彻实施阶段、编制CI手册。

关键概念

组织形象　知名度　美誉度　认可度　CI战略　CS战略

教、学、做一体化训练

即测即评

请扫描二维码，在线测试本项目学习效果。

选择题　　　　　　判断题

思考与练习

1. 如何理解组织形象的含义？
2. 组织形象的作用及塑造原则是什么？
3. 简述知名度、美誉度和认可度与企业形象的关系。
4. 何谓CI战略？完整的CI战略的构成内容有哪些？
5. 简述CI战略的设计原则。

6. 企业导入 CI 战略的工作步骤有哪些？

课堂讨论

1. 请同学们根据各自的兴趣爱好，搜集一些不同产品的商标，组织一次关于如何利用 VI 设计提升企业形象的研讨会。

2. 1988 年，北京肯德基分店开张，当年营业额高达 1700 万元，跃居肯德基集团 7700 家分店之首，成为特许经营分店效益最好的一家。1992 年，北京王府井麦当劳餐厅开业，开业当天就以交易次数 13219 次打破麦当劳餐厅开业的世界纪录。

讨论：这些快餐店为何如此吃香？是肯德基、麦当劳味道超群绝伦，还是其在价格上很有竞争优势？如果不是，那么你认为素以饮食烹调闻名于世的中国，为什么没有一家餐厅经营能胜于肯德基、麦当劳？这与组织形象又有何种关系？

3. CI 与产品文化

中国香港爱伊尔集团伞业公司位于广东新兴县，原名新兴县华基伞制品厂。该公司经营困境中，委托亚太 CI 战略研究所对一个童伞新产品进行包装上市。

亚太运用 CI 为产品注入文化力的手法，将这个新产品进行与众不同的定位，命名为"魔法流星伞"，将企业更名为"爱伊尔儿童用品有限公司"，将公司定位为"传播爱心的公司"，经营理念确定为"关爱你我他，关爱下一代"。爱伊尔在全新的 CI 品牌策略指导下，进行全新的童伞产品形象设计，同世界风行的哈利·波特关联，创造性地将"魔法流星伞"中国化，以神奇的、科幻的伞面设计和促销用品设计，将这个产品包装成能用、能玩、能唱、红灯闪亮、安全的玩具伞和功能伞合一的全新产品。产品很快成为韩国、中国台湾地区、日本等经销商的抢手货。国内制伞业的龙头企业杭州天堂伞业公司买去 500 把以研究竞争对策。爱伊尔公司的产品利润由原来的每把 1 毛钱，上升到 20 元左右。这是 CI 为产品注入文化力，创造了 200 倍利润的典型案例。从产品策划、设计、工艺改进，到营销策划、产品推广到走向市场，仅用了 3 个多月的时间。

讨论：爱伊尔公司的"魔法流星雨伞"案例向我们昭示了什么？这与 CI 战略的引入有何关系？

案例分析

古井导入 CI 战略

佳酿千年传魏井，浓香万里发汤都。

古井集团总部（原为古井酒厂）位于历史文化名城亳州西北 20 公里，1950 年建厂。当时全厂只有员工 32 名，12 间简陋的厂房，1 口锅甑，1 匹马，1 个车间，7 条发酵池。就是在这样一种完全手工操作的简陋条件下，古井人凭着"团结创业，求真务实，奉献进取，敢为人先"的古井精神，终使沉睡千年的古井焕发青春，酿造出享誉中外的古井贡酒，并一举蝉联四届金奖。

1985年后，古井乘改革开放之春风取得突飞猛进的发展。到20世纪末，古井已拥有22个全资公司和控股公司以及一大批参股企业，形成了以酿酒业、酒店业、房地产业和制药业为四大支柱产业的跨地区、跨行业的大型企业集团，有形资产和无形资产共计上百亿元，其中古井贡的品牌价值达33.45亿元。

古井由传统企业嬗变为现代企业，是市场经济的发展使然。1992年，古井酒厂为了企业发展的需要组建古井集团，这标志着古井由一元化经营向多元化经营转轨。当时企业形象识别战略（CI）在我国才刚刚引进，而在业界素以超前敏锐思维著称的古井就在这样的背景下决定导入CI战略。

1994年，古井正式紧锣密鼓地策划运作这一工程。

通过对古井进行一系列的调研，策划公司与古井达成共识：面对激烈的市场竞争，只限于提高产品的内在质量或企业生产经营管理水平显然是不够的。以酒业为例，日益激烈的竞争使企业间的产品在质量、性能、服务、价格等方面越来越接近，以至于难分伯仲，也使企业间通过产品向社会大众传达的信息趋于同一；由于竞争，社会大众很难从日趋同一的产品信息中感受到企业的独特魅力。

古井集团经过两代人的不懈追求和努力，已由一个单一型的白酒企业发展成一个多元化的集团公司，在性质上已经有了根本变化，但原有的形象已经不能适应形势发展的需要。首先，企业理念不规范，且宣传推广缺乏完整的规划，没有一个鲜明的主题；其次，产品包装凌乱，电视广告不成系列，缺乏连续性，标志概念模糊；再次，员工对企业形象的认识程度较差；最后，企业的标志缺乏视觉冲击力，商标及企业形象标志不容易与公众沟通，等等。

虽然古井"知名度"有了，"美誉度"也有了，但还不够，导入CI战略就是要解决上述诸多问题，并建立消费者对产品更大的"忠诚度"和"满意度"，这对产品的销售至关重要。因为要培育新的消费对象，花几倍的代价也不一定能够获得。"古井贡"是一个中国老牌名酒，是一个"驰名商标"，古井必须考虑消费者对其品牌的"忠诚度"。事实上，古井当时已经具备CI三大识别系统中的一些雏形。比如以"质量第一，信誉第一，严于治厂，注重效益"为公司的发展方针；以"不断提高广大人民的生活质量，摘取消费者心目中的金牌"为经营理念；以"从严管理，管理到位，建立有效的委派系统"为管理理念；以"质量是古井的生命，坚持质量第一，永立名酒之林"为质量方针；以"团结创业，求真务实，敢为人先，奉献进取"为古井精神，等等。至于行为识别系统（BI），古井厂对酒的质量一直是常抓不懈的，因而广大消费者对古井一直有口皆碑，许多社会知名人士乃至一些国家领导人对古井也大加赞赏，这些都是BI的基础。

由古井的发展方针、经营理念、管理理念、质量方针、古井精神等构成了古井CI战略中的理念识别系统（MI），这样社会公众和内部员工对古井的认识便更全面、更深入了。行为识别系统（BI）则进一步从内部和外部两个方面深入，对内抓了干部教育、员工教育（包括人员培训）、工作环境、组织结构建设、环境保护、研究发展等方面，对外则重视市场调查、产品开发、公共关系、促销活动、金融与股市对策、公益性与文化活动等方面。针对产品包装、企业标志等方面的问题，重点抓了视觉识别系统（VI）的建设。

经过反复酝酿，古井"视觉识别系统"设计既结合传统，又体现了现代企业的开放性，现代与传统得到了完美的结合。以冉冉升起的朝阳为背景，"井"字拔地而起，象征着实力雄厚的古井集团朝气蓬勃、蒸蒸日上。"井"字以中国传统书法的笔力及特有的表现力，用现代构成的造型原理组合成一个既有传统美感又有现代意识的古井标志，红、黑二色与线条的动感具有强烈的视觉冲击效果，同时也体现了古井集团独树一帜、敢为人先的企业精神与以"古井贡"为龙头的全方位发展战略方针。

"古井"这个标志创意，在当时全国CI标志设计大赛中，是两个荣获金奖的作品之一。

CI战略的导入，是古井发展史上一个划时代的创举，在中国白酒业也是首创，其形象广告紧贴电视台"焦点访谈"节目之前播出，引起了很大反响。

（资料来源：丁乐飞，翟年祥. 公共关系教程. 合肥：安徽大学出版社，2004.）

思考：
（1）古井集团的CI战略由哪几部分组成？
（2）古井集团是如何通过科学的CI策划，把握导入CI战略的时机而取得成功的？请结合本案例作出分析。

实践与操作

实训：企业形象调查与分析

[目的]　通过调研，使学生掌握组织形象调研方法，学会对调研资料进行统计、分析，加深对组织形象的认知程度。

[地点]　课外+实训室。

[内容与要求]

1. 每班分4~5人为一个小组的若干小组。
2. 每个小组选择一家学院所在市区的较出名的企业进行调研，调研内容应当包含该企业的外观形象、产品形象、人才形象（包括员工形象、员工服务形象、领导形象）、文化形象、标识形象。
3. 撰写调研分析报告，字数在1500字左右。
4. 实训步骤：

分组并确定小组负责人——确定调研企业——制定调研计划——设计形象调查表——实地调研——撰写调研分析报告——课堂展示——学生点评——任课老师点评打分。

5. 参见附表。

表 8-3　某企业形象调查分析表

企业形象构成项目		企业期望形象	企业实际形象	对策
外观形象				
产品形象				
人才形象	员工形象			
	领导形象			
服务形象				
文化形象				
标识形象				

参考文献

[1] 何修猛. 现代公共关系学 [M]. 第4版. 上海：复旦大学出版社，2020.
[2] 严成根，王进云. 公共关系学 [M]. 第3版. 北京：清华大学出版社，2019.
[3] 严成根，王进云. 公共关系学 [M]. 第3版. 北京：清华大学出版社，2019.
[4] 蒋楠. 公关策划学 [M]. 北京：科学出版社，2017.
[5] 郭惠民，居易. 公关员职业培训与鉴定教材 [M]. 上海：复旦大学出版社，1999.
[6] 纪华强，杨金德. 公共关系的基本原理与实务 [M]. 厦门：厦门大学出版社，1999.
[7] 邱伟光. 公共关系 [M]. 北京：中国财政经济出版社，2000.
[8] 栗玉香. 公共关系教程 [M]. 北京：经济科学出版社，2002.
[9] 刘强，彭洪峰. 公关经理MBA强化教程 [M]. 北京：中国经济出版社，2002.
[10] 何修猛. 现代公共关系学：理论与技巧 [M]. 上海：复旦大学出版社，2002.
[11] 李健荣，邱伟光. 现代公共关系 [M]. 北京：东方出版社，2002.
[12] 张百章，何伟祥. 公共关系原理与实务 [M]. 大连：东北财经大学出版社，2002.
[13] 徐美恒，李明华. 公共关系管理学 [M]. 北京：中国人民大学出版社，2002.
[14] 郭海鹰. 与公关高手过招：公关锦囊168 [M]. 广州：华南理工大学出版社，2003.
[15] 张岩松，王艳洁，郭兆平. 公共关系案例精选精析 [M]. 北京：经济管理出版社，2003.
[16] 温孝卿，吴晓云. 公共关系学 [M]. 天津：天津大学出版社，2004.
[17] 张亚. 公共关系与实务 [M]. 北京：科学出版社，2004.
[18] 钟文先，林美玉. 公共关系原理与实务 [M]. 济南：山东大学出版社，2004.
[19] 孙宝水. 公共关系基础 [M]. 北京：高等教育出版社，2005.
[20] 陈放. 顶尖策划："千年庆典"系列大策划 [M]. 北京：企业管理出版社，2005.
[21] 杨加陆. 公共关系教程 [M]. 上海：复旦大学出版社，2005.
[22] 吴国欣. 企业形象设计 [M]. 上海：上海画报出版社，2006.
[23] 徐刚. 现代公共关系实务教程 [M]. 北京：科学出版社，2006.
[24] 熊钟琪. 公共关系教程 [M]. 长沙：国防科技大学出版社，2006.
[25] 周朝霞. 公共关系：理论与实务 [M]. 北京：高等教育出版社，2007.
[26] 张玲莉. 公共关系原理与实务（修订版）[M]. 北京：高等教育出版社，2007.

[27] 郎群秀. 公共关系学 [M]. 北京：科学出版社，2007.
[28] 张美清. 现代公共关系原理与实务 [M]. 北京：中国林业出版社；北京大学出版社，2007.
[29] 王银平，王爱君. 现代公共关系 [M]. 北京：高等教育出版社，2008.
[30] 刘春斌. 公共关系实务与礼仪 [M]. 大连：大连理工大学出版社，2008.
[31] 万国邦，李荣新. 公共关系教程 [M]. 北京：机械工业出版社，2009.
[32] 罗建华. 实用公共关系 [M]. 北京：机械工业出版社，2009.
[33] 魏翠芬，陈艳华. 公共关系理论与实务 [M]. 北京：清华大学出版社，2010.
[34] 张践. 公共关系学 [M]. 北京：中央广播电视大学出版社，2010.
[35] 张云. 公共关系基础 [M]. 上海：华东师范大学出版社，2013.
[36] 张金成. 公共关系原理与实务 [M]. 北京：人民邮电出版社，2012.
[37] 赵轶. 公共关系实务 [M]. 北京：人民邮电出版社，2013.